DER ERSTE WELTKRIEG

GUIDO KNOPP

DER ERSTE WELTKRIEG

DIE BILANZ IN BILDERN

In Zusammenarbeit
mit Claudia und Mario Sporn

INHALT

Der Erste Weltkrieg ist der erste Krieg in der Geschichte unseres Planeten, über den es flächendeckend Fotos gibt. Zum ersten Mal waren die Linsen der Fotoapparate systematisch auf die Schlachtfelder gerichtet, wurde fast jedes historische Ereignis, jeder schicksalhafte Augenblick des Weltenbrands fotografisch dokumentiert. Unter diesen Hunderttausenden Bildern ragen einige hervor, die oft mehr aussagen als ganze Bibliotheken: Momentaufnahmen von Liebe und Schmerz, Trauer und Freude, Angst und Hass.

Es sind Fotos von Menschen, die für einen Moment aus der anonymen Masse herausgerissen wurden, deren Abbild aus ferner, lebloser Historie symbolische »Augenblicke« macht, die uns noch heute nahegehen: Etwa das stille Glück des schwerverletzten kleinen Jungen, der den Angriff eines deutschen U-Boots auf den Passagierdampfer »Lusitania« überlebt und nach bangen Tagen seine Familie wiedergefunden hat. Oder der Schnappschuss jener deutschen und britischen Soldaten, die sich zu Weihnachten 1914 im Niemandsland der Front zu spontanen Waffenstillständen verabredeten. Solche Geschichten hinter der Geschichte der Bilder zu

erzählen, ist das Thema dieses Buches. So gesehen, ist es eine fotografische Bilanz des Krieges.

Was hat uns dieser Krieg hundert Jahre nach alldem zu sagen? Als er begann, da ahnte niemand, dass in diesen Tagen auch das 19. Jahrhundert endete, das den Menschen in Europa eine lange Friedenszeit beschert hatte; und nie- 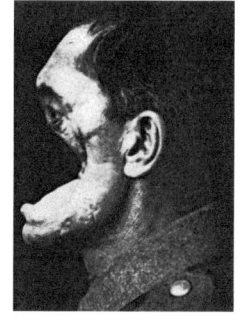 mand ahnte, dass das 20. Jahrhundert nun erst wirklich begann – mit einem drei Jahrzehnte währenden Bürgerkrieg, der den alten Kontinent zerrüttete: 1914 bis 1945, der Dreißigjährige Krieg des 20. Jahrhunderts.

Die Soldaten, die da in den Straßen vieler Städte zwischen Wien und London, zwischen Berlin und Paris wie Opfertiere mit Blumenge- binden geschmückt wurden, wussten noch nicht, was sie erwartete: ein moderner mechanisierter Vernichtungskrieg, Gastod in den Gräben, anonymer Tod im Dreck. Der Krieg im Westen übertraf an Grausamkeit, an men- schlicher Verrohung selbst die schlimmsten Ahnungen. Viele der in diesem Buch enthaltenen Bilder geben einen Eindruck von all- dem, was Menschen Menschen antun können: Maschinengeweh- re mähten ganze Regimenter nieder, Feuerwalzen der Artillerie durchpflügten komplette Landstriche. Hochgiftiges Gas kam erst- mals zum Einsatz, mit fürchterlicher Wirkung.

So wie die »Stahlgewitter« der modernen Militärtechnik das Völkerschlachten revolutionierten, so wälzten die Fotografien von den Schlachtfeldern das Bild des Krieges um. Anfangs hatte man in den Generalstäben allen Ernstes noch geglaubt, dass ein paar Schlachtenmaler genügen würden, das Kriegsgeschehen für die breite Masse adäquat darzustellen. Doch die Welt des 19. Jahr- hunderts war endgültig passé. Längst erreichten illustrierte Blätter Millionenauflagen, hatte die Fotografie auch für die Menschen fernab der Metropolen ein Fenster zur Welt aufgestoßen. Das Foto machte die Leser jetzt zu vermeintlichen Augenzeugen der Weltläufte. Das Publikum wolle »keine gezeichneten Phantasiebilder aus dem Felde mehr, es will die Dinge sehen, wie sie in Wirklichkeit sind«, schrieb ein deutscher Publizist 1915.

Tatsächlich jedoch war das allenfalls eine geschönte Wirklichkeit. Denn nun schlug beiderseits der Front die Stunde der Propaganda – sie kontrollierte, was die »Heimatfront« vom Krieg zu sehen bekam: Gutgelaunte Landser, wohlversorgte Verwundete, prallgefüllte Munitionslager. Tabu dagegen waren Bilder vom Leiden und Sterben der (eigenen) Soldaten, vom Dreck der Schützengräben und dem bitteren Elend der Feldlazarette. Die Propaganda schuf auf diese Weise eine ganz eigene, verharmlosende Optik des Krieges.

Heute können wir einige Legenden aufhellen, auch widerlegen: Auslöser des Krieges war das Attentat von Sarajewo. Seit einem Jahrhundert wird dieses fatale Ereignis mit einem Foto bebildert, das angeblich die Verhaftung des Attentäters Gavrilo Princip zeigt – eine fotografische Ikone. In diesem Buch wird nachgewiesen: Bei dem Mann, der da von Uniformierten abgeführt wird, handelt es sich nicht um Princip, sondern einen völlig Unbeteiligten. Tatsächlich gibt es weder vom Attentat auf den österreichischen Thronfolger noch von der Verhaftung des Attentäters irgendein Foto.

Die Aufnahme von jener unbekannten schönen Frau, die Anfang August 1914 in Berlin ihren blumenbekränzten Mann jubelnd ins Feld verabschiedet, gilt als Beleg für das »Augusterlebnis«, das die Menschen in ganz Deutschland angeblich beseelt habe – ein kollektives Grundgefühl »Wir wollen sein ein einig Volk von Brüdern«. Tatsächlich feierten viele in Europa damals all die Siege, die sie nie erringen würden, inbrünstig schon einmal vor. Alle fühlten sich als Ange- griffene, keiner als Angreifer. Doch in Wahrheit war es allenfalls das Bürger- tum der großen Städte, Schüler und Studenten, wohl zum Teil auch junge Handwerksburschen, deren Grund-  gefühl der Schriftsteller Ernst Jünger so beschrieb: »Aufgewachsen in einem Zeitalter der Sicherheit, fühlten wir alle die Sehnsucht nach dem Ungewöhnlichen, nach der großen Gefahr. Da hat uns der Krieg gepackt wie ein Rausch.« Ganz anders aber sah es auf dem Land aus – und in Arbeiterfamilien. Dass die Männer nun- mehr fehlen würden, bei der Ernte und als die Versorger der Fami- lien, wurde weithin unter Tränen beklagt. Und auch der Krieg an sich wurde, insbesondere von den Frauen, nicht als Chance emp- funden, sondern als Gefahr. Wir haben dazu Dutzende von ein- drucksvollen Schilderungen.

Eine der ersten Propaganda-Mythen dieses Krieges war der Bericht, Mitte November 1914 seien vor allem aus kriegsfreiwilli- gen Gymnasiasten und Studenten bestehende junge deutsche Re- gimenter bei Langemarck in Belgien todesmutig in feindliche Stel- lungen eingebrochen – mit dem Deutschlandlied auf den Lippen. Ein berühmtes Gemälde verherrlichte die vermeintliche Szene. Tatsächlich handelt es sich um eine bloße Legende, erdichtet von der deutschen Propaganda, um ein sinnloses Massensterben zu verschleiern.

Am Ende des Weltenbrands stand in Deutschland die Revo- lution am 9. November 1918: »Das Alte und Morsche, die Monar- chie, ist zusammengebrochen. Es lebe das Neue! Es lebe die deut- sche Republik!«, rief der SPD-Politiker Philipp Scheidemann von

einem Balkon des Reichstags den revolutionären Massen zu. Von dieser historischen Szene gibt es kein authentisches Bildmaterial, sondern lediglich eine nachgestellte Aufnahme, die viel später entstanden sei, hieß es jahrzehntelang. Tatsächlich ist dieses Foto jedoch bereits wenige Tage nach dem epochalen Ereignis das erste Mal gedruckt worden – es zeigt also tatsächlich den Beginn eines neuen Zeitalters in der deutschen Geschichte.

Dann ist da noch das Bild vom »tapferen Gefreiten« Hitler. In seinem Pamphlet »Mein Kampf« beschrieb der spätere Agitator seine Fronterlebnisse im Ersten Weltkrieg – ein Heldenlied der Tapferkeit. Wir wissen aber mittlerweile, dass er maßlos übertrieben hat. Als Melder war er meist im rückwärtigen Bereich der Front eingesetzt und gelangte nur selten ganz nach vorn. An vielen der von ihm geschilderten Gefechte hat er gar nicht teilgenommen. Ehemalige Regimentskameraden, die den zum »Führer« aufgestiegenen Hitler nach dem Krieg der Lüge bezichtigten, bezahlten ihre Aussagen nach der »Machtergreifung« mit KZ-Haft. Und natürlich wissen wir: Ohne diesen Weltkrieg wäre Hitler niemals aufgestiegen, hätte nie die Macht erringen können. Denn der Erste Weltkrieg war das Schlangenei des Zweiten.

1914

DAS ATTENTAT
VON SARAJEVO

Unbekannter Fotograf
Sarajevo/Bosnien
28. Juni 1914

DAS ATTENTAT VON SARAJEVO

Beobachtet von einer vielköpfigen Menschenmenge, versucht ein mit einem Säbel bewaffneter Polizist, mehrere Männer in bosnischer Tracht – weiße Hemden, breite Seidengürtel und Fez – in Schach zu halten. Dahinter haben zwei andere Uniformierte einen jungen Mann im dunklen Anzug bei den Armen gepackt und stoßen ihn an einer Hauswand entlang ungestüm vorwärts. Durch das heftige Getümmel ist das Bild leicht unscharf geraten – und suggeriert damit eine unmittelbare Authentizität. Denn der Mann, der hier auf so unsanfte Weise in Polizeigewahrsam genommen wird, ist Gavrilo Princip, der Attentäter des österreichischen Thronfolgers Franz Ferdinand – so wird jedenfalls seit fast hundert Jahren immer wieder behauptet.

Sarajevo, 28. Juni 1914, ein herrlicher Sommertag. »Kaiserwetter« für den Besuch von Franz Ferdinand in der bosnischen Hauptstadt Sarajevo. Jahrhundertelang hatten Bosnien und die Herzegowina zum Osmanischen Reich gehört. Doch 1878 war das Land von Österreich-Ungarn zunächst verwaltet, 1908 dann annektiert worden. Seitdem herrschte ein rigides Besatzungsregime. Gerade die jungen bosnischen Serben lebten in Armut und Perspektivlosigkeit. Für sie war Franz Ferdinand kein Gast, für sie war er ein Feind. Sechs von ihnen waren deswegen fest entschlossen, den Besuch des Erzherzogs zu nutzen, der verhassten Donaumonarchie einen schweren Schlag zu versetzen: Sie wollten den Thronfolger töten.

Der serbische Geheimdienst hatte sie mit Revolvern und Bomben versorgt. Nun positionierten sie sich an der allseits bekannten Fahrstrecke durch die Innenstadt und warteten. Obwohl die offiziellen Stellen mit der Möglichkeit eines Attentats rechneten, waren die Sicherheitsvorkehrungen erstaunlich lax. Franz Ferdinand bestieg am Bahnhof ein offenes Automobil und fuhr in Richtung Rathaus – den Attentätern

FRANZ FERDINAND

Franz Ferdinand von Österreich-Este war der Neffe des österreichischen Kaisers Franz Joseph I. Nach dem Selbstmord des Thronerben Rudolf und dem Tod seines eigenen Vaters Karl Ludwig wurde er 1896 zum Thronfolger ausgerufen. Der wenig beliebte Franz Ferdinand war offiziell nicht in die Regierungsgeschäfte der Monarchie involviert, stellte mit einem Beraterstab, der sogenannten »Militärkanzlei«, aber weitgehende Überlegungen für eine Neugliederung der k. u. k. Monarchie nach seiner Thronbesteigung an.

entgegen. Bereits nach wenigen Augenblicken gelang es einem Verschwörer, eine Bombe auf das Auto zu schleudern. Der Thronfolger riss instinktiv den Arm hoch, der Sprengkörper prallte von ihm ab, fiel auf das geöffnete Faltdach und dann auf die Straße, wo er explodierte. Franz Ferdinand war noch einmal mit dem Schrecken davongekommen.

Der Chauffeur gab Vollgas und raste zum Rathaus. Hier fand der Empfang beim Gouverneur von Bosnien-Herzegowina, General Oskar Potiorek, wie geplant statt. Doch Franz Ferdinand stand der Sinn danach nicht mehr nach »Sightseeing«. Er wollte lieber einen beim Attentat verletzten Begleitoffizier im örtlichen Krankenhaus besuchen. Die Wagenkolonne brauste aufs Neue los. Franz Ferdinands Chauffeur freilich war über die Änderung des Programms nicht unterrichtet und bog an einer Straßenecke falsch ab. Der mitfahrende Potiorek klärte den Mann über seinen Irrtum auf, der Fahrer stoppte den Wagen und legte den Rückwärtsgang ein.

Gavrilo Princip hatte bislang vergebens auf die Wagenkolonne des Thronfolgers gewartet. Auf ein fahrendes Auto hätte er kaum schießen können, so ungünstig war er platziert. Jetzt aber stoppte der Wagen des Erzherzogs genau vor ihm. Das war seine Chance: »Als das zweite Automobil näher kam, erkannte ich darin den Thronfolger«, gab der Attentäter später zu Protokoll. Ich sah auch eine Dame darin sitzen und überlegte, ob ich schießen sollte oder nicht. Im selben Augenblick überkam mich ein eigenartiges Gefühl, und ich zielte vom Trottoir aus auf den Thronfolger.« Der erste Schuss traf die Ehefrau von Franz Ferdinand in den Unterleib, sie sank in den Schoß ihres Mannes. Vom zweiten Schuss getroffen rief dieser noch: »Sopherl! Sopherl! Stirb nicht! Bleib am Leben für unsere Kinder!« Dann sackte auch er zusammen. Eine Viertelstunde später war er tot.

GAVRILO PRINCIP

Geboren 1894 in einem Dorf an der kroatischen Grenze, schloss sich der bosnische Serbe früh der Schüler- und Studentenbewegung »Mlada Bosna« (Junges Bosnien) an. Ziele der Organisation waren die Abschüttelung der österreichischen Herrschaft in Bosnien und der Zusammenschluss der Provinz mit Serbien und Montenegro. Unter dem Einfluss der serbischen Geheimorganisation »Schwarze Hand« schreckten viele »Jungbosnier« auch vor der Anwendung revolutionärer Gewalt nicht zurück.

Die Nachricht von der Ermordung des österreichischen Thronfolgers verbreitete sich in Windeseile in ganz Europa – zunächst illustriert mit mehr oder weniger fantasievollen Zeichnungen von Nicht-Augenzeugen des Anschlags, doch bald auch mit jenem Foto von der Verhaftung des Attentäters. Das Motiv erlangte rasch Berühmtheit, denn kein Fotograf hatte den Moment abgelichtet, als die tödlichen Schüsse fielen. Das Bild prangte bald auf Postkarten und Leporellos, war in zahlreichen Zeitungen und Büchern zu finden.

Wer hat es aufgenommen? In einigen Publikationen aus der Zeit steht unter dem Foto der Name »Trampus« – ist das der unbekannte Fotograf? Die Spur führt nach Paris. Der Franzose Charles Trampus hatte 1905 in der Seine-Metropole eine Fotoagentur gegründet. Trampus schloss mit zahlreichen Fotografen in ganz Europa Verträge ab und belieferte die Presse im In- und Ausland mit seinen Bildern. Doch Trampus war nur ein cleverer Geschäftsmann – kein Fotoreporter. Auch in Sarajevo hat er nicht selbst geknipst, sondern die spektakuläre Aufnahme nur weitervertrieben. Ähnlich verhält es sich mit anderen vermeintlichen Fotografen der Szene. Die Wiener Verleger Philipp Rubel und Carl Seebald vertrieben das Motiv auf Postkarten, doch sie waren ebenso wenig vor Ort wie Trampus. So bleibt der wahre Urheber des Bilds unbekannt. Vermutlich war es ein Fotograf aus Sarajevo, der seinen Schnappschuss an Trampus verkauft hat, ohne vom anhaltenden Ruhm der Aufnahme profitieren zu können.

Hat dieser Unbekannte auch behauptet, auf dem Foto sei die Verhaftung des Attentäters festgehalten? Vielleicht gelang es dem Reporter auf diese Weise, sein Honorar etwas aufzubessern. Heute nämlich ist klar: Der junge Mann auf dem Bild ist nicht Gavrilo Princip. Zwar wurde der Attentäter unmittelbar nach den Schüssen auf den Thronfolger überwältigt und

Gavrilo Princip in
Österreichischer Haft

von der Polizei festgenommen. Doch niemand hat diese Szene auf eine der damals üblichen schweren Fotoplatten gebannt. Stattdessen zeigt das Bild einen Studenten namens Ferdo Behr, einen Schulfreund Princips, der mit dem Attentat selbst nichts zu tun hatte. Er habe zunächst gar nicht mitbekommen, dass Princip der Attentäter gewesen sei, wird Behr später zu Protokoll geben. Er habe seinen Freund verteidigen wollen, als unmittelbar nach den tödlichen Schüssen Uniformierte herbeistürzten und von allen Seiten Hiebe auf »Gavro« einprasselten. So geriet auch Ferdo Behr in Haft. Doch während er schon bald wieder auf freien Fuß gesetzt wurde, verschwand Gavrilo Princip auf Dauer im **Gefängnis**.

Das Attentat von Sarajevo war der letzte Zündfunke in einer ohnehin schon aufgeladenen politischen Atmosphäre. In Wien betrachtete man den Mord als einen Angriff auf Souveränität und Ansehen der eigenen Nation. Serbien, davon war man überzeugt, sei schuldig oder zumindest indirekt verantwortlich für das Komplott. Wien musste handeln, wollte man den eigenen Status als Großmacht demonstrieren und das sinkende Prestige bei den Balkanvölkern wiederherstellen. Die Welt zeigte sich indessen bestürzt über die Todesschüsse von Sarajevo. Pariser Tageszeitungen bedauerten das »tiefe Leid, das den greisen Kaiser« Franz Joseph I. getroffen habe, und äußerten die Befürchtung, dass der Tod des Thronfolgers das »Geschick der Monarchie und dadurch das von ganz Europa ändern kann«. Niemand ahnte zu diesem Zeitpunkt, dass es ausgerechnet die Schüsse von Sarajevo sein würden, die den schwachen Balancezustand zerbrachen, mit dem sich Europa seit Jahren am Rande des Kriegs entlanghangelte.

PRINCIPS ENDE

Im Oktober 1914 wurde Princip und seinen fünf Mitverschwörern in Sarajevo der Prozess gemacht. Vor der Todesstrafe schützte ihn nur die Tatsache, dass er nach damaligem Recht zum Zeitpunkt des Attentats noch nicht volljährig war. So lautete das Urteil: 20 Jahre Kerkerhaft. Im April 1918 starb er kraftlos und ausgezehrt in der Festung Theresienstadt an Knochentuberkulose.

MOBILMACHUNG
Otto Haeckel
Berlin, Unter den Linden
31. Juli 1914

MOBILMACHUNG

Es ist ein Bild, das sich in den europäischen Hauptstädten vielfach bietet in diesen letzten Friedenstagen. Der Berliner Fotograf Otto Haeckel ist vor Ort, als ein preußischer Offizier – umringt von einer gespannten Menschenmenge – am frühen Nachmittag des 31. Juli 1914 vor dem Berliner Zeughaus den »Zustand der drohenden Kriegsgefahr« für das Deutsche Reich verkündet. Endpunkt einer verhängnisvollen Kettenreaktion, die auf die Schüsse von Sarajevo folgt und als »Julikrise« in die Geschichte eingegangen ist.

Wien hatte auf das Attentat mit einem Ultimatum an die »indirekt verantwortlichen« Serben und der Androhung einer Strafaktion reagiert, legte sich damit jedoch automatisch mit dessen Schutzmacht Russland an. Österreich-Ungarn wiederum war mit dem Deutschen Reich verbündet. Berlin übte den Schulterschluss mit Wien: der berühmte »Blankoscheck« für Nibelungentreue – bis zum Untergang.

Dies aber war nur die halbe Wahrheit. Im Kalkül des Reichskanzlers Theobald von Bethmann Hollweg bot ein Krieg, der auf den Osten beschränkt blieb, die Chance, den Ring der Gegner zu sprengen. Deutschland, die verspätete Nation, hatte Angst um seine Existenz – und Ambitionen, die das Machtgefüge in Europa störten. Denn man wollte Weltmacht werden. Doch die schwache deutsche Politik nach Bismarck konnte sich keine wirklich mächtigen Verbündeten schaffen. Deutschland fühlte sich eingekreist. Tatsächlich hatte es sich selbst ausgegrenzt.

Schien es da nicht folgerichtig, das Schneckenhaus der Mittellage zu zerbrechen, bevor der russische Bär den Kontinent beherrschte? In zwei, drei Jahren hätte Russland seine Aufrüstung beendet, erklärte im Sommer 1914 Generalstabschef Helmuth von Moltke. Dann wäre die Übermacht der Feinde so groß, dass man sie nicht mehr überwinden könnte.

OTTO HAECKEL

Das Brüderpaar Otto (1872–1945) und Georg Haeckel (1873–1942) gehörte in den Jahren um die Jahrhundertwende zu den bekanntesten Pressefotografen Berlins. Als erste arbeiteten sie mit sehr kurzen Verschlusszeiten und konnten auf diese Weise im Gegensatz zu den bis dahin gängigen statischen Fotografien auch Bewegungsabläufe im Bild festhalten.

Jetzt sei man ihnen noch halbwegs gewachsen. Also **Präventivkrieg**! Ein Konzept, geboren aus Schwäche und Angst.

Obwohl die Serben überraschend Österreichs Ultimatum akzeptierten, erklärte Wien, ermutigt durch Moltke, am 28. Juli Serbien den Krieg: der erste Sündenfall. Der zweite war die Generalmobilmachung der Russen, die den »Mechanismus der Verträge« unvermeidlich greifen ließ. Der dritte Sündenfall betraf die Deutschen: Während Kanzler Bethmann Hollweg Österreich schließlich doch noch zu einer Politik des Innehaltens zu bewegen suchte, versprach Moltke seinem österreichischen Amtsbruder Conrad von Hötzendorf bei allen seinen Taten deutsche Unterstützung. Das kam einem inneren Staatsstreich gleich: Militärische und politische Führung arbeiteten nicht Hand in Hand, sondern gegeneinander. Nur ein Machtwort des Kaisers hätte den gordischen Knoten lösen können. Doch der zeigte sich zu schwach – trotz vieler starker Worte.

So verkündete am 31. Juli auch Österreich-Ungarn seine Generalmobilmachung. Deutschland forderte von Russland wiederum die Demobilisierung – und blieb ohne Antwort. Am folgenden Tag, dem 1. August 1914, endete mit dem fünften Glockenschlag des Berliner Domes nicht nur das Ultimatum an Russland, sondern auch der Friede in Europa. Während sich die Menschen um Stadtschloss und Lustgarten versammelten, unterschrieb Kaiser Wilhelm II. die allgemeine Mobilmachung. Als sich der Kaiser mit seinen Ministern und Generälen wenig später auf dem Balkon des Berliner Stadtschlosses zeigte, war die Atmosphäre des gespannten Wartens längst der Euphorie gewichen. Das tief ergriffene Volk stimmte unter den Klängen der Domglocken den Choral »Nun danket alle Gott!« an. Die Menschen bejubelten die Aussicht auf einen Kampf, von dem noch niemand ahnte, wie mörderisch er werden würde.

PRÄVENTIVKRIEG

1959 trat der Historiker Fritz Fischer mit aufsehenerregenden Thesen an dieÖffentlichkeit. Deutschland treffe die Hauptschuld am Kriegsausbruch. Berlin habe spätestens seit dem Dezember 1912 gezielt auf einen Krieg im Sommer 1914 hingearbeitet. Auch wenn von Fischers überspitzten Thesen bis heute nur wenig übrig geblieben ist – mittlerweile ist unstrittig, dass dem Deutschen Reich ein großer Teil der Schuld am Kriegsausbruch zukommt, selbst wenn die Verantwortung Österreich-Ungarns und der Triple-Entente, insbesondere Russlands, nicht minder schwer wiegt.

HOFFMANN
UND HITLER
Heinrich Hoffmann
München, Odeonsplatz
2. August 1914

HOFFMANN
UND HITLER

Ganz zufällig soll es passiert sein. Eines Tages Ende der 1920er Jahre, so berichtete der Fotograf Heinrich Hoffmann, habe Adolf Hitler sein Atelier in der Münchner Schellingstraße besucht und dort dieses Bild gesehen: Jubelnde Menschen, die am 2. August 1914 auf dem Odeonsplatz in München begeistert den Ausbruch des Weltkriegs begrüßen. »Unter dieser Menschenmenge war auch ich!«, habe Hitler freudig ausgerufen. Deshalb sei man sofort darangegangen, die fünf noch erhaltenen Glasplatten von diesem Ereignis genau zu untersuchen – ohne Ergebnis. Erst als Wochen später eine sechste, eigentlich schon zur Vernichtung vorgesehene Platte aufgetaucht sei, habe man den NSDAP-»Führer« entdeckt: »Nur ganz kurz brauchte ich zu suchen, da steht einer, ja, er ist es, sein Haar fällt in die Stirn. Sein Gesicht kann nicht täuschen, er ist es.«

Wahrheit oder Legende? Jahrzehntelang war an der Echtheit des Bildes nicht gezweifelt worden. Als ebenso sicher galt, dass Hitler gleich Zehntausenden anderen Münchnern gegen Mittag zur Wachablösung an die Feldherrnhalle gekommen war, wo im überschäumenden Hochgefühl der nationalen Erregung patriotische Reden gehalten und vaterländische Lieder gesungen wurden. »Ich schäme mich auch heute nicht zu sagen«, hieß es später in *Mein Kampf*, »dass ich, überwältigt von stürmischer Begeisterung, in die Knie gesunken war und dem Himmel aus übervollem Herzen dankte, dass er mir das Glück geschenkt, in dieser Zeit leben zu dürfen«. Der Krieg bot Hitler den lang ersehnten Ausweg aus seinem bisherigen ziellosen Leben als Bohemien.

Dennoch sind Zweifel angebracht. Das betrifft zum einen die Kundgebung selbst, die nachträglich zu einer gewaltigen Manifestation der gesamten Münchner Bevölkerung hochstilisiert wurde. Filmaufnahmen zeigen dagegen, dass an die-

HEINRICH HOFFMANN

Heinrich Hoffmann (1885–1957) betrieb sei 1909 ein Fotogeschäft in München und arbeitete als Pressefotograf. Nach dem Ersten Weltkrieg fotografierte er die völkische Bewegung in Bayern und kam auch mit der NSDAP in Kontakt, in die er 1920 eintrat. Ab 1923 war er der alleinige Fotoporträtist Hitlers und konnte seine Bilder gewinnbringend weltweit vertreiben. Vor allem nach der »Machtergreifung« brachte das Millionen ein. Hoffmanns Firma war nach 1933 die größte private Foto-Agentur des »Dritten Reichs«, während im angeschlossenen Verlag bis 1945 mehr als 30 Fotobände erschienen.

sem Tag große Teile des Odeonsplatzes leer geblieben waren. Selbst in dem Bereich, den Hoffmanns Foto abbildete, konnte eine Trambahn ohne Probleme durch die Menschenmenge fahren.

Zum anderen ist es fraglich, ob Hitlers Gesicht nicht erst nachträglich von Hoffmann in die Fotografie hineinretuschiert wurde. 1929 soll sich die Szene im Atelier abgespielt haben, doch noch ein Jahr später druckte das NSDAP-Blatt *Illustrierter Beobachter* am Rande eines Beitrags zum Kriegsbeginn ein ganz anderes Hoffmann-Bild ab – ohne irgendeinen Hinweis auf den NSDAP-»Führer«. Erst im März 1932 dann war das »wiederentdeckte« Foto der Aufmacher einer Hitler-Bilderserie, diesmal versehen mit einer Ausschnittvergrößerung in Form einer Lupe, die Hitler aus der Masse heraushob. Dies ausgerechnet zu einer Zeit, da dieser sich anschickte, bei den Reichspräsidentenwahlen Amtsinhaber Hindenburg herauszufordern.

Zudem gibt es im Nachlass des Fotografen unterschiedliche Versionen dieses Bilds, bei denen die typische Haarsträhne unterschiedlich stark retuschiert wurde. Die Original-Glasplatte dagegen ist verschollen.

In der NS-Zeit wurde das Bild gleichwohl zur Ikone. Millionenfach reproduziert sollte es den »Mann aus der Menge« symbolisieren, den die »Vorsehung« zur Erlösung des deutschen Volks auserkoren hätte. In einer Propagandabroschüre wurde das Bild von 1914 sogar einem Foto einer Demonstration gegen den Versailler Vertrag von 1919 gegenübergestellt, in deren Mitte natürlich ebenfalls Hitler zu erkennen sein sollte. »Hier wird meines Erachtens die Fälschung offensichtlich«, so der Historiker Gerd Krumeich. Ob das berühmte Hoffmann-Bild tatsächlich gefälscht ist, kann nicht bewiesen werden – doch zahlreiche Indizien sprechen dafür.

**DAS AUGUST-
ERLEBNIS**
Unbekannter Fotograf
Berlin
2. August 1914

DAS AUGUST-ERLEBNIS

Da rücken sie aus: Deutsche Soldaten, unter ihnen Freiwillige noch im bürgerlichen Anzug und mit Hut, blumengeschmückt wie Opfertiere, einer wird von seiner Freundin oder Frau begleitet, und sie jubeln dem Fotografen zu: »Hurra, es ist Krieg!« Hunderte von solchen Szenen gab es im August 1914 in ganz Deutschland. Der Schriftsteller Ernst Jünger beschrieb eine von ihnen: »Die Soldaten sangen, Frauen und Mädchen hatten sich in ihre Reihen gedrängt und sie mit Blumen geschmückt. Ich habe seitdem noch manche begeisterte Volksmenge gesehen, keine Begeisterung war so groß und mächtig wie an jenem Tag.«

Niemand ahnte, dass nun das 19. Jahrhundert endete, das den Menschen in Europa eine lange Friedenszeit beschert hatte; und niemand ahnte, dass das 20. Jahrhundert nun erst eigentlich begann: ein drei Jahrzehnte währender Bürgerkrieg, der zeigen sollte, was der Mensch dem Menschen antun kann. Die Völker Europas feierten in jenen Tagen Siege, die sie nie erringen würden, inbrünstig schon einmal vor. Alle fühlten sich als Angegriffene, keiner als Angreifer. »Mit reinem Gewissen und reiner Hand ergreifen wir das Schwert«, verkündete der Kaiser den Reichstagsabgeordneten.

Auch in Wien, Paris und in St. Petersburg begrüßten die naiven Massen jubelnd diesen Krieg als **Ausbruch** aus den Zwängen der Epoche, die als lähmend, ja langweilig empfunden wurde.

In der Massenhysterie dieser Tage erlebe jeder Einzelne gleichsam »eine Steigerung seines Ichs«, notierte der Autor Stefan Zweig. Überall strömten junge Männer in die Rekrutierungsbüros. Untauglichkeit galt als »Schande«. »Es war selbstverständlich, es gab keine Frage, keinen Zweifel mehr. Wir würden mitgehen, alle«, schilderte Carl Zuckmayer die Stimmung unter seinen Kameraden.

AUSBRUCH

»Aufgewachsen in einem Zeitalter der Sicherheit, fühlten wir alle die Sehnsucht nach dem Ungewöhnlichen, nach der großen Gefahr. Da hat uns der Krieg gepackt wie ein Rausch«, erinnerte sich Ernst Jünger. Thomas Mann befand in diesen Tagen: »Wir kannten sie ja, die Welt des Friedens. Wimmelte sie nicht von den Ungeziefern des Geistes wie von Maden? ... Stank sie nicht von den Zersetzungsstoffen der Zivilisation? ... Wie hätte der Künstler, der Soldatenkünstler, nicht Gott loben sollen für den Zusammenbruch einer Friedenswelt, die er so satt, so überaus satt hatte!«

Das »Augusterlebnis« nannten dies die Zeitgenossen später in ergriffener Erinnerung. Nie zuvor war die Nation so einig und so einmütig im Glauben, dass das Reich von missgünstigen Feinden in den Krieg gezwungen worden sei und sich nun »mit der alten Wucht der deutschen Waffen« wehren müsse. Der Kaiser selbst fasste die Stimmung vor dem Reichstag mit Worten zusammen, die im kollektiven Gedächtnis der Deutschen haften geblieben sind: »Ich kenne keine Parteien mehr, ich kenne nur Deutsche.«

Die Worte sind historisch, doch die Bilder trügen. Sie zeigen allenfalls die halbe Wahrheit. Die **Kriegseuphorie** hatte längst nicht alle Gesellschaftsschichten erfasst. Selbst in der Hauptstadt Berlin hielt sich die Begeisterung jenseits der großen Boulevards in Grenzen. »Viele Frauen mit verweinten Gesichtern«, beschrieb es ein Augenzeuge, der »Ernst und Bedrücktheit« erkannte: »Kein Jubel, keine Begeisterung«. Wohl gebe es vor dem Kronprinzenpalais »Hochrufe und singende Gruppen«. Doch: »Die Weiterwegstehenden passiv«.

Natürlich gab es auch sie, die ledigen jungen Handwerker und Bauernburschen, die sich von dem vermuteten kurzen Feldzug Abwechslung und Ruhm erhofften: »Jetzt kommen wir auch einmal hinaus.« Die jungen Männer, die im Sommer 1914 an die Front fuhren, hatten keine Ahnung von den Gesetzen eines Kriegs, der erstmals auch mit modernen Massenvernichtungswaffen geführt wurde. Der Krieg übertraf an Grausamkeit, an seelischer Verrohung selbst die schlimmsten Ahnungen. In den Schützengräben Flanderns, an der Somme, an der Aisne wurde die Saat gelegt für eine Zeit, in der der Mensch als Material galt, nicht als Individuum. Der Erste Weltkrieg war das Schlangenei des Zweiten.

KRIEGSEUPHORIE?

Im Berliner Arbeiterviertel Moabit notierte ein Pfarrer: »Die akademische Begeisterung, wie sie sich der Gebildete leisten kann, der keine Nahrungssorgen hat, scheint mir doch zu fehlen. Das Volk denkt sehr real, und die Not liegt schwer auf den Menschen.« Ähnlich erging es der Landbevölkerung, vor allem in Süddeutschland. In Bayern und Baden erkannten Beobachter »gedrückte, ernste Stimmung« und »große Betrübnis«. Und der kriegsbegeisterte Schüler Heinrich Himmler notierte angewidert in sein Tagebuch: »Ganz Landshut ist voll schluchzender und weinender Menschen.«

»AUSFLUG
NACH PARIS«
Franz Tellgmann
Deutsches Reich
August 1914

»AUSFLUG NACH PARIS«

Aus der offenen Tür eines Güterwaggons winken fröhliche Männer in die Kamera. Frisch eingekleidete Landser mit geballten Fäusten, denen man erzählt hat, dass der Krieg ein Spaziergang wird. Eine Landpartie, von der sie nach den Versprechungen des deutschen Kaisers bis Weihnachten zurück sein werden. »Ausflug nach Paris«, haben sie mit Kreide auf den Güterwaggon geschrieben und »Auf in den Kampf, mir juckt die Säbelspitze«.

Nicht nur auf dieser Fotografie von Franz Tellgmann, sondern auch auf zahlreichen anderen Bildern von Truppentransporten sah man ähnlich flotte Sprüche und Kritzeleien aus der Abteilung »Immer feste druff«: »Jeder Stoß ein Franzos'« und »Auf zum Preisschießen nach Paris« oder gehässige Spottbilder auf die feindlichen Staatsoberhäupter: »Nikolaus, bald ist's aus« – der russische Zar am Galgen. »Poincaré, o weh, o weh« – der französische Präsident auf der Guillotine.

Es waren nicht jene berühmten jugendlichen Kriegsfreiwilligen, die sich in diesen Tagen zu Hunderttausenden ins Feld meldeten, die hier an die Front transportiert wurden. Es waren Reservisten – meist Männer mittleren Alters, die ihren Wehrdienst teilweise Jahre zuvor abgeleistet und danach in der »Landwehr« weiter regelmäßige militärische Übungen absolviert hatten. Männer, die aufgrund ihrer Lebenserfahrung, ihrer gesicherten Existenz und ihrer Rolle als Familienväter unverdächtig schienen, aus bloßem jugendlichem Draufgängertum zu handeln oder blindem Hurrapatriotismus zu folgen.

Und dennoch: Nach der unerträglichen Spannung der Julikrise hatte die »schlimme Gewissheit« des Kriegsausbruchs in Deutschland fast schon Erleichterung ausgelöst. Wie der Historiker Sönke Neitzel schreibt, machte sich eine »Kriegsaufregung« breit, die sich bei vielen Menschen in einer »rational schwer erschließbaren überschwänglichen Freude über

FRANZ TELLGMANN

Franz Tellgmann stammte aus einer deutschen Fotografendynastie. Vater Ferdinand hatte zunächst als Kunstmaler reüssiert, ehe er Mitte des 19. Jahrhunderts als einer der ersten die Daguerreotypie, eine frühe Form der Fotografie, in Deutschland praktizierte. Seine Söhne Franz und Oscar durften sich ab 1909 als »Hofphotographen Seiner Majestät des Kaisers und Königs« in eine Entourage von bis zu 30 Lichtbildnern einreihen, die Wilhelm II. im Atelier und auf Reisen ins rechte Licht zu setzen sich bemühten. Ihre Aufnahmen des Kaisers in Feldherrenpose fanden – millionenfach reproduziert – beim militärverliebten Bürgertum des Kaiserreichs reißenden Absatz.

den bevorstehenden Waffengang« niederschlug. »Die Leute reden vom Krieg, als ginge es ins Manöver, und als sei nichts so unausbleiblich als ihr glänzender Sieg«, schrieb Pfarrer Wilhelm Franzmathes aus dem rheinhessischen Mölsheim am 6. August 1914 in sein Tagebuch.

Das nahezu einmütige Gefühl, das Recht auf seiner Seite zu haben, und die Entschlossenheit, den von Deutschlands Feinden »aufgezwungenen« Krieg ausfechten zu müssen, trugen weiter zur ausgelassenen Stimmung der Landser bei. »Die Stimmung in der Mannschaft ist frisch und humorvoll«, schrieb ein Soldat in einem Brief nach Hause. »Jeder Militärzug, der an uns vorüberfährt, wird mit Hurra begrüßt. Unglaubliche Witze werden gerissen über den Zaren von Russland und über die Franzosen. An eine Niederlage glaubt kein Mensch; der Wille zu siegen steckt in allen.«

»Gott mit uns« – es scheint, als hatte der Sinnspruch auf den Koppelschlössern der Landser von ihrem Denken Besitz ergriffen und ihnen das Bewusstsein für die drohende Gefahr vernebelt. Oft jedoch genügte schon der erste Kontakt mit der Realität des Kriegs, um die prächtige Laune kippen zu lassen. So, als auf dem Weg an die Ostfront ein Zug mit Bremer Landwehrmännern in Berlin einen Verwundetentransport passierte. »Nachdem sich unser Zug wieder in Bewegung setzte, hörte man kein Lied mehr singen«, notierte einer der Männer in sein Tagebuch, »denn jedem kam das Bewusstsein vor Augen, dass auch wir damit rechnen mussten, einmal verwundet zu werden oder das Leben auf dem Schlachtfelde zu lassen.«

Keiner weiß, was mit jenen siegesgewissen Abenteurern passierte, die Tellgmann vor ihrem »Ausflug nach Paris« abgelichtet hat. Das »Wiedersehen auf dem Boulevard« fiel sicher aus – die allermeisten waren wohl tot, bevor sie diesen Krieg wirklich ernst nehmen konnten.

STURMLAUF
IM WESTEN
Unbekannter Fotograf
Belgien

August 1914

STURMLAUF IM WESTEN

Es ist Erntezeit in Europa, die Felder stehen in vollem Korn, da marschieren sie voran: deutsche Soldaten, Infanteristen in langen Reihen, auf den Köpfen die einstmals silberblitzenden, jetzt mit Tarnstoff überzogenen ledernen Pickelhauben, den zehn Kilo schweren Tornister geschultert, das Gewehr in der Hand. Bis zu 30 Kilometer am Tag, in sengender Hitze: »Infanterie greift an. Sprung auf, marsch, marsch! Ran an den Feind!«

Es sind die Felder Belgiens, die den deutschen Vormarsch sehen – eines Landes, das sich als neutral erklärt hat. Doch darauf will in Berlin niemand Rücksicht nehmen. Die bestehenden Bündnisverpflichtungen, so hatte man realistisch eingeschätzt, würden Deutschlands Truppen in Ost und West binden – das bedeutete Zweifrontenkrieg. Der einzige Ausweg: Man musste Frankreich mit einem Angriff zuvorkommen und seine Armee binnen kürzester Frist außer Gefecht setzen, noch ehe im Osten der vermeintlich schwerfälligere russische Aufmarsch beendet war.

Die Grenze zwischen Frankreich und Deutschland jedoch war gebirgig und viel zu stark befestigt, als dass man auf einen schnellen Sieg hoffen konnte. Im hügeligen, schwer passierbaren Gelände der Vogesen hätte der deutsche Aufmarsch stecken bleiben können. Den Ausweg bot das weitgehend ungeschützte Belgien. Wie durch eine Schleuse wollte die deutsche Führung auf dem rechten Flügel ihre Armeen hinter die französischen Linien treiben. Nach einem raschen Vormarsch bis zur Somme und zur Oise sollten sie in einem großen Bogen, der Paris von Westen umschloss, nach Südosten einschwenken, den Feind in das Festungsdreieck Verdun, Metz, Belfort abdrängen und dort vernichtend schlagen.

Es war eine Strategie, die in Grundzügen bereits im Jahr 1905 vom damaligen Generalstabschef Alfred von Schlieffen ausgearbeitet worden war – der berühmte **Schlieffen-Plan**.

SCHLIEFFEN-PLAN

Schlieffens Plan wollte aus der Not der Mittellage Deutschlands zwischen zwei potenziellen Kriegsgegnern – Russen und Franzosen – eine Tugend machen. 1905 formulierte er die apodiktische Forderung, zuerst Frankreich präventiv zu schlagen und anschließend Russland – ganz egal, ob das politisch weise oder dumm war: das Primat des Militärs vor dem Primat der Politik.

Die Verletzung der Neutralität Belgiens wurde dabei als notwendiges Übel in Kauf genommen. Bis zuletzt hoffte Generalstabschef von Moltke, die Drohkulisse einer deutschen Invasion werde die Belgier dazu bewegen, seinen Truppen das Recht auf freien Durchmarsch zu gewähren, doch König Albert I. lehnte das Ansinnen ab: »Wenn die belgische Regierung die ihr übermittelten Vorschläge annehmen würde, würde sie sich gegen die Ehre der Nation vergehen und Belgiens Pflichten gegenüber Europa verraten.«

Die deutsche Kriegsmaschinerie setzte sich in Bewegung – schon jetzt behaftet mit dem Odium des Völkerrechtsbruchs. In den frühen Morgenstunden des 2. August überschritten deutsche Truppen zunächst die luxemburgische Grenze. Als Moltke am 3. August Reichskanzler Bethmann Hollweg darüber informierte, am nächsten Morgen in Belgien einmarschieren zu wollen, waren auch in London bereits die Würfel gefallen. Premierminister Herbert Asquith, Außenminister Grey und Kriegsminister Lord Richard Haldane beschlossen die Entsendung eines britischen Expeditionskorps nach Frankreich. Die Verletzung der belgischen Neutralität zwang das Vereinigte Königreich zum Handeln. Immerhin hatte Großbritannien selbst einst die Souveränität Belgiens garantiert. Überdies stellte ein besetztes Belgien eine akute Gefahr für Sicherheit und Unabhängigkeit der Seemacht England dar.

Der britische Gesandte George Goschen überreichte am 4. August Kanzler Bethmann Hollweg ein auf Mitternacht befristetes Ultimatum, das eigentlich einer Kriegserklärung gleichkam, denn der Forderung, die belgische Neutralität zu achten, konnte Deutschland nicht mehr entsprechen. Seine Truppen standen bereits auf dem Territorium des Nachbarlandes. Daraufhin erklärte Großbritannien Deutschland den Krieg. Die folgenden Kriegserklärungen Serbiens an Deutschland, Österreich-Ungarns an Russland, Frankreichs an Österreich-Ungarn, Großbritanniens an Österreich-Ungarn waren nur noch Formsache. Nun regierte in Europa das Gesetz des Tötens.

Im Morgengrauen des 4. August fielen die deutschen Truppen ohne Kriegserklärung in Belgien ein. Wenig mehr als 100 000 Soldaten hatten die Belgier unter Waffen, gegenüber einer deutschen Heeresstärke von 2,4 Millionen – ein Kampf David gegen Goliath.

Das erste Hindernis auf dem Weg nach Westen bildete die durch ein Dutzend Außenforts gesicherte belgische Festungsstadt Lüttich, deren Inbesitznahme zwingende Voraussetzung für einen zügigen deutschen Vormarsch war. Die in den Generalstabsplanungen vorgesehene handstreichartige Eroberung der Festung scheiterte freilich am erbitterten Widerstand der belgischen Truppen. In der irrigen Annahme, kurz vor der Einkesselung zu stehen, zogen die sich jedoch am vierten Angriffstag in die westlichen Forts zurück.

So konnte die 14. Infanterie-Brigade die Zitadelle nahezu kampflos in Besitz nehmen. In die Geschichte ging ein, wie der Kommandeur der auf 1500 Mann reduzierten Brigade mit dem Knauf seines Degens gegen die schweren Tore der Festung schlug, bis von innen geöffnet wurde, wo sich nur noch ein paar Hundert versprengte Verteidiger ergaben – sein Name: **Erich Ludendorff**. Ein Held war geboren, der »Held von Lüttich«. Bis zum 16. August dauerte die endgültige Eroberung aller Forts, in deren Verlauf erstmals die »Dicke Bertha« eingesetzt wurde, ein 42-cm-Mörser von Krupp mit gewaltiger Zerstörungskraft.

Bereits in den ersten Kriegstagen des Feldzugs eskalierte die Gewalt. Überrascht von der starken Verteidigung der vorgeblich so »wenig leistungsfähigen belgischen Truppen«, wie

ERICH LUDENDORFF

Für den Erfolg von Lüttich wurde Ludendorff als zweiter Soldat des Kriegs mit dem höchsten preußischen Orden »Pour le Mérite« ausgezeichnet. Dies begründete den legendären Ruf des Mannes, der wenig später zum Stabschef der 8. Armee berufen wurde und als strategischer Kopf des Armeeführers Paul von Hindenburg die Verteidigung Ostpreußens organisierte. Im Krieg stieg sein Stern schnell: Als Erster Generalquartiermeister der im August 1916 etablierten 3. Obersten Heeresleitung unter Hindenburg wurde er zum »heimlichen Diktator« Deutschlands.

der deutsche Generalstab hatte verlauten lassen, kam es zu häufigen Übergriffen gegen Zivilisten. Deutsche Soldaten, von ihrer Führung zur Eile getrieben und in der Furcht vor Übergriffen durch »Franktireurs« (Freischärler), deuteten Schusswechsel allzu oft als Angriffe durch Zivilisten aus dem Hinterhalt. Sie nahmen Geiseln, erschossen tausende Zivilisten und brannten ganze Stadtviertel nieder, darunter die mittelalterliche Altstadt von **Löwen** und die historische Universitätsbibliothek der Stadt mit ihren 230 000 Büchern.

Unterdessen eroberten die Deutschen die belgische Hauptstadt Brüssel, schwenkten nach Südwesten und überschritten auf breiter Front die belgisch-französische Grenze. Doch zusehends erlahmte der Angriffsschwung der deutschen Armee, die sich jetzt auch den Kämpfern des britischen Expeditionskorps gegenübersah. Der Nachschub stockte, die mangelhaften Nachrichtenverbindungen zwischen Hauptquartier und Front sorgten für ein operatives Wirrwarr.

Dabei hatte der Schlieffen-Plan gefordert, sechs Wochen nach Kriegsausbruch solle es vor Paris zur entscheidenden Schlacht gegen Frankreich kommen. Und tatsächlich, die deutsche Armee lag im Zeitplan. Am 2. September war die französische Regierung aus der Hauptstadt nach Bordeaux geflohen. In Paris bereitete Stadtkommandant Gallieni die Sprengung der Seine-Brücken vor. In der Ferne konnten deutsche Patrouillen bereits den Eiffelturm sehen. Doch hier war Schluss: Weiter sollten die Deutschen niemals vordringen.

Die sommerlichen belgischen Felder wurden derweil zu matschigen Mondlandschaften, zerfurcht von Schützengräben und umgepflügt von Millionen und Abermillionen Geschossen. Es waren jene »Flanders Fields«, die das bekannteste britische Kriegsgedicht dieser Zeit beschreibt. Auf ihnen hielt nur noch der Tod reiche Ernte.

LÖWEN

Dem amerikanischen Gesandtschaftssekretär Hugh Gibson, der sich drei Tage später ein Bild von der Lage in Löwen machte, erklärte ein deutscher Offizier: »Es wird die Belgier lehren, Deutschland zu respektieren und es sich zweimal zu überlegen, gegen Deutschland die Waffen zu erheben.« Mit der Zerstörung der Bibliothek aber hatte sich das Reich in der Welt den Ruf von Barbaren eingehandelt. Als »Hunnen«, denen man das Schlimmste zutraute, wurden sie fortan in der alliierten Propaganda persifliert.

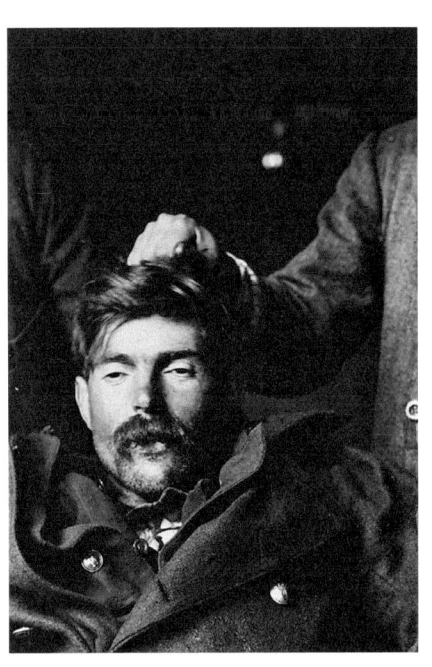 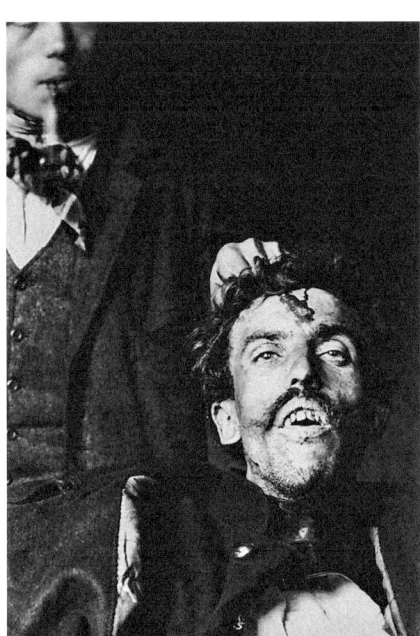

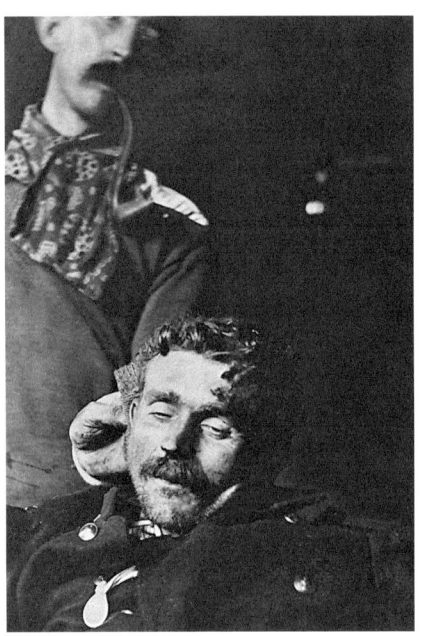 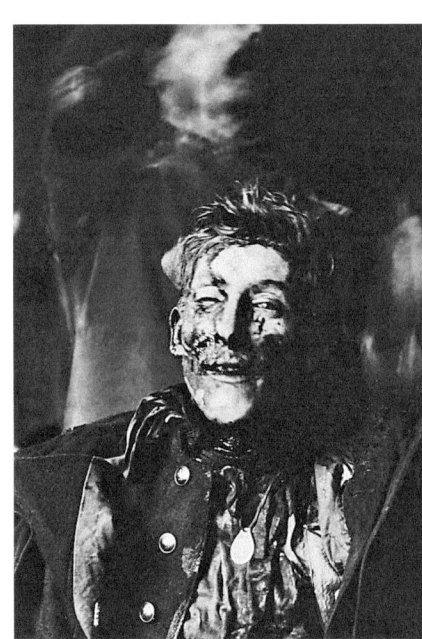

DAS GESICHT
DES TODES
N. Lajot
Vottem/Belgien
7. August 1914

DAS GESICHT DES TODES

Es sind verstörende und zugleich fesselnde Aufnahmen: Körper, die vom Kampf gezeichnet sind, weit aufgerissene Augen im Angesicht des Todes, erstarrte Gesichtszüge. Ungeschönte Bilder, die keine Zensurbehörde hätte passieren lassen.

Der Krieg im Westen war gerade zwei Tage alt, als es im kleinen belgischen Ort Vottem nördlich von Lüttich zu einem Scharmützel zwischen deutschen und belgischen Truppen kam. Der Pfarrer des Dorfes, Abbé Crèvecoeur, war Zeuge der Kämpfe. In seinem Tagebuch notierte er: »Als die Belgier an der Kapelle eintrafen, stießen sie auf die deutschen Jäger, die bereits seit dem Morgen warteten. Sie hatten sich an einem geschützten Ort verkrochen und eröffneten sofort das Feuer. Hauptmann van Loo, der einzige Offizier der belgischen Kolonne, wurde sofort von einer Kugel im Bauch getroffen. Auch die beiden Unteroffiziere, die in seiner Nähe marschierten, wurden getötet.«

Als sich der Pulverdunst verzog, wagten sich die verängstigten Einwohner wieder aus ihren Häusern. Dutzende getötete belgische und deutsche Soldaten lagen auf den Straßen. Die Menschen in Vottem waren ratlos: Von den Behörden gab es so kurz nach Kriegsbeginn keinerlei Anweisungen, wie mit den Opfern des Weltenbrands umzugehen sei. Schließlich übernahm Abbé Crèvecoeur die Initiative und ließ die Leichen – 22 Belgier und elf Deutsche – von freiwilligen Helfern ins Pfarrhaus schaffen. Dorthin bestellte er auch einen Fotografen, einen Mann namens Lajot. Die Bilder, so glaubte der Dorfpfarrer, könnten später die Identifikation der Toten erleichtern.

Am 7. August 1914, einen Tag nach dem Kampf, wurden die Gefallenen nacheinander auf einen Stuhl gesetzt und von jenem Monsieur Lajot auf Glasnegativen abgelichtet. Befremdlich wirkt aus heutiger Sicht, dass die Helfer die Toten meist grob an den Haaren festhielten. Manch Freiwilliger hatte auch eine Zigarette im Mundwinkel – vielleicht nur, um so den unangenehmen Verwesungsgeruch zu überdecken. Bei aller Ungelenkheit rührt die menschliche Geste: Die ersten Toten auf den Schlachtfeldern des Ersten Weltkriegs wurden noch nicht, wie so viele Zigtausende nach ihnen, als namenlose Opfer verscharrt. Die Einwohner von Vottem beerdigten sie getrennt nach ihrer Nationalität in zwei Gemeinschaftsgräbern auf dem Dorffriedhof – und hielten sogar einen Monat später eine Trauerfeier ab.

Dieser respektvolle Umgang mit den Toten und die detaillierten Kenntnisse der Kampfabläufe, die Abbé Crèvecoeur besaß, retteten einige Wochen später sein Dorf vor der Zerstörung: Die deutsche Armee verdächtigte auch die Einwohner von Vottem als »Franktireurs«. Doch der Pfarrer konnte die deutschen Offiziere von der Unschuld der Dorfgemeinschaft überzeugen; der Ort wurde verschont. Auch die Hoffnung des Abbés, die Toten mithilfe der Fotografien identifizieren zu können, erfüllte sich. Schon 1916 waren alle belgischen Soldaten in eigene Gräber umgebettet worden. Die gefallenen Deutschen fanden ihre letzte Ruhestätte auf einem Soldatenfriedhof bei Lüttich.

Die Fotoplatten vom 7. August 1914 waren jahrzehntelang verschollen. Erst im Jahr 2003 tauchten sie auf einem Flohmarkt wieder auf. Ein holländisches Ehepaar erwarb sie und brachte sie ins Museum »In Flanders Fields« im belgischen Ypern. Die Porträts von Vottem gehören zu den frühesten Fotos von gefallenen Soldaten des Ersten Weltkriegs. Noch war jeder einzelne Tote außergewöhnlich und einzigartig. Schon bald jedoch sollte kein Pfarrhaus mehr ausreichen, um der Hunderttausenden Opfer der blutigen Schlachten persönlich zu gedenken.

DIE RUSSEN
KOMMEN
Erich Benninghoven
Ostpreußen
15. August 1914

DIE RUSSEN KOMMEN

Flüchtlinge in Ostpreußen – Menschen, die ihr nötigstes Hab und Gut auf Pferdewagen geladen haben und Haus und Hof Hals über Kopf verlassen müssen. Die nun auf freiem Feld kampieren und einem ungewissen Schicksal entgegensehen. Alte Leute, Frauen und Kinder: Bilder wie diese kennen wir eigentlich nur aus den letzten Monaten des Zweiten Weltkriegs, als sich Hunderttausende in den Ostseehäfen drängten und in langen Trecks über das vereiste Haff nach Westen zogen. Doch der Ruf »Die Russen kommen«, er erschallt nicht erst im Winter 1944/45 im deutschen Osten. Bereits im Sommer 1914 beschwört er Schreckensvisionen von asiatischen Reiterhorden und wilden Kosakenregimentern herauf – und von einer gewaltigen »russischen Dampfwalze«, die erbarmungslos über das Reich hinwegzurollen droht.

Warum konnte es zu dieser Tragödie kommen? Die deutsche Militärführung war in ihren Feldzugsplanungen stets davon ausgegangen, dass sich die Mobilisierung der Truppen im Riesenreich des Zaren mindestens sechs bis acht Wochen hinziehen werde. So konzentrierte man die große Masse des deutschen Heeres im Westen, um den Erzfeind Frankreich in einer Art »Blitzkrieg« zu schlagen. Erst nach dem erwarteten Sieg an der Westfront sollten dann größere Truppenkontingente in den Osten verlegt werden. So lange standen an der Ostgrenze nur schwache Verbände in Verteidigungsstellung.

Gleichzeitig hatte Generalstabschef Helmuth von Moltke seinem k. u. k. Pendant Franz Conrad von Hötzendorf die Zusage zu einer österreichischen Großoffensive in Galizien abgerungen, um die russischen Truppen im Süden der Ostfront zu binden. Doch noch ehe die Österreicher angreifen konnten, stießen die Russen Mitte August mit mehr als einer halben Million Mann auf ostpreußisches Gebiet vor – auf nachdrücklichen Wunsch von Paris, das sich vom Angriff im Osten eine Entlastung der eigenen Front versprach. Die Deutschen waren vollkommen überrumpelt. Zwar konnte der russische Vormarsch nach einigen Tagen zum Stehen gebracht werden, doch weite Teile Ostpreußens waren in Feindeshand. Der Kommandeur vor Ort, Generaloberst Maximilian Freiherr von Prittwitz und Gaffron, spielte angesichts der russischen Überlegenheit sogar mit dem Gedanken, die Grenzprovinz ganz aufzugeben und sich hinter die Weichsel zurückzuziehen.

Hauptleidtragende dieser Entwicklung war die ostpreußische Zivilbevölkerung. Die Menschen, die ihre angestammte Heimat verlassen mussten, sahen einer ungewissen Zukunft entgegen. In Rastenburg erlebte der Rotkreuz-Freiwillige Hans Holz das heillose Chaos dieser Tage: »Von allen Seiten wurden Soldaten zusammengezogen, die hier verladen werden sollten. Dazwischen der ungeheure Strom von Flüchtlingen, zu Fuß und auf Tausenden von Wagen, Rinderherden in Stärke von vielen Tausend Stück, die sich stundenlang durch die Stadt bewegten, Schafen, Pferden usw. Ein andauerndes Brüllen der Rinder, die, ungemolken, Milchbrand hatten … Jammern der Kinder, Alarmnachrichten über den anrückenden Feind, am Abend ein Feuerschein in der Richtung auf Angerburg, Spannung, Sorge und Angst auf allen Gesichtern.« Es waren diese Ungewissheit und Furcht, die der Berliner Pressefotograf Erich Benninghoven auf seinem Foto festhielt.

Nicht überall blieb Zeit für eine geordnete Evakuierung. Den Menschen, die es nicht mehr schafften, rechtzeitig aufzubrechen, drohte oft ein noch sehr viel schmerzlicheres Schicksal. Es kam zu Übergriffen der russischen Truppen, zu Plünderungen und Vergewaltigungen. Zwar weiß man heute, dass derartige Ausschreitungen eher die Ausnahme als die Regel waren, doch die deutsche Kriegspropaganda zeichnete das düstere Bild einer allgegenwärtigen russischen Schreckensherrschaft. »Das Blut der unschuldig Ermordeten und das Weh-klagen der geschändeten Frauen in Ostpreußen schrien gen Himmel«, hieß es in der 1918 erstmals publizierten *Ostpreu-ßen-Chronik* des evangelischen Pfarrers Hermann Braun. »Der Heilige und Gerechte in den ewigen Höhen hat's gehört und sandte einen Rächer – unseren Hindenburg.«

Tatsächlich war es nicht der liebe Gott, sondern OHL-Chef Moltke, der erkannte, dass Prittwitz angesichts der kritischen Lage in Ostpreußen fehl am Platz war. Ein Verlust Ostpreußens hätte, ganz abgesehen von der wirtschaftlichen Bedeutung der »Kornkammer« des Reichs, unabsehbare Folgen für die deut-sche Moral gehabt. So wurde der 65-jährige Prittwitz durch ei-nen noch einmal ein Jahr älteren General abgelöst: Paul von Hindenburg. Ihm als Generalstabschef zur Seite gestellt wur-de Erich Ludendorff, der sich erst wenige Wochen zuvor als Eroberer von Lüttich militärische Meriten erworben hatte. Es war der Beginn einer symbiotischen Beziehung, die der Feld-herr später als geradezu »perfekte Ehe« bezeichnen sollte.

Hindenburg und Ludendorff erkannten, dass die deutschen Truppen in der Tat zu schwach waren, um gleichzeitig beide Flanken des russischen Angriffs stoppen zu können. Aussich-ten auf einen Erfolg bestanden nur, wenn es gelang, die Stoß-keile nacheinander zu schlagen. Diese Strategie barg freilich das Risiko, die eigenen Kräfte an der falschen Stelle zu kon-zentrieren. Doch die Russen übermittelten ihre Planungen un-verschlüsselt per Funk. Der Generalstab wusste deshalb, dass der Gegner aufgrund von Nachschubproblemen im Norden fürs Erste nicht auf breiter Front angreifen konnte.

Damit war der Weg frei für eine Entscheidungsschlacht im Süden von Ostpreußen, wo die Russen zahlenmäßig zwar ebenfalls überlegen waren, die tief im Hinterland ausgelade-nen Soldaten durch tagelange Gewaltmärsche in sengender

HINDENBURG

Paul von Beneckendorff und von Hindenburg (1847–1934) kämpfte 1866 vor Königgrätz und nahm 1870/71 am deutsch-französischen Krieg teil. 1911 nahm er als Kommandierender General eines Armeekorps seinen Abschied. Bei Kriegsausbruch schrieb Hindenburg an Moltkes Stellvertreter, Generalquartiermeister Hermann von Stein: »Vergessen Sie mich nicht, wenn die Dinge sich so entwickeln, dass irgendwo ein Kommandierender gebraucht wird«. Als Stein im August 1914 bei ihm wegen einer Reaktivie-rung anfragen ließ, antwortete Hin-denburgs mit zwei knappen Worten »Bin bereit«.

Auf Propagandapostkarten wurde Hindenburg bald als genialer Feldherr glorifiziert

Hitze jedoch bereits Anzeichen von Auszehrung zeigten. Am 27. August begannen die Deutschen, die gegnerischen Flanken einzudrücken. Zwei Tage später war der Ring um die russischen Verbände geschlossen. Die deutsche Artillerie belegte den Kessel mit mörderischem Schrapnellfeuer. 50 000 russische Soldaten fielen, ihr Oberkommandierender Samsonow schoss sich eine Kugel in den Kopf, 92 000 Russen gerieten in Gefangenschaft.

»Hier hört man zum ersten Mal von den riesigen Zahlen, den hundert-, den zweihundertfünfzigtausend erschlagenen und gefangenen Feinden«, schreibt der Historiker Golo Mann später. »Nun erschienen die Bilder für Jung und Alt, welche die verlorenen, toten, ertrinkenden, ohne Kopf und Glieder in die Luft geschleuderten Russen zeigten. Der öffentliche Geist verhärtete sich rasch.« Für die Menschen im Deutschen Reich wurde **Tannenberg** dagegen zum ersehnten Siegesmythos, Hindenburg zum »Retter des Vaterlands«.

Nach dem Sieg im Süden konnten sich die Deutschen nun den russischen Verbänden im Norden zuwenden. Anfang September entbrannte die Schlacht an den Masurischen Seen, in deren Verlauf die Russen schließlich hinter die Grenze zurückgedrängt wurden. Die beiden Schlachten in Ostpreußen sollten die einzigen größeren Kampfhandlungen bleiben, die in diesem Krieg auf deutschem Boden ausgetragen wurden.

Die österreichische Offensive im Süden der Ostfront geriet dagegen rasch ins Stocken – und, noch schlimmer, die Österreicher wurden von der überlegenen Armee des Zaren bald sogar nach Galizien zurückgedrängt. Nur mithilfe des deutschen Bundesgenossen gelang es, die Front zu stabilisieren. Auch im Osten erstarrten die Fronten.

TANNENBERG

In der Presse war zunächst von der »Schlacht bei Gilgenburg und Ortelsburg« die Rede; der Kaiser gratulierte Hindenburg zum »Sieg bei Allenstein«. Doch der gewiefte Schlachtenlenker wusste, wie Geschichte gemacht wird. Im Jahr 1410 hatte in derselben Gegend eine Schlacht zwischen dem Deutschen Orden und der Armee der Polnisch-Litauischen Union stattgefunden. »Bei Tannenberg, das zwischen Gilgenburg und Hohenstein liegt, wurde 1410 das Ordensheer von den Polen und Litauern vernichtet«, so Hindenburg. »Jetzt, nach 504 Jahren, kam die Revanche.« Die geschickte Verknüpfung mit »Tannenberg« trug zur Entstehung des Mythos um den siegreichen Feldherrn Hindenburg bei.

Ich kenne keine Parteien mehr,
kenne nur noch Deutsche.

Wilhelm
I. R.

Coblenz.   26/VIII. 1914.

DER KRIEGSKAISER

Atelier E. Bieber

Koblenz

26. August 1914

DER KRIEGSKAISER

Das Haupthaar sorgsam gescheitelt, den charakteristischen Schnurrbart akkurat gezwirbelt, die prächtige Uniform über und über bedeckt mit Orden und Ehrenzeichen, auf den Schultern die goldenen Epauletten – so steht er da und blickt streng ins Ungefähre: Wilhelm II., der Kaiser der Deutschen. Darunter der allbekannte Satz, mit dem er kurz nach Kriegsbeginn vor dem Reichstag seine Version der »Volksgemeinschaft« verkündet hatte: »Ich kenne keine Parteien mehr, kenne nur noch Deutsche.« Gegeben zu Koblenz am 26. August 1914, Wilhelm Imperator Rex. Auf Postkarten gedruckt kam dieses Porträt des **Ateliers Bieber** damals millionenfach in Umlauf. Erhältlich für ein paar Pfennige, die dem Roten Kreuz zugutekamen, sollten die ehernen Worte und das heldenhafte Antlitz des Kaisers an der Front und in der Heimat die Kampfmoral stärken.

Solcherart Kaiserpropaganda war typisch für den Monarchen, der in vielem, was er tat, eine Epoche verkörperte, die später seinen Namen tragen sollte. »Mit steinerner majestätischer Miene erschien der Kaiser überall da, wo er von der Bevölkerung gesehen werden konnte«, erinnerte sich ein Freund des Kaisers, Ernst Graf Reventlow. »Er war des Glaubens, dass die Untertanen ihn immer als die Verkörperung einer hoch über ihnen schwebenden, hierarchisch stilisierten Majestät sehen müssten.«

Kaiser Wilhelm II. war in Fotoform vielfach präsent, sei es als Porträt, sei es in neuartigen Posen: Familienbilder, Schreibtischbilder, Schnappschüsse von Empfängen, Paraden, Denkmalenthüllungen, Ausritten, Jagden, Staats- und Kreuzfahrtreisen schmückten die Wohnzimmer der Untertanen. Sie schienen an dem privaten und gesellschaftlichen Leben ihres Herrschers indirekt teilzuhaben – und liebten ihn für diese vermeintliche Freizügigkeit.

ATELIER BIEBER

1852 eröffnete Emilie Bieber als eine der ersten professionellen Fotografinnen in Deutschland ein Atelier in Hamburg und übergab das Geschäft 1872 an ihren Neffen Leonard Bieber, der zum Hoffotografen von mehreren Königshäusern, Prinzen und Herzögen avancierte. Auch Wilhelm II. ließ sich besonders gern von Leonard Bieber und dessen Sohn Emil fotografieren, selbst wenn der Monarch dem gutgemeinten Rat »Bitte lächeln, Majestät« nur selten folgte. Nach Hitlers »Machergreifung« geriet Emil Bieber in geschäftliche Schwierigkeiten. Sein Atelier wurde »arisiert«. Er ging schließlich ins Exil und starb 1962 in Kapstadt.

Für die deutsche Durchschnittsfamilie wurden der Kaiser und seine Familie auf »ungezwungenen« Fotos in illustrierten Zeitschriften menschlich. Bernhard von Bülow, bis 1909 Reichskanzler und preußischer Ministerpräsident, stellte fest: »Das deutsche Volk will keinen Schattenkaiser, das deutsche Volk will einen Kaiser von Fleisch und Blut.« Und es bekam sogar mehr: einen Kaiser, der stets wie ein Leuchtkäfer präsent war, der im Vordergrund stehen musste, der sich aber auch so vermarkten konnte, wie er es wollte.

Posierte Wilhelm vor Fotografen, dann stets in Uniform, von denen er kaum eine mehr als zweimal trug. Zur öffentlichen Darstellung bot sich ihm eine mannigfache Vielfalt. Mal in Galauniform, mal in der Uniform eines Husaren, mal im Marine-Look oder als Dragoner – eine war schneidiger als die andere, aber allesamt vor Männlichkeit strotzend. Nicht nur Wilhelm, sondern auch die Gesellschaft stand im Bann der Uniform.

Der letzte deutsche Kaiser war ein Mann der Gegensätze. Dem technischen Fortschritt zugewandt, förderte er die Wissenschaften und wusste, sich im Volk beliebt zu machen. Doch sein Narzissmus und sein Hang zur Selbststilisierung machten ihn zur »tickenden Zeitbombe« auf dem Parkett der europäischen Diplomatie. Seine unüberlegten Brandreden wie die berüchtigte »Hunnenrede« fielen theatralisch, martialisch, oft aggressiv, undiplomatisch und taktlos aus und wurden meist zur falschen Zeit am falschen Ort gehalten. Sie verraten ihn als einen Herrscher, der seiner Position nicht gewachsen war.

Den großen Weltenbrand hat er freilich nicht gewollt. Wilhelm II. rasselte zwar regelmäßig mit dem Säbel. Vor einer Konfrontation war er aber bislang zurückgeschreckt. »Wilhelm, der Ängstliche«, höhnten die Militärs. Nach dem Attentat von Sarajevo schwankte er zwischen Friedenssehnsucht

»HUNNENREDE«

Bei der Verabschiedung eines deutschen Expeditionskorps zur Bekämpfung des Boxeraufstands in China hielt er seine berüchtigte Hunnenrede: »Kommt ihr vor den Feind, so wird derselbe geschlagen! Pardon wird nicht gegeben! Gefangene werden nicht gemacht! Wer Euch in die Hände fällt, sei Euch verfallen!« Mit voller Lautstärke haute Wilhelm auf die Pauke – nur nie im Takt. Drohgebärden wie diese rückten Deutschland in der internationalen Meinung in ein zwiespältiges Licht.

und Kriegslust. Zunächst überwog Letzteres. Als sein Botschafter in Wien zur Mäßigung riet, kommentierte der Kaiser das Dokument mit den zornigen Randbemerkungen: »Mit den Serben muss aufgeräumt werden, und zwar bald.«

Als Österreichs Kaiser Franz Joseph einen Gesandten nach Potsdam schickte und um Rückendeckung für ein sofortiges Einschreiten gegen Serbien bat, sagte Wilhelm II. spontan seine »volle Unterstützung« zu. Wilhelms Zusicherung gab für Reichskanzler Bethmann Hollweg den letzten Anstoß zum »Sprung ins Dunkle«. Die Zusage ist als »Blankoscheck« in die Geschichte eingegangen, denn damit war die Kriegsentscheidung der Habsburger so gut wie gefallen.

Den Wortlaut des bewusst unannehmbar formulierten Ultimatums, das Wien den Serben am 23. Juli stellte, kommentierte er lapidar: »Das ist doch einmal ein forsche Note«. Als Belgrad das Ultimatum wider Erwarten weitgehend akzeptierte, schrieb der Kaiser nach Wien: »Damit fällt jeder Kriegsgrund weg«, und machte vermittelnde Vorschläge zur weiteren Vorgehensweise. Wilhelm, der »Zögerer«, wollte auf einmal doch lieber Frieden.

In den folgenden Tagen versuchte er sein Bestes, um auf Monarchenebene den Frieden doch noch zu retten. Er begann einen fieberhaften Depeschenwechsel mit dem russischen Zaren – allerdings unter Anleitung des Auswärtigen Amtes, das darauf bedacht war, Russland die Verantwortung für einen Krieg zuzuschieben. Nikolaus II. äußerte seine Entrüstung über die Vorgänge und bat den »lieben Willy!« um Hilfe. Der Kaiser riet dem »lieben Nicky!«, Frieden zu bewahren.

Mitten in den Schriftverkehr der beiden Vettern platzte am 30. Juli die Nachricht von der russischen Teilmobilmachung. Der Kaiser war am Boden zerstört, fühlte sich hintergangen. Jetzt schien es unmöglich, den rasenden Zug noch zum Ste-

Theobald von Bethmann Hollweg war seit Juli 1909 Reichskanzler

THEOBALD VON BETHMANN HOLLWEG

Der aus der Provinz Brandenburg stammende Bethmann Hollweg (1856–1921) hatte als Verwaltungsbeamter Karriere gemacht, ehe er in die Politik wechselte und zunächst preußischer Innenminister wurde. 1909 berief ihn Kaiser Wilhelm II. zum Reichskanzler. Bethmann Hollweg galt als Liberaler, der sich um einen Ausgleich zwischen linken und rechten politischen Kräften im Kaiserreich bemühte. Seine Rolle beim Ausbruch des Krieges ist umstritten: Zwar wollte er sich von der k. u. k. Monarchie nicht »leichtfertig in einen Weltbrand hineinziehen« lassen, ließ die Kriegsparteien in Deutschland und Österreich dann jedoch gewähren.

hen zu bringen. Generalstabschef Moltke und der preußische Kriegsminister Erich von Falkenhayn drängten den Kanzler, jetzt seinerseits die deutsche Mobilmachung zu verkünden. Es galt, keine Zeit zu verlieren, Frankreich musste geschlagen sein, bevor die Russen marschbereit waren.

Und England? Bis zum Schluss hegten der Kaiser und die Reichsleitung die Hoffnung, dass Großbritannien neutral bleiben würde. Wilhelm II. dachte sogar, er hätte diesbezüglich das Wort des englischen Königs. Ein Irrtum, wie sich herausstellte. Der britische Außenminister stellte klar: Wenn Frankreich angegriffen werde, könne England nicht passiv bleiben. Verwirrt notierte der Kaiser: »Der ganze Krieg ist offensichtlich zwischen England, Frankreich und Russland zur Vernichtung Deutschlands abgemacht worden.« Seine eigene Verantwortung an den Entwicklungen wollte oder konnte er nicht sehen.

Am 1. August 1914 rief Wilhelm vom Balkon des Berliner Schlosses den Deutschen zu: »Mitten im Frieden überfällt uns der Feind. Darum auf zu den Waffen! Jedes Schwanken, jedes Zögern wäre Verrat am Vaterlande«. Zwei Wochen später reiste er mit großen Erwartungen ins Große Hauptquartier, das zu jener Zeit im Kurfürstlichen Schloss in Koblenz residierte.

Doch obwohl er formell oberster Befehlshaber aller Streitkräfte war, hatte er im Krieg wenig zu sagen. Zwar trug man ihm hin und wieder vor und holte hier und da seine Meinung ein, doch tatsächlich blieb er von den militärischen Entscheidungsprozessen ausgeschlossen. »Der Generalstab sagt mir gar nichts und fragt mich auch nicht«, beklagte er sich im November 1914, »ich trinke Tee und säge Holz und gehe spazieren und dann erfahre ich von Zeit zu Zeit, das und das ist gemacht.« Als »Schattenkaiser« sollte er in die Geschichte dieses Kriegs eingehen.

DIE ERSTEN VERLUSTE

Unbekannter Fotograf
Berlin, Dorotheenstraße
7. September 1914

DIE ERSTEN VERLUSTE

Männer und Frauen vor einem Gebäude lesen Maueranschläge. Nicht Sondermeldungen oder Siegesberichte fesseln ihre Aufmerksamkeit, sondern dicht bedruckte Bögen, »Verlustlisten«, die in langen Spalten die Opfer des Kriegs verzeichnen. Alle bewegt die eine bange Frage: Werden sie auf den Blättern die Namen von Verwandten, Freunden oder Kollegen finden?

Schauplatz der Szene ist die Preußische Kriegsakademie im Berliner Regierungsviertel. Jedoch: die Listen sind am Hintereingang der Akademie in der Dorotheenstraße angeschlagen, während die großen Aufmärsche und Paraden vorn, Unter den Linden, stattfinden – ein Sinnbild …

Seit Anfang August waren auf dem Berliner Prachtboulevard die Aufzüge der jubelnden und singenden Massen kaum abgerissen. Nach den nationalistischen Aufwallungen zu Kriegsbeginn beflügelten die ersten Siegesmeldungen aus Belgien erneut den Patriotismus breiter Volksschichten. »Schon zeigt sich deutlich die Wirkung der heldenmütig erkämpften Erfolge in unserer Bevölkerung«, kommentierte die *Norddeutsche Allgemeine Zeitung* Mitte August. »Die Gesichter, die nur zu häufig anfangs den Ausdruck banger Sorge zeigten, haben sich aufgehellt. Feste Zuversicht liest man in den Zügen aller.«

Ab dem 20. August rissen die Siegesmeldungen nicht mehr ab: Sieg an der französischen Grenze! Brüssel gefallen! Deutsche Truppen vor Paris! Flaggen wurden gehisst, die Kirchenglocken läuteten, die Kinder bekamen schulfrei. Am Jahrestag des deutschen Siegs von Sedan 1870 am 2. September verfolgten Hunderttausende zwischen Stadtschloss und Brandenburger Tor einen **Aufmarsch**, bei dem erbeutetes französisches Kriegsgerät vorgeführt wurde.

Doch während vorn laut gejubelt wurde, flossen am Hintereingang die ersten Tränen. Schon am 9. August, kaum eine Woche nach dem Beginn des Vormarschs in Belgien, waren

AUFMARSCH

»Ganz Berlin ist in Erregung, unübersehbare Menschenmassen umdrängen die Linden«, notierte der liberale Journalist Theodor Wolff. »Es sieht aus, als seien nie so viel Menschen, auch nie so viel Männer, in Berlin gewesen, wie jetzt.«

die ersten Verlustlisten hier ausgehängt worden. Bis zum Ende des Kriegs erschienen sie in rascher Folge, zum Teil mehrmals wöchentlich – bis 1919 sollten sie sich zu mehr als neun Millionen Einträgen auf mehr als 30 000 dreispaltigen Seiten im Zeitungskleinformat summieren.

Das Wort »Verlust« musste dabei nicht notwendig »Tod« heißen. In der Logik der Militärs wurde als Verlust verbucht, wenn ein Mann als Kämpfer ausfiel – sei es, dass er verwundet, gefangen genommen, vermisst wurde oder eben gefallen war. Viele Männer tauchten deshalb mehrfach in den Listen auf.

All diese »Verluste« erreichten bereits in den ersten Kriegsmonaten horrende Höhen. Frankreich hatte bis zum Jahresende 300 000 Tote zu beklagen. Die deutschen Zählungen verzeichneten 145 000 Tote und 540 000 Verletzte von August bis Dezember 1914. »Das Blutopfer einer ganzen Generation blühender Jugend konnte niemals wiedergutgemacht werden«, resümierte der ehemalige Frontsoldat und spätere Verleger Gottfried Bermann Fischer. »Die herrlichen Begabungen, die in den gefeierten Schlachten der ersten Kriegswochen vernichtet worden sind, konnten niemals wieder ersetzt werden. Der Gedanke, wie sich wohl die spätere Geschichte Deutschlands entwickelt hätte, wenn diese zu Männern herangereifte Jugend an ihr mitgewirkt hätte, hat mich später niemals verlassen.«

Spätestens Ende September war es mit den großen Freudenfeiern in den deutschen Städten vorbei. Auch an der Kriegsakademie waren die größten Menschenansammlungen jetzt nicht mehr Unter den Linden zu finden, sondern in der Dorotheenstraße – dort, wo sie sich in großen Trauben vor den Verlustlisten drängten. Immerhin: Während in den Ländern der Entente die Veröffentlichung von Verlustlisten eingestellt wurde, um die Bevölkerung nicht zu beunruhigen, hingen sie im Reich weiter aus – bis zum bitteren Ende.

DIE SCHLACHT
AN DER MARNE
Jules Gervais-Courtellemont
An der Marne / Frankreich
September 1914

DIE SCHLACHT AN DER MARNE

Französische Soldaten rasten in einem Waldstück im Hinterland der Front. Gegen die herbstliche Kälte haben sie aus trockenen Ästen ein Feuer entzündet, an dem sie sich die steifen Glieder wärmen. Manche haben das Kochgeschirr in Händen, andere schauen einfach nur neugierig in die Kamera – Bilder wie diese gibt es aus diesen Tagen Abertausende von beiden Seiten der Front. Und doch ist gerade dieses etwas Besonderes, denn es zeigt die Welt des Kriegs nicht in Schwarz-Weiß – wie wir uns diese ferne Epoche heute oft vorstellen –, sondern in Farbe.

Möglich machte es eine Erfindung des Lyoner Brüderpaars Auguste und Louis Lumière, das 1907 vorgestellte sogenannte Autochrom-Verfahren. Zwar kannte man bereits seit Mitte des 19. Jahrhunderts Methoden, mithilfe derer man aus drei exakt gleichen, mittels unterschiedlicher Farbfilter aufgenommenen Bildern farbige Fotografien erzeugen konnte, doch das äußerst aufwendige System konnte sich in der Praxis nicht durchsetzen. Bei den Autochrom-Platten dagegen genügte eine einzige Aufnahme für ein Farbfoto. Die Glasplatten waren mit einer hauchdünnen Schicht aus Kartoffelstärketeilchen in den Farben Orangerot, Grün und Violett bestäubt. Diese Teilchen wirkten wie winzige Farbfilter, die jeweils nur einen Farbbereich des Lichtspektrums auf die lichtempfindliche Schicht durchließen. Nach der Entwicklung entstanden auf diese Weise Glasdias von erstaunlicher authentischer Farbigkeit.

Fotografen wie Jules Gervais-Courtellemont bereisten schon bald die ganze Welt und bildeten die gesamte Epoche in Autochrom ab. Der Pariser Bankier Albert Kahn finanzierte mehrere Expeditionen für sein philanthropisches Projekt »Les Archives de la Planète« (»Die Archive des Planeten«). Die bildliche Darstellung des alltäglichen Lebens fremder Völker sollte damals nach dem Willen Kahns Verständnis für andere

JULES GERVAIS-COURTELLEMONT

Jules Gervais-Courtellemont (1863–1931) gehörte zu den ersten Fotografen, die mit der Autochrom-Technik der Brüder Lumière arbeiteten. Seine ausgedehnten Reisen führten ihn vom Osmanischen Reich bis nach China und von Spanien über Marokko bis Ägypten. Um an einer Pilgerreise nach Mekka teilnehmen (und später darüber berichten) zu können, konvertierte er sogar zum Islam. 1914 ging er als Kriegsberichterstatter an die Front und machte zahlreiche eindrucksvolle Autochrom-Aufnahmen der französischen Truppen.

Kulturen wecken – und erlaubt uns heute einen bemerkens-
werten Einblick in längst untergegangene Zivilisationen und
Lebensweisen.

Doch auch das Autochrom-Verfahren hatte seine Nach-
teile. Zum einen waren die Platten unhandlich und sehr teu-
er, zum anderen verlangten sie eine Belichtungszeit, die zum
Teil sechzig bis achtzig Mal länger war als bei den seinerzeit
üblichen Schwarz-Weiß-Aufnahmen. Sich bewegende Objekte
konnten deshalb gar nicht aufgenommen werden. Menschen
mussten für gelungene Fotos minutenlang in einer Pose ver-
harren. So lange stillzuhalten gelang nicht jedem, wie Unschär-
fen auch auf diesem Bild zeigten. Farbfotos von vorrückenden Truppen oder gar von Kampfhandlungen gibt es deshalb
nicht. Stattdessen zeigen die zahlreichen französischen Auto-
chromes, die auf deutscher Seite nur einige wenige Entspre-
chungen haben, vor allem das Leben in der Etappe. Wie eben
jene »Poilus« – »Bärtige«, wie die Franzosen ihre Frontsoldaten nannten – im Herbst 1914.

Bis dahin waren die Deutschen bereits bis an die Marne
vorgedrungen und standen wenige Kilometer vor der französischen Hauptstadt. Doch die deutschen Truppen waren von
ihrer eigenen Versorgung abgeschnitten. Die Übermittlung
drahtloser Meldungen dauerte oft 24 Stunden und konnte von
den Franzosen abgefangen werden. Ohne Verbindung zum
eigenen Hauptquartier im Hunderte von Kilometern entfernten Luxemburg und durch anstrengende Gewaltmärsche geschwächt, war die Ausgangssituation schwierig für die geplante letzte militärische Auseinandersetzung.

Am 5. September begannen die Kämpfe an der Marne.
Gleich zu Beginn gelang den Franzosen ein Propagandaerfolg.
Über Nacht ließ der französische Oberbefehlshaber Joseph
Joffre von Paris aus 600 Taxis zweimal mit jeweils fünf Solda-

POILUS

In blauen Uniformen und roten
Hosen zogen die französischen Soldaten ins Feld – ein Aufzug, der wie die
Vorstellungswelt der französischen
Militärplaner aus dem 19. Jahrhundert
stammte und für einen modernen,
technisierten Krieg völlig ungeeignet
war. Die leuchtenden Farben machten die Männer zu leichten Ziel-
scheiben für die deutschen Maschi-
nengewehrbesatzungen, die in den
ersten Kriegswochen Franzosen
scharenweise niedermähten. Erst
dann entschied man sich in Paris,
neue Uniformen anfertigen zu lassen – in »Horizontblau«.

ten an Bord an die Front fahren. So standen den Deutschen am nächsten Morgen 6 000 »Poilus« mehr gegenüber.

In Luxemburg hatte Generalstabschef von Moltke Mühe, Überblick über den Frontverlauf zu behalten. Moltke war ein Nervenbündel, offenbar überfordert mit der Operationsführung. In einem Brief an seine Frau vom 8. September 1914 klagte er: »Die schreckliche Spannung dieser Tage, das Ausbleiben von Nachrichten von den weit entfernten Armeen, das Bewusstsein dessen, was auf dem Spiel steht, geht fast über menschliche Kraft.« Die schwierige Kommunikation mit der Front hatte eigenmächtige Entscheidungen der einzelnen Befehlshaber vor Ort zur Folge. Zu allem Übel hatte Moltke auf dem Höhepunkt der Kampfhandlungen überstürzt zwei Armeekorps nach Ostpreußen abgezogen, um Hindenburgs Armeen zu unterstützen. Während diese Soldaten im Westen fehlten, erreichten sie die Ostfront erst nach dem Sieg von Tannenberg.

In seiner Not schickte der Feldherr am 8. September Oberstleutnant Richard Hentsch, Chef der Nachrichtenabteilung des Generalstabs, an die Front, um sich ein Bild von der Lage zu machen. Während Hentsch in den Hauptquartieren der Armeekorps auf Siegeszuversicht stieß, war die Euphorie der ersten Kriegstage bei den gemeinen Soldaten längst der **Verzweiflung** gewichen.

Hentsch sah die Situation kritisch. Zwischen der 1. und der 2. Armee hatte sich eine 40 Kilometer breite Bresche aufgetan, der sich das britische Expeditionskorps langsam näherte. Der Generalstabsoffizier sah die Gefahr einer Einkesselung und empfahl den Rückzug gerade in dem Moment, da die Militärs zum entscheidenden Schlag ausholen wollten. Ungläubig und widerstrebend nur folgten die Armeechefs Moltkes Weisung. Am 9. September begann der deutsche Rückzug; zwei Tage

VERZWEIFLUNG

»Die Leute, die in Deutschland im Siegestaumel leben, ahnen nicht das Schreckliche des Krieges«, schrieb der Maler August Macke am 11. September 1914 an seine Frau, »seit drei Tagen liegen wir hier in einem Gefecht, das sich von Paris bis Verdun hinzieht. Von frühmorgens bis in die Nacht tobt der Kanonendonner ... Der Krieg ist von einer namenlosen Traurigkeit. Man ist weg, eh man's merkt.« August Macke fiel drei Wochen später in Nordfrankreich.

später war die Marne-Schlacht beendet. Ob durch Moltkes Rückzugsentscheidung eine drohende Einkesselung verhindert oder aber der Sieg verspielt wurde, war nach dem Krieg Anlass für weitreichende Spekulationen.

250 000 Tote, Verwundete und Gefangene auf deutscher Seite hatte die Schlacht gekostet, etwa 300 000 Opfer auf alliierter Seite. Generalstabschef von Moltke bekam einen Nervenzusammenbruch. »Majestät, wir haben den Krieg verloren!«, meldete er dem Kaiser, da war der Krieg gerade einmal sechs Wochen alt. Mit dieser Meinung stand er nicht alleine da. Auch der im Alter von 74 Jahren reaktivierte Feldmarschall Gottlieb Graf von Haeseler äußerte gegenüber seinem Obersten Kriegsherrn Unbehagen: »Es scheint mir, dass der Augenblick gekommen ist, in dem versucht werden muss, den Krieg zu beenden«, erklärte er dem Kaiser. Er befürchte, dass das Reich langsam ausbluten würde, sollte der Krieg weiter geführt werden. Doch Wilhelm II. wollte von einem Kompromissfrieden nichts wissen. Er entließ Generalstabschef Moltke und 33 seiner Generäle. Nachfolger wurde Generalleutnant Erich von Falkenhayn, ein kühler Karrierist und skrupelloser Stratege, der später verantwortlich für die mörderische Schlacht von Verdun sein solllte.

Die Schlacht an der Marne war eine Niederlage »napoleonischen Ausmaßes«, wie der Historiker Hew Strachan sagt. Mit dem Rückzug zur »Aisnestellung« war der Schlieffen-Plan gescheitert. Sechs Wochen nach Kriegsausbruch hatte sich in aller Deutlichkeit gezeigt, dass die Vorstellung von einem Blitzkrieg Illusion war. Die Mittelmächte hatten die Offensive verloren. »Das Wunder an der Marne«, wie es die Franzosen nannten, bildete den Übergang vom Bewegungs- zum Stellungskrieg. Jetzt begann der Abnutzungskrieg, der Millionen Opfer forderte und doch keine Entscheidung brachte.

DER KRIEG IN
DEN KOLONIEN
Walther Dobberthin
Deutsch-Ostafrika
1914

DER KRIEG IN DEN KOLONIEN

Männer mit exotisch anmutenden Helmen stehen im Pulverdunst einer Kanone, den Blick feindwärts gerichtet. Es sind Offiziere der Kaiserlichen Schutztruppe für Deutsch-Ostafrika, jener Streitmacht, die mit gut 250 deutschen Führungskräften und etwa 2 500 einheimischen Soldaten die militärische Verteidigung der größten und bevölkerungsreichsten deutschen Kolonie in Afrika bewerkstelligen sollte.

Das Foto wurde vermutlich während einer Übung aufgenommen, doch im Sommer 1914 sollte es auch für die Schutztruppe in Ostafrika ernst werden. Die Nachricht vom Kriegsausbruch in Europa hatte die Kolonie völlig überraschend erreicht. Für den Krieg gegen einen europäischen Gegner waren keinerlei Maßnahmen getroffen worden. Der Gouverneur in Daressalam, Heinrich Schnee, sah gemäß den internationalen Übereinkünften einen Kurs der Neutralität vor. Die Küstenorte erklärte er zu »offenen Städten«. Für den neuen Kommandeur der Schutztruppe aber, Paul von Lettow-Vorbeck, besaßen die Weisungen des Gouverneurs wenig Gewicht. Er hatte seine eigenen Pläne.

Auf einen Sieg in Ostafrika konnte Lettow-Vorbeck im Sommer 1914 kaum hoffen, denn die Briten kontrollierten das Meer – und damit auch den Nachschub. Doch bereits im Mai desselben Jahres hatte Lettow-Vorbeck in einer Denkschrift festgestellt: »Hat die Schutztruppe auch nur einige Aussicht, Einfluss auf den großen Krieg zu nehmen, so muss sie dies tun«. Sein erklärtes Ziel war es, möglichst viele gegnerische Soldaten auf dem afrikanischen Kriegsschauplatz zu binden, sodass sie nicht auf den Schlachtfeldern Europas eingesetzt werden konnten. Bald unternahmen kleinere Einheiten der Schutztruppe Stör- und Sabotageaktionen gegen Britisch-Ostafrika, das heutige Kenia. Als es den Deutschen sogar gelang, eine Grenzstadt zu erobern, entschloss London sich zum Handeln.

LETTOW-VORBECK

Der ehrgeizige Offizier war erst seit April 1914 Befehlshaber über die Schutztruppen in Deutsch-Ostafrika. Zuvor hatte er bereits an den beiden größten militärischen Operationen des Kaiserreichs in Übersee teilgenommen: 1900/01 an der Niederschlagung des Boxeraufstands in China und 1904–06 am Krieg gegen Herero und Nama in Deutsch-Südwestafrika.

Deutsch-Ostafrika sollte von See aus erobert werden, denn die Hafenstädte besaßen keinerlei militärische Befestigungen. Anfang November erreichte ein britischer Schiffskonvoi mit 8 000 Mann an Bord in der Nähe der Hafenstadt Tanga die ostafrikanische Küste. Lettow-Vorbeck hatte 1 100 Soldaten mit 15 Maschinengewehren in der Stadt zusammenziehen können. Am 4. November begann der britische Angriff. Die zumeist aus Indien stammenden Soldaten der Briten mussten sich durch unübersichtliches Gelände kämpfen. Von **Askari**-Scharfschützen, die in den Bäumen saßen, wurden sie unaufhörlich beschossen. Dann erwartete sie das tödliche Feuer der Maschinengewehre. Schließlich löste ein Gegenangriff der Askari Panik unter den Landungstruppen aus.

Unter chaotischen Bedingungen begann der britische Rückzug. Unerwartete Unterstützung erhielten die Deutschen von wütenden Bienenschwärmen, die sich auf die Flüchtenden stürzten. Als »Battle of the Bees« zählt die Niederlage von Tanga heute zu den größten Fehlschlägen der britischen Militärgeschichte. Die Briten hatten 800 Tote, 500 Verwundete und 250 Gefangene zu beklagen. Außerdem mussten sie am Strand wertvolle Ausrüstung und Vorräte zurücklassen: Lebensmittel, Fahrzeuge, Waffen und Munition fielen den Deutschen in die Hände.

Die reiche Beute von Tanga ermöglichte es Lettow-Vorbeck, den Kampf fortzusetzen. Da die Briten sich Zeit nahmen, eine größere Streitmacht für den erneuten Angriff zusammenzuziehen, konnte die Schutztruppe bis Anfang 1916 das Gebiet der Kolonie in weiten Teilen halten. Neue Askari- und Trägereinheiten wurden rekrutiert und die Zivilbevölkerung wurde für den Kriegseinsatz mobilisiert.

Im Januar 1916 begann unter südafrikanischer Führung die Offensive der alliierten Truppen. 50 000 Soldaten griffen

Ein Askari mit der in den Kolonien geführten Reichsflagge

ASKARI

»Askari« hießen die afrikanischen Kämpfer europäischer Kolonialtruppen, benannt nach dem Kisuaheli-Wort für »Soldaten«. In Deutsch-Ostafrika stellten sie 90 Prozent des Personals der Kaiserlichen Schutztruppe. Von den Offizieren wurden sie als »gutes Soldatenmaterial« hoch geschätzt. In der Truppe herrschte preußische Disziplin, ausgiebig wurde exerziert, die Kommandosprache war Deutsch. Die Askari dienten den Kolonialherren meist in freiwilliger Loyalität, wozu ein vergleichsweise guter Sold und das Versprechen einer lebenslangen Rente beitrugen.

die 3 000 Europäer und 12 000 Askari an. Immer weiter drängten die Alliierten die Schutztruppe in den unwegsamen Südosten der Kolonie zurück. Lettow-Vorbeck mied die offene Feldschlacht gegen die überlegenen britischen Streitkräfte. Er wich dem Gegner aus und verlegte sich auf eine Taktik der Nadelstiche, ein System aus »Spreng-, Schleich- und Kampfpatrouillen«, wie er später schrieb. Für einen preußischen Offizier eine wahrlich ungewöhnliche Kampfweise.

Immer wieder entkamen die deutschen Einheiten der alliierten Übermacht. Für eine höhere Mobilität hatte Lettow-Vorbeck seine Truppen aufgeteilt. Die Marschkolonnen zogen eine Spur der Verwüstung durch Ostafrika, plünderten Dörfer und zerstörten bei ihrem Rückzug alles, was dem Gegner nützlich sein könnte. Monate und Jahre wanderte die Armee Lettow-Vorbecks Tausende von Kilometern kreuz und quer durch die Kolonie, zeitweise wich sie nach Portugiesisch-Mozambique und in das britische Rhodesien aus. Für alle wurde der Marsch zur Tortur, die Gefechte, der Nahrungsmangel und Krankheiten dezimierten die Truppe, die immer mehr das Aussehen einer Freischärlerarmee annahm.

Besonders hart trafen Mangel und Strapazen die schwarzen Soldaten. Im Vergleich zu den weißen Offizieren hatten die Askari überproportionale Verluste zu erleiden. Als die Vorräte knapper wurden, erhielten sie keine Medizin mehr, Verwundete wurden oft zurückgelassen werden. »Der Herr, der unser Leichentuch schneidert«, nannten die afrikanischen Soldaten Lettow-Vorbeck. Desertionen unter den Askari nahmen im Verlauf der mörderischen Märsche zu. Überaus grausam waren die Märsche für die Träger, von denen beide Kriegsparteien Zigtausende rekrutierten – wenn es sein musste, mit Zwang. Wer fliehen wollte, wurde erschossen. Hunger, Krankheiten und die Strapazen ihrer Zwangsarbeit kosteten während des Kriegs Hunderttausende Träger auf beiden Seiten das Leben.

Ebenso schlimm traf es die Zivilbevölkerung. Die Züge der kämpfenden Heere verwüsteten das Land. »Hinter uns lassen wir zerstörte Felder, restlos geplünderte Magazine und für die nächste Zeit Hungersnot. Wir sind keine Schrittmacher der Kultur mehr; unsere Spur ist bezeichnet von Tod, Plünderung und menschenleeren Dörfern, geradeso wie im Dreißigjährigen Krieg«, lautete die ungewöhnlich kritische Stellungnahme des deutschen Militärarzts Ludwig Deppe.

Erst eine Woche nach dem Waffenstillstand in Europa erfuhr Lettow-Vorbeck im November 1918 von der deutschen Niederlage. In der britischen Stadt Abercorn südlich des Tanganjika-Sees legte er vor seinen Gegnern die Waffen nieder. Insgesamt 370 000 alliierte Soldaten und eine Million Träger waren gegen die deutsche Schutztruppe mobilisiert worden, in der 30 000 bis 40 000 Askari zum Einsatz kamen. Offiziell gab es 7 000 Tote auf deutscher, 45 000 auf alliierter Seite. Im Ersten Weltkrieg war es der koloniale Konflikt mit der größten alliierten Truppenzahl, der längsten Dauer und den schwersten Verlusten. Unter der Zivilbevölkerung werden die Opfer auf bis zu einer Million geschätzt.

Ob Lettow-Vorbeck sein Ziel, die Bindung alliierter Kräfte in Afrika, erreicht hatte, ist mehr als fragwürdig. Die Mehrzahl der britischen Truppen, die ihn verfolgten, wurde extra für diesen Zweck mobilisiert und wäre nach einer frühen Niederlage der Schutztruppe kaum nach Europa verlegt worden. Alle übrigen deutschen Kolonien in Afrika und Fernost waren ohnedies kurz nach Kriegsbeginn 1914 von feindlichen Truppen erobert worden. Mit dem **Verlust aller Schutzgebiete** durch den Vertrag von Versailles 1919 waren die Tage der Kolonialmacht Deutschland endgültig gezählt.

VERLUST ALLER SCHUTZGEBIETE

1919 kehrte Lettow-Vorbeck mit den Resten seiner »im Felde ungeschlagenen« Truppe nach Deutschland zurück und wurde bei seinem Einzug in Berlin begeistert gefeiert. In der Zeit der Weimarer Republik wurde er zu einem der wichtigsten Propagandisten der sogenannten »Kolonialschuldlüge«, die mit »Dolchstoßlegende« und »Kriegsschuldlüge« das Fundament der jungen Demokratie untergrub.

MYTHOS LANGEMARCK

Gemälde von Fritz Grotemeyer
Langemarck/Belgien
10. November 1914

MYTHOS LANGEMARCK

»Westlich Langemarck brachen junge Regimenter unter dem Gesange ›Deutschland, Deutschland über alles‹ gegen die erste Linie der feindlichen Stellungen vor und nahmen sie. Etwa 2 000 Mann französischer Linieninfanterie wurden gefangen genommen und sechs Maschinengewehre erbeutet.«

Diese berühmt-berüchtigten Sätze aus dem Kommuniqué der Obersten Heeresleitung vom 11. November 1914 lösten in Deutschland sofort eine Welle patriotischer Begeisterung aus. Nahezu alle Zeitungen brachten sie auf dem Titelblatt und bejubelten den »todesmutigen« Einsatz der jungen Reservisten.

Jugendliche Kriegsfreiwillige, so hieß es, hatten in der Nähe von Ypern einen Graben genommen und Gefangene gemacht. Der heroische Einsatz mit dem Deutschlandlied auf den Lippen – für die deutsche Propaganda ein treffliches Motiv, willkommener Anlass für erneute Siegeszuversicht angesichts eines Feldzugs, der zunehmend im mörderischen Feuer der gegnerischen Artillerie stecken blieb. Mit Bedacht verwendete man den germanisch-markig klingenden und an preußische Heroen wie Bismarck erinnernden Ortsnamen **Langemarck** statt den des Dörfchens Bikschote, wo die Kämpfe tatsächlich stattgefunden hatten.

Bezeichnenderweise gibt es von »Langemarck« keine Fotografien. Lediglich Zeichnungen und Gemälde, wie das Werk des Malers Fritz Grotemeyer, überliefern die propagandagerechte Version vom heldenhaften Opfergang der deutschen Jugend auf den Feldern Flanderns. Grotemeyer, Meisterschüler des preußischen Historienmalers Anton von Werner, inszenierte die voranstürmenden Kriegsfreiwilligen als tapfere Kämpfer für das Vaterland – und natürlich singend. Für den Schriftsteller Ludwig Renn, selbst ehemaliger Kriegsteilnehmer, ein Unding: »Wenn man mal so einen Sturm mitgemacht hat, und da soll man sich vorstellen, dass die gesungen haben?

LANGEMARCK-MYTHOS

Das angebliche Opfer der Jugend wurde nach dem Krieg zum Identifikationspunkt für national-konservativ gesinnte Deutsche. 1928 führte die deutsche Studentenschaft den »Langemarck-Tag« ein, 1932 wurde ein auf einem deutschen Kriegsgräberfriedhof in der Nähe des Schlachtfelds ein »Langemarck«-Denkmal eingeweiht. Im Dritten Reich wurden Schulen, Straßen und Plätze nach dem kleinen Dorf in Flandern benannt. »Langemarck-Feiern« beschworen das Vorbild jener jungen Soldaten, die ihr Leben für die Nation geopfert hätten.

Wie denn gesungen? Während sie vorrannten gegen ratternde Maschinengewehre? Außer Atem singen? … Nein, das ist Lüge, ist eine bloße Phrase.«

Die Wahrheit war in der Tat brutal. Etwa 2 000 deutsche Soldaten, vor allem notdürftig ausgebildete und unzureichend ausgerüstete **Gymnasiasten**, wurden an jenem Tag bei Langemarck von den gut gedeckten britischen Gegnern niedergemäht. Sollten sie wirklich gesungen haben, dann mit zitternder Stimme, aus Angst vor dem sicheren Tod. 9 500 Tote und Verwundete und 1 000 Vermisste hat allein die 6. Armee, die Armee der Studenten und Schüler, in jenen Novembertagen zu beklagen. Es war ein sinnloses Opfer, dem die Landser den Namen »Kindermord von Ypern« gaben. »Was hat man diesen Männern versprochen, dass sie sich so töten lassen?«, fragte ein alliierter Kompaniechef verwundert, »sie erreichen die Laufgräben nur, um hier den Tod zu finden.«

Der Student Alfred Buchalski schrieb am 28. Oktober 1914 voller Entsetzen nach Hause: »Mit welcher Freude, welcher Lust bin ich hinausgezogen in den Kampf, der mir als die schönste Gelegenheit erschien, Lebensdrang und Lebenslust sich austoben zu lassen. Mit welcher Enttäuschung sitze ich hier, das Grauen im Herzen … Die ganze Kampfesweise ist es, die abstößt. Kämpfen wollen und sich nicht wehren können! Der Angriff, der mich so schön dünkte, was ist er anders als der Drang: Hin zur Deckung da vorne gegen diesen Hagel tückischer Geschosse. Der Feind, der sie entsendet, nicht zu sehen! Freilich, noch habe ich Hoffnung, dass man auch an diese Kampfesweise sich gewöhnen werde und dass sich der Drang: Vorwärts, ran an den Feind! – wird bestätigen lassen. Erst etwas leisten, dann schmerzt auch die Kugel gewiss nicht so sehr.« Am 10. November fiel auch er bei Langemarck. Er wurde nur 23 Jahre alt.

GYMNASIASTEN

Der Schriftsteller Carl Zuckmayer, selbst junger Kriegsfreiwilliger, analysierte später: »Ja, wir zogen in diesen Krieg wie junge Liebende, und wie diese hatten wir keine Ahnung von dem, was uns bevorstand … Für die größere, die ewige, die Angst des Menschen vor dem Tode, reichte unsere Phantasie noch nicht aus. Die Todesangst hatten wir erst zu lernen. In unsren Schulfächern war sie nicht vorgekommen.«

**DER GUTE
DEUTSCHE**
Walter Gircke
Romagne-sous-Montfaucon/
Frankreich
Oktober 1914

DER GUTE DEUTSCHE

Ein deutscher Soldat sitzt im Herbst 1914 auf der Bank vor seinem Quartier an der Maas, hat die jüngste Tochter seiner französischen Wirtsleute auf dem Schoß und füttert sie mit Essen aus seinem Kochgeschirr. Im Hintergrund stehen die Schwestern des kleinen Mädchens in der Tür und sehen dem Treiben entspannt zu. Alles scheint friedlich, der Uniformierte und die drei Kinder wirken heiter und gelöst. So also geht es zu mit deutschen Landsern als Besatzer im Feindesland!

Oder wollte die deutsche Propaganda das nur glauben machen? Der Begriff, der ursprünglich aus der Werbung stammte, erfuhr jetzt seine politische Aufladung. Wollte ein Unternehmen für sich Reklame machen, holte es den Rat eines »Propagandisten« ein. Im Krieg sollten diese Propaganda-Experten nun auf Geheiß ihrer Regierungen zum erbitterten Kampf gegen den »Feind« anstacheln – mit Bildern, Parolen, Karikaturen und Texten, die dem plumpen Schema »gut« und »böse« folgten.

Bei der Verteufelung des Gegners waren Franzosen und Briten zunächst im Vorteil. Die Deutschen waren die Angreifer, und die Soldaten mit Pickelhaube verübten Gräueltaten beim Marsch durch Feindesland, zunächst in Belgien. In Orten wie Aerschot, Andenne oder Tamines fielen der »Franktireurs«-Psychose, die unter den deutschen Truppen weit verbreitet war, bereits im August 1914 Hunderte Zivilisten zum Opfer. In Dinant, einem Ort an der Maas, wurden 674 Einwohner erschossen, darunter auch Kinder. Insgesamt starben bei den deutschen Strafaktionen in Belgien in zwei Monaten 5500 Zivilisten. Kein Wunder, dass die Aggressoren als **Ungeheuer** und blutverschmierte »Hunnen« dargestellt wurden.

Auf deutscher Seite wurden Gräueltaten vehement bestritten. »Es ist nicht wahr, dass unsere Kriegführung die Gesetze des Völkerrechts missachtet. Sie kennt keine zuchtlose Grau-

»UNGEHEUER«

Französische Zeitungen druckten die angebliche Aussage eines sechsjährigen Mädchens: »Gott der Herr, ich habe keine Hände mehr. Ein grausamer deutscher Soldat hat sie mir genommen. Er sagte, belgische und französische Kinder hätten kein Recht auf Hände, weil dieses Recht den deutschen Kindern vorbehalten wäre. Dann hat er mir sie abgehauen.«

samkeit«, hieß es in einem von 93 deutschen Intellektuellen unterzeichneten Manifest vom Oktober 1914. Die Deutschen versuchten, den Krieg als Notwehr darzustellen: gegen einen Feind, dessen Charakter durch »Neid, Habgier, Lüge« geprägt sei – im Gegensatz zum »deutschen Wesen«, das der Gegenseite moralisch, kulturell und politisch überlegen sei. Der Krieg wurde zu einem Kreuzzug gegen britische Habsucht und französische Sittenlosigkeit stilisiert: »Der Deutschen Sieg und Sonnenschein … wird einst Europas Segen sein … Daran wird die Welt genesen.«

Auch die Fotografie wurde in den Dienst der Propaganda gestellt. Auf deutscher Seite durften anfangs nur einige wenige amtlich zugelassene »Kriegs-Photographen und Kinematographen« von der Front berichten, von denen vom Amts wegen eindeutiges patriotisches Verhalten gefordert wurde. Sie hatten insbesondere die faire Kriegsführung der deutschen Truppen herauszustellen, wohingegen Zerstörungen und Grausamkeiten stets mit den Feindmächten zu assoziieren waren.

Sämtliche zur Veröffentlichung vorgesehenen Fotos durchliefen ein Zensurverfahren, das freilich wegen des Zuständigkeitswirrwarrs und teilweise widersprüchlichen Verfügungen bis in die zweite Hälfte des Kriegs uneinheitlich gehandhabt wurde. Dabei verhinderte schon die »Schere im Kopf« vieler Fotografen, dass den Deutschen in der Heimat ein allzu ungeschminktes Bild des Kriegs präsentiert wurde.

Während die Zensur durch die Lenkung von Nachrichten vor allem ins Inland wirkte, wurde die Propaganda für das neutrale Ausland durch das Auswärtige Amt konzertiert im Sinne gezielter Informationslenkung betrieben. Fotos wie das des deutschen Landsers mit dem französischen Mädchen auf dem Schoß – sie sollten der Welt das Bild des »guten Deutschen« zeigen. Doch sie waren eben nur Propaganda.

DER GRABENKRIEG
Unbekannter Fotograf
Bei Arras / Frankreich
November 1914

DER GRABENKRIEG

Deutsche Landser im Schlamm eines Schützengrabens, der notdürftig mit Zeltplanen und Sandsäcken befestigt ist, nahezu schutzlos der Witterung und feindlichem Beschuss ausgesetzt – so sieht der Krieg aus, den die Soldaten beider Seiten ab dem Herbst 1914 im Westen erdulden müssen.

Mit dem Debakel an der Marne war deutlich geworden: Die deutsche Vorstellung von einem Blitzkrieg im Westen war blanke Illusion. Die Mittelmächte hatten die Offensive verloren. In einem letzten verzweifelten Aufbäumen plante Generalstabschef Falkenhayn, in Flandern die alliierte Front zu durchbrechen und die französischen Kanalhäfen zu besetzen, um dann die nördliche Flanke der Alliierten angreifen zu können. Doch die Kämpfe wurden zum Fiasko. »Die Ströme von Blut, die die flandrische Erde tränkten, vermochten die Entscheidung nicht zu erzwingen«, urteilten nach dem Krieg die Autoren des offiziellen Weltkrieg-Werks des Reichsarchivs. Nun wurde auch hier der Bewegungs- endgültig zum Stellungskrieg.

Die Truppen gruben sich ein. Entlang der 700 Kilometer langen Front von der belgischen Küste bis zur schweizerischen Grenze entstand ein ausgeklügeltes Schützengrabensystem mit Drahtverhauen, Kampfgräben, Rückzugslinien, Stollen und Bunkern. Dabei achtete die Generalität darauf, dass sich die Soldaten nicht zu häuslich einrichteten. Bunker mussten auf 1,20 Höhe beschränkt sein, hieß es etwa in einem deutschen Regimentstagebuch, »größere Bauten würden die Offensivbereitschaft der Truppen negativ beeinflussen. Das Endziel heißt immer die Eroberung der britischen Stellungen.«

100 bis 200 Meter trennten die Landser in den Gräben von ihren Gegnern, manchmal lagen diese aber auch nur einen Steinwurf weit entfernt im Dreck. Artillerie, Minenwerfer und Handgranaten zerfurchten das Gelände und machten den Sol-

Aus den stolz geschmückten Soldaten waren in kürzester Frist lehmverschmierte Leidensgestalten geworden, die sich im wahrsten Sinne des Wortes in die Erde einbuddeln mussten, um dem Beschuss und den grässlichen Schrapnells zu entkommen.

GERD KRUMEICH, HISTORIKER

daten das **Leben zur Hölle**. Bombenvolltreffer in den Bunkern und Stollen löschten ganze Kompanien aus. Stundenlanges Trommelfeuer zermürbte die in ihren Unterständen kauernden Soldaten. Solchen Phasen unablässiger Todesangst folgten oft Wochen und Monate öder Warterei – sie vergingen mit Dösen, Postenstehen und notdürftiger Körperpflege. Regen und Grundwassereinbrüche in den Gräben erforderten ständige Nachbesserungen, die Schaufel wurde neben dem Gewehr zum wichtigsten Werkzeug des Soldaten. In den Schützengräben wimmelte es von Ratten. Häufig kamen die Essensrationen nicht durch bis an die Front.

Immer wieder mussten die Soldaten aus den Schützengräben stürmen – in das Niemandsland, durch Granaten- und Kugelhagel, oft in den Tod. »Ich glaube«, so der deutsche Veteran Gustav Adolph von Halem, »das war der Wendepunkt. Um eines kleinen Geländegewinns willen wurden dort wahnwitzige Opfer gebracht. Von da ab war der Krieg etwas Entsetzliches.« Sämtliche Versuche, aus dem Grabengewirr heraus eigene Offensivaktionen zu starten, scheiterten.

Die Feldpostbriefe aus den Schützengräben veranschaulichten Angst, Resignation und völlige Ohnmacht angesichts eines Kriegs, der immer mörderischer wurde. »Ich habe manchen Kameraden mit zur letzten Ruhe gebettet. Man stumpft aber auch dagegen allmählich ab – man ist ja froh, dass es einen noch nicht selber getroffen hat, und man kann heilfroh sein! Denn was haben die armen Verwundeten oftmals zu erdulden; wenn sie tagelang hilflos liegen, ohne Essen und Trinken, der Gefahr des Verblutens ausgesetzt«, schrieb ein Soldat im November 1914 seiner Mutter. Trotz immenser Anstrengungen und Opfer auf allen Seiten blieb der Kampf stecken – in aufgewühlter Erde, Blut und Schlamm.

LEBEN IN DER HÖLLE

Der Maler Otto Dix, im August 1914 als Freiwilliger ins Feld gezogen, fasste in seinem Tagebuch das Leben in den Gräben in wenigen Wörtern zusammen: »Läuse, Ratten, Drahtverhau, Flöhe, Granaten, Bomben, Höhlen, Leichen, Blut, Schnaps, Mäuse, Katzen, Gase, Kanonen, Dreck, Kugeln, Mörser, Feuer, Stahl, das ist der Krieg. Alles Teufelswerk!« Otto Dix wird den Krieg überleben und in seinem künstlerischen Werk das erlebte Inferno verarbeiten.

FRAUEN
IM KRIEG

Willy Römer
Berlin
November 1914

FRAUEN
IM KRIEG

Etwas unsicher steht sie auf der Plattform des Wagens, als könnte sie es noch gar nicht glauben, dass sie nun Straßenbahnschaffnerin ist – zuvor wie so viele andere Berufe eine reine Männerdomäne. Die lederne Tasche mit dem Wechselgeld umgeschnallt, ein dunkles Kostüm als Uniformersatz am Leib, die Dienstmütze auf dem Kopf und neben ihr ein wohlmeinender älterer Beamter, der ihr die Grundlagen des heute längst ausgestorbenen Berufszweigs nahegebracht hat, den ewigen Dreiklang von »Einsteigen bitte!«, »Zurückbleiben, bitte!« und »Noch jemand ohne Fahrschein?«

Der Grund für die Beschäftigung von Frauen war einfach: Weil Millionen von Soldaten für die Massenheere rekrutiert worden waren und sich viele andere freiwillig gemeldet hatten, konnten die freiwerdenden Stellen der Männer nicht mehr besetzt werden. So mussten die Frauen ran – nicht nur bei der **Straßenbahn**, sondern auch bei der Post, in der Verwaltung, der Landwirtschaft und der Industrie; später dann vor allem an den Fließbändern der Rüstungsfabriken. In allen am Krieg beteiligten Ländern wurden Frauen massiv in die Kriegswirtschaft einbezogen, vor allem in Frankreich und Deutschland, etwas weniger in Großbritannien, wo der Prozentsatz der zum Frontdienst gezogenen Männer geringer war.

Unter großem Propagandagetöse wurde in Deutschland die »Heimatfront« aus der Taufe gehoben, die als ebenso kriegsentscheidend galt wie die Kampfplätze in den Schützengräben. »Die Grenzen schirmt der Männer Stahl – / Zum Kampf mit tausendfacher Qual / Steht auf, ihr deutschen Frauen«, dichtete selbst die Grand Dame der deutschen Frauenbewegung, Helene Lange.

Dennoch stieg die Quote weiblicher Erwerbstätigkeit im Krieg keineswegs steil an. Bereits zuvor waren zahlreiche Frauen berufstätig gewesen – in der Landwirtschaft und der

STRASSENBAHN

Bereits im Spätsommer 1914 war Berlin als erste deutsche Stadt dazu übergegangen, Frauen im Bereich des öffentlichen Personennahverkehrs einzusetzen, zuerst als Schaffnerinnen, später auch als Straßenbahnführerinnen. Andere Städte zogen in den darauffolgenden Jahren nach.

Textilindustrie etwa oder als Dienstmädchen in großbürgerlichen und adligen Familien. Da Betriebe mit Kriegsbeginn massenhaft ihre Produktion einschränken mussten oder als »kriegsunwichtig« ganz geschlossen wurden, waren im August 1914 plötzlich viele Frauen erwerbslos. Vor allem aus dem Kreis dieser Frauen rekrutierten sich jene, die nun öffentlichkeitswirksam in bislang Männern vorbehaltene Berufsfelder vordrangen.

Erst Mitte 1916 erreichten die Beschäftigungszahlen von Frauen wieder das Vorkriegsniveau, stiegen dann allerdings rasch. In Berlin etwa hatte sich Ende 1917 die Zahl der Industriearbeiterinnen im Vergleich zu 1914 um 300 Prozent erhöht. Der Frauenanteil in Hüttenbetrieben, im Maschinenbau, in der Metall-, Elektro- und Chemieindustrie war jetzt fast so hoch wie der Anteil der männlichen Belegschaft – allerdings bei weniger Lohn. In Berlin erzielte ein Arbeiter in einem Rüstungswerk einen durchschnittlichen Stundenlohn von 2,37 Mark – Frauen bekamen gerade einmal 90 Pfennige.

Beliebt war die körperlich schwere Arbeit in den Kriegsfabriken ohnehin nicht, zumal Frauen, die dort arbeiteten, nicht mehr in den Genuss der staatlichen Unterstützung für Soldatenfamilien kamen. Selbst die Sätze der Witwenrente lagen häufig über dem Lohn, der Arbeiterinnen in der Rüstungsindustrie zugestanden wurde. Viele verheiratete oder verwitwete Frauen verweigerten daraufhin den zur »nationalen Pflicht« erhobenen Arbeitsdienst.

Insofern war der Anstieg der Frauenarbeit im Krieg alles andere als ein Anzeichen von Emanzipation, zumal sich alle maßgeblichen Stellen einig waren, dass nach dem allseits propagierten »Siegfrieden« alles wieder so werden sollte wie vorher. Für die meisten Frauen sollte das heißen: Zurück zu Heim und Herd.

DER WEIHNACHTS-
FRIEDE
R. W. Turner
Bei Ploegsteert / Belgien
25. Dezember 1914

DER WEIHNACHTS-FRIEDE

Ein bärtiger Landser mit Pickelhaube blickt aufmerksam in die Kamera, die Zigarette lässig im Mundwinkel. Neben ihm stehen andere Soldaten, ebenfalls in langen Mänteln, mit Schals und Sturmhauben notdürftig gegen die winterliche Kälte geschützt. Die Gesichter der Männer sind gezeichnet von den erbitterten Kämpfen der vergangenen Monate, dem Grauen der Front und dem täglichen Sterben. Nur vorsichtig erscheint hier und da ein dünnes Lächeln auf den Lippen der Soldaten. Privataufnahmen wie diese gibt es zu Tausenden aus dieser Zeit; und doch ist gerade dieses Foto außergewöhnlich: Es zeigt Männer, die sich eigentlich als erbitterte Feinde gegenüberstehen – Deutsche und Briten im Niemandsland der Front am Weihnachtstag 1914.

Bis Weihnachten werden alle Soldaten wieder zu Hause sein, so hieß es zu Kriegsbeginn. Doch die Hoffnung auf einen kurzen Krieg war jetzt, im Winter, längst der Ernüchterung gewichen. Nun, da das Christfest im Felde immer näher rückte, war die Stimmung gedrückt.

Im Frontabschnitt bei Ypern lagen den Truppen der British Expeditionary Force bayerische und sächsische Einheiten oft nur wenige Hundert Meter gegenüber. Einer der diensthabenden Offiziere an Weihnachten war Kurt Zehmisch vom sächsischen Infanterieregiment 134 aus Plauen im Vogtland. Der 24-jährige Kriegsfreiwillige war seit Ende Oktober an der Front und kannte die katastrophalen Zustände in den Schützengräben. In seinem Kriegstagebuch hielt er akribisch fest, wie seine Männer bis zu den Knien im Wasser versanken, während die Lehmwände an den Seiten nachgaben und einbrachen. Für die Weihnachtstage hatte er seinen Leuten befohlen, von ihren Waffen nur im Notfall Gebrauch zu machen. Auch bei den Briten spürte man einen Stimmungsumschwung: »Da war so ein Gefühl in der Luft, wir können uns doch nicht in alle Ewigkeit umbringen«, beschrieb der Artillerist Reginald Thomas die eigenartige Atmosphäre. »Ich persönlich hatte gar nichts gegen die Deutschen. Ich hasste sie nicht.«

Kurt Zehmisch war einer von denen, die die Initiative ergriffen. Der Lehrer sprach leidlich Englisch und nahm mit den Briten im gegenüberliegenden Graben durch lautes Rufen Kontakt auf. Zögernd verließen die Soldaten am Heiligen Abend die Schutzgräben und schritten über das blutgetränkte Niemandsland aufeinander zu. Scheu schüttelten sich die ersten die Hände, einige versuchten, miteinander ins Gespräch zu kommen.

In einem Brief an seine Eltern beschrieb J. Selby Grigg von der London Rifle Brigade die Situation am Morgen des ersten Weihnachtstags: »Als Turner, ich und einige Kameraden nach dem Frühstück aus den Schützengräben krochen und herumspazierten, stießen wir auf eine Ansammlung von etwa einhundert Soldaten aller Nationalitäten, die zwischen den Gräben ein regelrechtes Kaffeekränzchen abhielten. Wir fanden heraus, dass unsere Feinde Sachsen waren. Meist unter einundzwanzig und über fünfunddreißig. Ich kratzte mein letztes bisschen Deutsch zusammen und unterhielt mich mit einem. Keiner von ihnen schien eine persönliche Feindschaft gegen England zu hegen, alle sagten, sie wären heilfroh, wenn der Krieg endlich vorbei sei. Turner machte mit seiner Kamera ein paar Aufnahmen, von denen ich hoffe, dass ihr sie einmal sehen werdet.«

Eines dieser Bilder wurde weltberühmt – das Foto, das die britischen Schützen J. Selby Grigg und Edward Joseph Andrew und den unbekannten, bärtigen Soldaten des 104. sächsischen Infanterieregiments mit der Zigarette im Mundwinkel zeigt. Turner sandte seine Filme in die Heimat. Wenig später erschienen die Bilder in britischen Zeitschriften. Während die

FOTOS VOM WEIHNACHTSFRIEDEN

Es gab auf britischer Seite weitere Soldaten, die Bilder von den Verbrüderungen geschossen haben. Auch auf deutscher Seite wurde geknipst. Kurt Zehmisch berichtete, dass ein Unterleutnant namens Holland im Niemandsland zwischen den Fronten fotografiert habe. Offenbar wurden diese Bilder sogar im Schaufenster eines Plauener Fotogeschäfts ausgestellt. Doch schon nach wenigen Tagen waren sie aus der Auslage verschwunden – die Berichte von den deutsch-britischen Fraternisierungen passten nicht zur Stimmung in der Heimat, die noch immer von einem eisernen Patriotismus bestimmt wurde. Die Fotos sind verschollen.

Presse auf der Insel ausführlich über das »Wunder« dieser Kriegsweihnacht berichtete, übten sich die meisten deutschen Blätter in Zurückhaltung. Wenn die »Schützengrabenfreundschaften« schon erwähnt wurden, dann oft mit dem Unterton der Empörung. Der Krieg sei schließlich kein Sportwettkampf, hieß es in einer Zeitung. Noch rigider ging die französische Presse mit dem Weihnachtsfrieden um – weil es nicht sein durfte, dass es zu Fraternisierungen kam, während der verfluchte Feind im eigenen Land stand, wurden diese einfach totgeschwiegen.

Dabei kam es an der Front in diesen Tagen fast überall zu spontanen Waffenstillständen – und nicht nur bei Briten und Deutschen schwiegen die Waffen. Ein französischer Hauptmann erinnerte sich, dass einige seiner Kameraden an einem behelfsmäßig errichteten Altar die Messe lasen – rund hundert Meter von den feindlichen Linien entfernt: »Während der gesamten Zeremonie fiel kein einziger Schuss.« Robert de Wilde, belgischer Hauptmann der Artillerie, nahm an einer improvisierten Weihnachtsmesse bei Pervijze in Belgien teil: »Es war kalt. Eine Scheune mit großer Doppeltür, Stroh auf jeder Seite, überall lagen Fässer herum – das war unsere Kapelle. Ein hölzerner Tisch und zwei Kerzen, die in Flaschen steckten – das war unser Altar. Die Soldaten sangen Lieder, die sie schon in ihrer Kindheit gesungen hatten. Es war irgendwie unwirklich. Die Weihnachtsfeste der Vergangenheit wurden plötzlich wieder lebendig, die Familie, das Land, der Feuerplatz, unsere funkelnden Augen im Schein der Kerzen – all die Dinge, die wir in unserer Kindheit erlebt hatten.«

Die Soldaten tauschten Zigaretten, beschenkten sich gegenseitig mit heimatlichen Köstlichkeiten, zeigten Fotos von ihren Angehörigen und sangen gemeinsam Weihnachtslieder. Am Frontabschnitt bei Ploegsteert kam es sogar zu einem

Fußballspiel von Engländern und Deutschen. Das runde Leder vereinte die Soldaten für einen Augenblick und ließ sie zu dem werden, was sie waren: junge Männer, denen der Krieg die Jugend raubte.

Der wilde Waffenstillstand in der Weihnachtsnacht 1914, der an rund zwei Drittel der britisch-deutschen Linien beobachtet wurde, bot Gelegenheit, die Toten auszutauschen und zu bestatten. Oft lagen die Gefallenen tage- und wochenlang zwischen den Stellungen; die **Bergung der Toten** hätte bedeutet, das eigene Leben zu riskieren. Der Wind wehte den Verwesungsgeruch zu den Soldaten in die Schützengräben herüber. Der Anblick der gefallenen Kameraden war für viele der Männer eine Pein, der sie sich wenigstens am Weihnachtstag entziehen wollten. Captain Edward Hulse von den 2nd Scots Guards schrieb: »Wir sagten uns alle, dass wir keinen Hass aufeinander empfanden. Wir waren Soldaten geworden, weil es unsere Regierungen so gewollt hatten. Ich glaube, in diesem Augenblick wünschte sich keiner von uns, jemals wieder eine Kugel abfeuern zu müssen.«

Doch davon wollten die Befehlshaber nichts wissen. Bis zum 29. Dezember dauerte die friedliche Phase, ein Stück Menschlichkeit mitten in der Hölle. Der Weihnachtsfriede 1914 hätte das Ende des Tötens bedeuten können. Doch die feinen Triebe internationaler Solidarisierung blieben nicht unbeobachtet. Am 29. Dezember setzte Generalstabschef Erich von Falkenhayn **Fraternisieren** mit Hochverrat gleich und verlangte, künftig jeden Mann, der in unkriegerischer Haltung den Graben Richtung Feind verlasse, vor ein Kriegsgericht zu stellen. Die Briten veröffentlichten ähnliche Befehle. Spätestens ab Anfang Januar 1915 forderte der Krieg an allen Frontabschnitten wieder seinen grausamen täglichen Tribut.

GEFALLENENBERGUNG

Grigg berichtete über die Bergung eines Toten aus dem Niemandsland: »Ein Deutscher wurde in unserer Nähe begraben. Einer von den Deutschen sagte, wir danken unseren englischen Freunden, dass sie unseren Toten geborgen haben. Dann wünschten sie uns in gebrochenem Englisch frohe Weihnachten und ein glückliches neues Jahr. Sie setzten ein Stück Holz auf das Grab – kein Name darauf, nur ›Für Vaterland und Freiheit‹ ... Dann gingen alle wieder zurück. Kein Schuss war gefallen.«

WEITERE WAFFENSTILLSTÄNDE

Obwohl von beiden Seiten streng verboten, versuchten die Soldaten zu Weihnachten 1915 an der deutsch-britischen Front, das Geschehen des Vorjahrs zu wiederholen. Im Laufe der Jahre fanden die »wilden« Waffenstillstände ein Ende. Für 1916 und 1917 sind keine Weihnachts-Zusammenkünfte überliefert. Die tägliche Gratwanderung zwischen Leben und Tod, Sterben und Kämpfen ließ dem kleinen Frieden an den Fronten keine Chance mehr.

1915

DER SEEKRIEG
Unbekannter Fotograf
Nordsee
1915

DER SEEKRIEG

Auf hoher See zwei winzige Rettungsboote, gut zwei Dutzend britische Matrosen darin, die flehentlich die Arme heben und auf ihre Rettung hoffen – von den Männern eines deutschen U-Boots, die kurz zuvor ihren Frachter versenkt haben: So sieht seit Herbst 1914 der Seekrieg im Atlantik aus.

Seit den 1890er Jahren hatte das Deutsche Reich seine Hochseeflotte zielgerichtet ausgebaut, um sie als politisches Druckmittel gegen das britische Empire einsetzen zu können. »Deutschland ist ein junges und wachsendes Reich. Es hat einen weltweiten, sich rasch ausbreitenden Welthandel. Ein berechtigter Ehrgeiz verbietet es allen vaterländisch denkenden Deutschen, diesem irgendwelche Grenzen zu setzen. Deutschland muss eine machtvolle Flotte haben«, erklärte Kaiser Wilhelm II. forsch.

Doch London dachte gar nicht daran, klein beizugeben. Die Briten nahmen die deutsche Herausforderung an und schoben ihrerseits ein gewaltiges Flottenbauprogramm an. Letztendlich gelang es der Royal Navy, sogar mehr Schlachtschiffe auf Kiel zu legen als die Deutschen, weshalb sich trotz des für das Reich ruinösen Rüstungswettlaufs an den maritimen Machtverhältnissen kaum etwas änderte.

Technisch war die deutsche Flotte auf eine Entscheidungsschlacht in der Nordsee ausgelegt – die kohlebefeuerten Großkampfschiffe hatten einen so geringen Aktionsradius, dass sie gar nicht weiter in den Atlantik hätten vorstoßen können. Nach den Erfahrungen vorangegangener kriegerischer Auseinandersetzungen ergab diese Strategie durchaus Sinn, hatten die Briten doch bislang feindliche Häfen stets mit einer Nahblockade belegt, um den Warenverkehr zu unterbinden. Doch London erkannte das deutsche Kalkül und riegelte die Nordsee nach Kriegsbeginn 1914 mittels einer Fernblockade am Ärmelkanal und auf der Linie Shetlandinseln–Norwegen ab.

Mit einem Schlag war die deutsche Marineführung aus ihren Träumen gerissen und musste nun auf Seekriegsmittel setzen, deren Entwicklung und Erprobung sie bislang eher stiefmütterlich behandelt hatte – vor allem auf U-Boote. »Seiner Majestät Unterseeboot 1« war 1906 in Dienst gestellt worden. Zu Kriegsbeginn verfügte die kaiserliche Marine über 28 Boote, ausgestattet zunächst zumeist noch mit Petroleummotoren, die bei Überwasserfahrt eine weithin sichtbare, verräterische weiße Rauchfahne erzeugten.

Dennoch gelangen den deutschen Booten schon bald einige spektakuläre Erfolge. SM U 21 schickte Anfang September 1914 vor Schottland einen britischen Kreuzer auf den Meeresgrund – der erste erfolgreiche Torpedoangriff eines Unterseeboots in der Seekriegsgeschichte. Wenig später konnte SM U 9 im Ärmelkanal binnen einer Stunde drei ältere britische Panzerkreuzer vernichten, fast 1 500 britische Seeleute starben.

Und auch in den Handelskrieg griffen die U-Boote ein: SM U 17 versenkte Ende Oktober 1914 einen britischen Dampfer, der Kohle, Eisen und Öl geladen hatte. Kapitänleutnant Johannes Feldkirchner hielt sich dabei streng an die sogenannte **Prisenordnung**, die vom Angreifer verlangte, ein fremdes Handelsschiff notfalls mit einem Schuss vor den Bug zu stoppen, die Ladung auf feindliches Gut zu untersuchen und die Besatzung vor der Versenkung in Sicherheit zu bringen.

Immer lauter wurden nun Stimmen, Deutschland solle den Spieß herumdrehen und ebenfalls eine Sperrzone ausrufen, innerhalb deren Handelsschiffe ohne Vorwarnung versenkt werden konnten. Wegen der völkerrechtlichen Problematik dieses Schritts zögerte die deutsche Seekriegsleitung, erklärte Anfang Februar 1915 dann aber doch die Britischen Inseln zum Blockadegebiet und eröffnete den Handelskrieg. Schon bald jedoch sollte dieser Schritt wieder infrage gestellt werden.

PRISENORDNUNG

Diese strengen Regelungen der Prisenordnung stellten naturgemäß eine große Behinderung für die deutschen U-Boote dar, zumal sie sich damit selbst der Gefahr aussetzten, von den jetzt zunehmend bewaffneten Handelsschiffen beschossen zu werden. Außerdem reichte es nicht aus, die Besatzungen einfach in Rettungsboote zu setzen, diese mussten auch noch an einen »sicheren Ort« verbracht werden, was auf hoher See naturgemäß schwierig zu bewerkstelligen war.

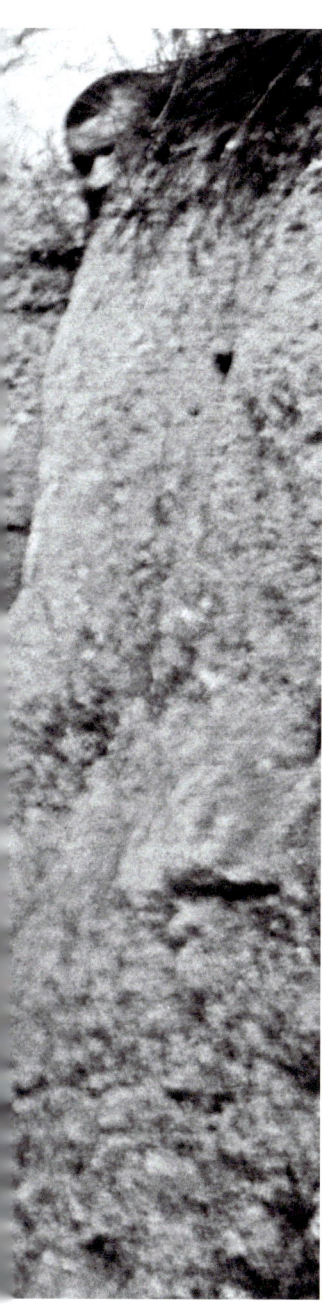

GIFTGAS
Unbekannter Fotograf
Frankreich
Frühjahr 1915

GIFTGAS

Französische »Poilus« in einem Schützengraben an der West-front, notdürftig gegen eine vollkommen neue, unsichtbare tödliche Gefahr geschützt – Giftgas. Einfache Mullbinden und Fliegerbrillen statt spezielle Gasmasken, die damals noch völlig unbekannt sind. Niemand hatte sich bis dahin vorstellen können, dass zivilisierte Völker den Versuch unternehmen würden, sich gegenseitig auf dem Schlachtfeld mit chemischen Kampfstoffen ausrotten. Doch der Erste Weltkrieg setzte auch in dieser Hinsicht neue Maßstäbe der Verrohung.

Obwohl der Einsatz von chemischen Kampfstoffen durch die Haager Landkriegsordnung ausdrücklich verboten war, hatten alle Kriegsparteien mit ihrer Entwicklung begonnen. Erste, mit Reizgas gefüllte Granaten wurden noch im Herbst 1914 von Franzosen und Deutschen eingesetzt. Im offenen Gelände blieben sie jedoch meist wirkungslos.

Die Deutschen verfielen deshalb auf die Idee, bei günstiger Windrichtung aus Stahlflaschen größere Mengen Chlorgas in Richtung der gegnerischen Front abzublasen. Am 22. April 1915 kam es bei Ypern zum ersten Einsatz der neuen todbringenden Waffe. Ein britischer Militärgeistlicher beschrieb die Wirkungen auf die gegnerischen Soldaten: »Da sahen wir plötzlich etwas, was unsere Herzen aufhören ließ zu schlagen. Menschen flohen wie toll und in Verwirrung über die Felder! ›Die Franzosen fliehen‹, riefen wir aus. Eine graugrüne Wolke war auf sie zugekommen und war bei ihrem Zuge über das Land gelb geworden, hatte alles, was sie berührte, zerstört und den ganzen Pflanzenwuchs vernichtet … Dann taumelten die französischen Soldaten in unsere Mitte. Sie waren blind, sie husteten, sie keuchten, ihre Gesichter waren tiefrot, vor Todesangst waren sie sprachlos, und hinter ihnen, in den gasgefüllten Gräben stellten wir fest, dass sie Hunderte von toten und sterbenden Kameraden zurückgelassen hatten.«

Ich muss gestehen, dass die Aufgabe, die Feinde vergiften zu sollen wie die Ratten, mir innerlich gegen den Strich ging, wie es wohl jedem anständig fühlenden Soldaten gehen wird.
GENERAL BERTOLD VON DEIMLING, DER DEN GIFTGAS-EINSATZ BEI YPERN BEFAHL

Mindestens 1 200 Gefallene und 3 000 Verwundete waren allein an diesem Tag zu beklagen. Der Giftgasangriff hatte die alliierten Soldaten vollkommen unvorbereitet getroffen. Ausnutzen konnte die deutsche Seite diesen »Erfolg« jedoch nicht. Reserven für eine größere Angriffsoperation standen nicht bereit, und auch die Deutschen besaßen noch keine Gasmasken, mithilfe deren sie das verseuchte Gelände hätten gefahrlos durchqueren können.

Dies zeigte bereits die ambivalente Rolle der neuen Kampfstoffe, deren tödliche Wirkungen nun immer öfter auch die deutschen Soldaten zu spüren bekamen. Da der Wind in den Kampfgebieten zumeist aus Richtung Westen wehte, wurden sie in der Folgezeit selbst immer wieder Opfer von alliierten Gasangriffen. Insgesamt 50 Attacken der Deutschen sind dokumentiert, 350-mal ließen die Alliierten Chlor- oder Phosgengas aufsteigen. Nennenswerte Durchbrüche durch die feindlichen Linien nach Gasattacken gelangen jedoch auch Briten und Franzosen nicht.

Erst jetzt führten beide Seiten neuartige Atemschutzmasken ein, die oft jedoch durch die Entwicklung von immer neuen, giftigeren Kampfstoffen schon bald wieder wirkungslos waren. Selbst der Chemiker Fritz Haber hatte zum Eigenschutz der Soldaten ursprünglich nur einen getränkten Wattebausch aus Putzwolle vorgesehen, musste sich wegen der hohen Verluste jedoch bald eines Besseren belehren lassen. Im September 1915 wurden im deutschen Heer neuartige Gesichtsmasken ausgegeben. Wenig später führte man die ersten Gasmasken im heutigen Sinne ein – aus gummiertem Stoff mit einem abschraubbaren Filter. Schon 1916 wurden in Deutschland jeden Tag 120 000 dieser Masken hergestellt. In den Augen vieler Soldaten waren sie das ungeliebte Symbol des heimtückischen Todes durch Giftgas.

FRITZ HABER

Der Direktor des Kaiser-Wilhelm-Instituts für Physikalische Chemie und Elektrochemie in Berlin war Initiator und Organisator des deutschen Giftgasprogramms. Über Habers Antrieb berichtete der Chemiker Otto Hahn: »Auf meinen Einwand, dass diese Art der Kriegführung gegen die Haager Konvention verstoße, meinte er, die Franzosen hätten – wenn auch in unzureichender Form, nämlich mit gasgefüllter Gewehrmunition – den Anfang hierzu gemacht. Auch seien unzählige Menschenleben zu retten, wenn der Krieg auf diese Weise schneller beendet werden könne.«

**MEIN DAD IST
AN DER FRONT**
Unbekannter Fotograf
Cardiff / Wales
27. April 1915

MEIN DAD IST AN DER FRONT

Kinder, junge Mädchen zumeist, in langer Reihe am Straßenrand, die Schilder in die Höhe recken: »Mein Dad ist an der Front, wo ist deiner?« Der Einsatz der Kleinsten als Werbeträger im Auftrag der britischen Regierung, er soll neben jüngeren, ungebundenen Männern auch Familienväter dazu bewegen, sich freiwillig zum Kriegseinsatz in den Streitkräften Seiner Majestät zu melden.

Anders als Frankreich oder Deutschland kannte Großbritannien vor dem Krieg keine Wehrpflicht, sondern unterhielt lediglich eine zahlenmäßig kleine Berufsarmee. Im August 1914 konnte London deshalb zunächst nur 100 000 Berufs- und Zeitsoldaten nach Frankreich schicken. Die Lösung war auch auf der Insel die Werbung von Freiwilligen. Zwar gab es in Großbritannien kein »Augusterlebnis«, doch kam es auch hier bei Kriegsbeginn zu einem Schulterschluss der allermeisten gesellschaftlichen Gruppen analog zum deutschen »Burgfrieden« oder der französischen »Union sacrée«: Die einflussreichen Gewerkschaften setzten Streiks aus, die draufgängerischen Suffragetten riefen ihre Anhängerinnen zum freiwilligen Gang in die Rüstungsproduktion auf und selbst die militanten irischen Nationalisten nahmen eine loyale Haltung gegenüber London ein.

»Your Country needs you« – »Dein Land braucht dich«, hieß es nun auf Plakaten, die flächendeckend im ganzen Königreich angeschlagen wurden. Andere zeigten das markante Porträt des neuernannten Kriegsministers Lord Kitchener, der mit seinem Finger direkt auf den Betrachter zielte, verbunden mit der Schlagzeile »Wants You« (»Will Dich«). Allein bis Jahresende 1914 folgten fast eine Million Männer den Aufrufen und traten in die Armee ein. Die Angehörigen der nach ihrem Erfinder bald »Kitchener's Army« genannten Freiwilligentruppe wurden dabei in sogenannten »Pals Bataillons« organisiert, in denen Nachbarn, Freunde und Bekannte gemeinsam dienten, was den Zusammenhalt der Einheiten stärkte.

Während sich Angehörige der Ober- und Mittelschicht aus Patriotismus zur Truppe meldeten und auch Reise- und Abenteuerlust eine gewisse Rolle spielten, sah es in der Arbeiterschaft ganz anders aus: Hier bot der Eintritt in die Army eine Chance, den oftmals erbärmlichen Lebens- und Arbeitsverhältnissen in den Industriequartieren zu entfliehen. Relativ viele Arbeiter scheiterten freilich an den Musterungskriterien, weil ihr schlechter gesundheitlicher Zustand einen Fronteinsatz nicht ratsam erscheinen ließ. Im Laufe des Kriegs mussten aus diesem Grund mindestens eine Million britische Rekruten zurückgewiesen werden.

Doch London konnte in dieser Situation auch auf die gewaltigen Ressourcen des Empire zurückgreifen. So kämpften bis 1918 allein fast anderthalb Millionen Inder auf britischer Seite, Kanada stellte fast 500 000 Mann, Australien 330 000, Neuseeland 110 000. Selbst in den britischen Karibikkolonien wurden 16 000 Kämpfer angeworben.

In Großbritannien selbst gingen die Freiwilligenmeldungen nach der anfänglichen Begeisterung wieder zurück, weshalb die Regierung immer neue Rekrutierungskampagnen auflegte und als Entscheidungshilfe unter anderem eben auch Schulmädchen wie hier in Cardiff aufmarschieren ließ. Dennoch reichten die Meldezahlen zu keinem Zeitpunkt aus, um die vom Kriegsministerium angestrebte Personalstärke zu erreichen. Es war deshalb nur eine Frage der Zeit, bis Anfang 1916 auch in Großbritannien die Wehrpflicht eingeführt wurde – wenngleich mit viel mehr Ausnahmeregelungen als zum Beispiel in Deutschland. Wenig später sollten die neuaufgestellten und notdürftig ausgebildeten Bataillone Lord Kitcheners ihre Feuertaufe erleben.

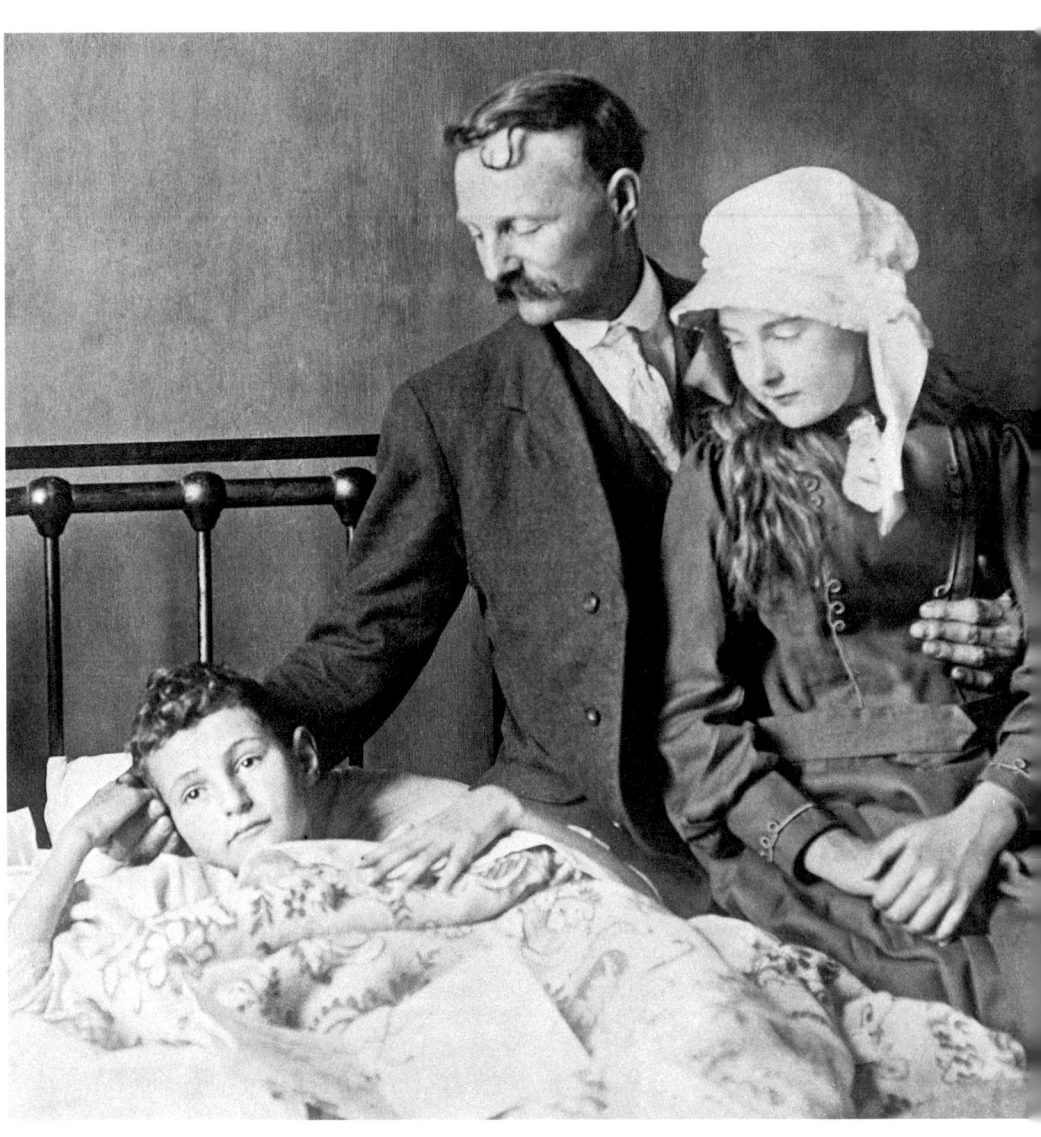

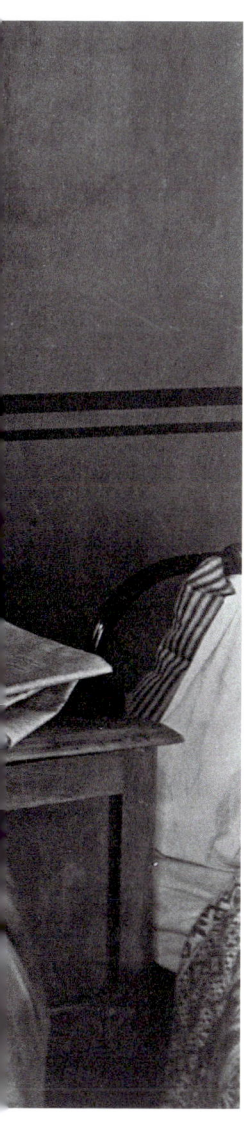

DER UNTERGANG
DER LUSITANIA
Unbekannter Fotograf
Queenstown (heute Cobh) /
Irland
Mai 1915

DER UNTERGANG DER LUSITANIA

Ein Knabe, vielleicht zehn Jahre alt, in einem Krankenhausbett in Irland – zu erschöpft, um seine Freude wirklich zeigen zu können. Neben ihm sein Vater und seine Schwester, die ihn liebevoll ansehen: Es ist das glückliche Ende einer dramatischen Rettung nach der größten und folgenschwersten Schiffskatastrophe im Ersten Weltkrieg.

Frank Hook, so hieß der Junge, war im Jahr 1907 mit seinen Eltern und seiner Schwester Elsie aus England nach Kanada gekommen. Doch als Franks Mutter bald darauf unerwartet starb, entschied sich Vater George Hook, in die britische Heimat zurückzukehren. Im Frühjahr 1915 gelang es ihm, Tickets für die »Lusitania« zu ergattern.

Am 1. Mai stach der Ozeanriese von New York aus mit mehr als 1 200 Passagieren und 700 Besatzungsmitgliedern an Bord in See – Ziel Liverpool. Viele Passagiere hatten wegen der deutschen U-Boote vor den britischen Inseln, vor denen ominöse Warnungen im Umlauf waren, ein mulmiges Gefühl.

In den Mittagsstunden des 7. Mai sichtete das deutsche U-Boot U 20 die »Lusitania« vor der Südspitze Irlands. Ein Angriff schien wegen zu großer Entfernung zunächst unmöglich, doch als das Schiff seinen Kurs wechselte, lief es direkt vor die Torpedorohre von U 20. Der Kommandant, Kapitänleutnant Walther Schwieger, hatte keine Skrupel, den Befehl zum Abschuss zu geben. In den von der Seekriegsleitung herausgegebenen »Anhaltspunkten für die U-Boote bei Durchführung des Handelskrieges« hieß es, es sei nicht angebracht, vor der »Vernichtung unzweifelhaft feindlicher Passagierdampfer« zurückzuschrecken. Deren Verlust werde vielmehr den allergrößten Eindruck machen.

Auf der »Lusitania« wartete Familie Hook gerade auf das Mittagessen, als eine gewaltige Explosion das Schiff erschütterte. Eine mächtige Wassersäule schoss in Luft und ließ eine

LUSITANIA

Die 1907 in Dienst gestellte »Lusitania« war mit ihrem Schwesterschiff »Mauretania« eines der größten und modernsten Passagierschiffe der Welt und galt nach ihrer Jungfernfahrt als technische Sensation. Zwei Jahre lang hielt das Schiff das »Blaue Band« für die schnellste Atlantiküberquerung, ehe dieses für fast 20 Jahre an die »Mauretania« ging. Vor allem das Erste-Klasse-Deck der »Lusitania« war äußerst luxuriös ausgestattet. Das Schiff sei »schöner als Salomos Tempel und groß genug, all seine Frauen und Schwiegermütter zu beherbergen«, erklärte US-Senator George Sutherland bewundernd.

Flut von Trümmern auf das Deck regnen. Kurz darauf erfolgte eine zweite, noch stärkere Explosion. An Bord brach Panik aus. Die Hooks kämpften sich ins Freie, doch der Vater entschied, sich von den überfüllten Rettungsbooten fernzuhalten. Sie fassten sich an den Händen und sprangen gemeinsam über Bord. Als sie wieder aus dem Wasser auftauchten, waren George und Elsie noch zusammen, doch der kleine Frank war verschwunden.

Die »Lusitania« verlässt am 1. Mai 1915 New York

Die »Lusitania« entwickelte rasch eine starke Schlagseite und sank schon nach wenigen Minuten. Als nach Stunden die ersten Rettungsschiffe am Unglücksort eintrafen, konnten sie vielfach nur noch Leichen bergen. Insgesamt waren fast 1200 Opfer zu beklagen, darunter 94 Kinder und 287 Frauen.

Da sich auch 128 Amerikaner unter den Toten befanden, intervenierten insbesondere die USA energisch gegen den **»völkerrechtswidrigen Akt«**. Zwar wies die deutsche Seite darauf hin, dass auch die britische Blockade nicht völkerrechtskonform sei, doch in den Augen der Weltöffentlichkeit waren die Deutschen die Barbaren. Als im August 1915 ein weiteres Schiff torpediert wurde und wiederum US-Bürger den Tod fanden, entschied die deutsche Seekriegsleitung, den Handelskrieg abzubrechen, um die Amerikaner nicht aufseiten der Entente in den Krieg hineinzuziehen.

Die Hooks hatten Glück im Unglück. George und Elsie, die das Drama unverletzt überstanden hatten, suchten Frank in einem der hastig eingerichteten Leichenschauhäuser in Queenstown. Doch nach drei Tagen entdeckten sie den Jungen, der sich beim Sprung von der »Lusitania« den Oberschenkel gebrochen hatte, in einem Krankenhaus. Es war der Moment, den dieses Foto festhält.

KRIEGSVERBRECHEN

War die Versenkung der »Lusitania« ein Kriegsverbrechen? Tatsächlich hatte der Ozeanriese mehr als zehn Tonnen Munition an Bord. Nach den Regeln für die Einfuhr von kriegswichtigen Gütern aus neutralen Ländern, die von den Briten selbst bei der Blockade der deutschen Häfen angewandt wurden, war das Schiff damit ein Blockadebrecher und ein legitimes Ziel für einen Angriff durch deutsche U-Boote.

VERRÄTER
Robert Minzloff
Ostfront
Frühjahr 1915

VERRÄTER

Ein struppiger Mann in abgerissener Kleidung, Soldaten, die ihn gepackt haben und ungestüm vorwärtsstoßen: »Ein abgeurteilter russischer Spion auf seinem letzten Gang«, steht auf der Rückseite des Originalfotos, das im Frühjahr 1915 in den von Deutschland besetzen russischen Gebieten aufgenommen wurde und die Brutalität des Besatzungsregimes der Mittelmächte gegenüber der Zivilbevölkerung offenbart.

Während der Grabenkrieg im Westen auch im zweiten Kriegsjahr kaum Geländegewinne brachte, waren im Osten die Fronten in Bewegung geblieben. Zunächst waren wieder die österreichischen Truppen in die Offensive gegangen, hatten gegen die Russen jedoch erneut eine vernichtende Niederlage erlitten. Ein schwerer Schlag für die Donaumonarchie, die fortan nur noch mit massiver Unterstützung ihres deutschen Bundesgenossen kampffähig blieb.

Wegen der unabsehbaren Folgen eines weiteren russischen Vormarschs entschloss sich der deutsche Generalstabchef Falkenhayn, nun seinerseits verstärkt auf dem östlichen Kriegsschauplatz aktiv zu werden. Im Mai 1915 begann eine deutschösterreichische Offensive, die sofort spektakuläre Erfolge brachte: Ganz Polen, Kurland und Litauen wurden besetzt, im Mittelabschnitt die Russen 500 Kilometer weit bis hinter die Pripjetsümpfe zurückgedrängt und Galizien fast vollständig zurückerobert. Die Zarenarmee erlitt riesige Verluste.

Während des Vormarschs trat ein Phänomen auf, das bereits in den ersten Kriegsmonaten 1914 sowohl im Westen wie auch im Osten zu beobachten gewesen war: eine extreme Form von »Spionitis« – der Furcht der Soldaten, dass im Feindesland jeder Einheimische ein Spion oder Saboteur sein könnte. In der Hitze des Gefechts entwickelte sich die Spionagefurcht rasch erneut zur Psychose, die ganze Armeekorps erfasste. Jeder feindliche Angriff, jeder Gegenschlag, jeder

»Ich lernte die Ausgeburten der Phantasie kennen, die auch sonst besonnene Führer erfassten. Windmühlen, brennende Objekte, harmloser Rauch, der aus ärmlichen Hütten aufstieg, flüchtende Viehherden, Lichter wurden im Fieber der Spionitis zu feindlichen Signalen.«
AUGUST URBANSKI VON OSTRYMIECZ, ÖSTERREICHISCHER GENERAL

harmlose Zwischenfall wurde auf das heimliche Wirken von »Verrätern« zurückgeführt.

»Wir leiden ganz ungemein unter Ausspähung und Verrat«, schrieb der deutsche Leutnant Moritz Jung während des Vormarschs 1915. »Der russische Rubel muss das Land in großen Mengen durchrollt haben, denn allenthalben stoßen wir auf bestochene Einwohner. Durch Dörfer waren wir gekommen, wo es fast in jedem Bauernhof einen Knecht gab, der eigentlich Kosak und damit Spion war.« Fast jeden konnte der Spionageverdacht treffen, oft genügte ein nichtiger Anlass oder eine Denunziation für eine Verhaftung und Verurteilung. Selbst Kinder wurden als russische Spione abgeurteilt. Auch sie landeten am Galgen.

Die Liste von angeblichen Vergehen war dabei ebenso lang wie abenteuerlich: Spionageverdächtigen wurde vorgeworfen, dem Feind mit Spiegeln, Rauchsäulen oder Glockengeläut Zeichen gegeben zu haben oder indem sie zum Beispiel das Vieh in einer bestimmten Weise auf die Weide getrieben hatten.

Der Harmlosigkeit der oft an den Haaren herbeigezogenen Vergehen zum Trotz nahmen die Bestrafungen der vermeintlichen Spione rasch drastische Formen an. Man sei zur »rücksichtslosen Bestrafung der Ertappten, ja selbst der nur dringend Verdächtigen« gezwungen gewesen, so Jung weiter. »Der Befehl war ausgegeben worden, sie zwölf Stunden an den Bäumen hängen zu lassen. Als fürchterlich abschreckendes Beispiel. Anders hätten wir uns der ausgebreiteten und wohlorganisierten Verräterei nicht zu erwehren vermocht.« Tatsächlich jedoch waren – selbst wenn es durchaus Fälle von Spionage gegeben hat – die allermeisten Anschuldigungen gegen die Zivilbevölkerung der besetzten Gebiete völlig haltlos.

GEFREITER HITLER

Korbinian Rutz
Fournes-en-Weppes/Frankreich
Mai 1915

GEFREITER HITLER

Ein deutscher Soldat hastet über eine gepflasterte Straße, die Pickelhaube auf dem Kopf, das Gewehr geschultert. Die Schöße des langen Mantels wehen im Wind. Das Foto ist etwas unscharf geraten, vom Gesicht des Mannes kann man kaum mehr erkennen als einen Schnurrbart. Als das Foto gemacht wird, ist er noch ein Niemand, als es 1932 erstmals in einer Regimentsgeschichte erscheint, bereits der Hoffnungsträger von Millionen Deutschen: »Kriegsfreiwilliger Adolf Hitler, Gefechtsordonnanz des Regiments, Mai 1915. Phot. Korbinian Rutz.«

Gleich zu Kriegsbeginn hatte sich Adolf Hitler als Freiwilliger bei der bayerischen Armee gemeldet – nachdem er sich noch im Februar 1914 vehement gegen seinen Wehrdienst bei der österreichischen Armee gestemmt hatte und schließlich als körperlich »untauglich« ausgemustert worden war. Nun jedoch wollte er für Deutschland in den Krieg ziehen. »Eine einzige Sorge quälte mich in dieser Zeit, mich wie so viele andere auch«, schrieb er später in seinem Pamphlet *Mein Kampf*, »ob wir nicht zu spät zur Front kommen würden«. Im allgemeinen Durcheinander der ersten Kriegstage gelang es ihm als Österreicher, in das Königlich Bayerische Reserve-Infanterie-Regiment Nr. 16, nach seinem ersten Kompaniechef »Regiment List« genannt, aufgenommen zu werden.

Entgegen dem Bild, das später in der Öffentlichkeit gezeichnet wurde, bestand Hitlers Kompanie nur zu einem geringen Teil aus Studenten und Schülern, die sich freiwillig gemeldet hatten. Die Mehrzahl seiner Kameraden waren mobilisierte Reservisten, doch auch sie hatten kaum militärische Vorbildung. In nur zwei Monaten sollten diese Männer nun zu Soldaten ausgebildet werden, um Ende Oktober an die Front geworfen zu werden. Die knappe Zeit ließ indes nur eine rudimentäre militärische Schulung zu. Die Waffen, die dabei zum

Einsatz kamen, hatten wenig mit jenen gemein, die man ihnen später an der Front in die Hand drückte. Überall fehlte es an Uniformen und Übungsgerät. Anfang Oktober erhielten die Männer im Rahmen eines Großmanövers eine zehntägige Gefechtsausbildung. Für den schwächlichen Hitler »die anstrengendsten Tage meines Lebens«.

Das R.I.R 16 mit dem Infanteristen Adolf Hitler kam am 29. Oktober 1914 erstmals zum Einsatz. Die Einheit hatte den Auftrag, gegen die Engländer den Weg nach Ypern freizukämpfen. Wilhelm II. wartete hinter der Front bereits auf die erhoffte Einnahme der Stadt. Doch der Einsatz wurde zum Fiasko. Hunderte Soldaten des Regiments List starben allein durch Maschinengewehrfeuer aus den eigenen Linien, Opfer einer tödlichen Verwechslung. Aus Mangel an Uniformen waren an die Männer des Regiments Landsturmmützen mit graugrünem Überzug ausgegeben worden, die sich leicht mit englischen Helmen verwechseln ließen.

Nach viertägigem Kampfeinsatz wurde das Regiment von der Frontlinie zurückgezogen. Von den ursprünglich 3 000 Soldaten waren etwa 70 Prozent gefallen, verwundet oder vermisst. Hitler verklärte seine einzige Nahkampferfahrung später als »Feuertaufe«. Voller Pathos beschwor er seine Erlebnisse auf dem Schlachtfeld: »Nach vier Tagen kehrten wir zurück. Selbst der Tritt war jetzt anders geworden. Siebzehnjährige Soldaten sahen nun Männern ähnlich. Die Freiwilligen des Regiments List hatten vielleicht nicht recht kämpfen gelernt, allein zu sterben wussten sie wie alte Soldaten. Das war der Beginn.«

Hitler überstand die »Feuertaufe« unverletzt. Doch sein erster Fronteinsatz war auch sein letzter: Ab November 1914 wurde er als Meldegänger eingesetzt. Damit war er dem Regimentsstab zugeordnet und musste nicht mehr im Graben ausharren. »In Bezug auf Schmutz ist es etwas besser, dafür aber auch gefährlicher«, schrieb er einem Münchner Bekannten. In *Mein Kampf* würde er später seine Verwendung als Meldegänger hartnäckig verschweigen. Er präsentierte sich als einfacher Frontsoldat, als Teil der großen Gemeinschaft der Frontkämpfer.

Tatsächlich sah er die Front jetzt nur noch selten aus nächster Nähe. Im Gegensatz zur in der NS-Zeit verbreiteten Legende brachte Hitler keine Meldungen im Maschinengewehrfeuer in die vorderste Linie, sondern bewegte sich in der Etappe, zwischen dem Regimentsstab und den verschiedenen Bataillonsstäben, mehrere Kilometer hinter der Front. Zwar schlugen auch dort immer wieder feindliche Artilleriegeschosse ein, doch dass er jeden Tag dem Tod ins Auge geblickt hätte, ist ein Märchen. »Der Dienst einer Regimentsordonnanz erforderte einen geschickten und gewandten Mann, aber Heldenmut war nicht nötig«, erklärte 1932 auch Korbinian Rutz, der Mann, der im Mai 1915 das Foto des rasenden Hitler geschossen hatte und den Aufstieg seines ehemaligen Regimentskameraden zum allmächtigen »Führer« mit Besorgnis beobachtete.

Zudem, so Rutz, sei es Soldaten, die in einer persönlichen Beziehung zur Regimentsspitze standen, eher vergönnt gewesen, in den Genuss von Orden wie dem Eisernen Kreuz zu kommen, als den einfachen »Frontschweinen«, die nur selten höhere Vorgesetzte zu Gesicht bekamen. Meldegänger zu sein, das entsprach offenbar Hitlers Naturell. Hitler war ein Einzelgänger, ein Sonderling, der oft stundenlang in einer Ecke des Unterstands kauerte. Er galt als Eigenbrötler, weil er Alkohol und Tabak, Frauen und Bordelle mied und jeden vehement beschimpfte, der sich auf derart landesverräterische Weise im Feindesland vergnügte.

KORBINIAN RUTZ

Nach Hitlers »Machtergreifung« wurden alle, die Zweifel an Hitlers Weltkriegs-Legende geäußert hatten, erbittert verfolgt. Auch Korbinian Rutz kam im September 1933 ins KZ Dachau. Er wurde erst wieder freigelassen, als er seine früheren Behauptungen in allen Punkten widerrief: »Als deutscher Mann zögere ich nicht, einen anerkannten Irrtum zu bekennen und zu widerrufen ... Diesen Widerruf und dieses Bedauern betone ich umso mehr, als ich aus den überragenden, alles bisher Dagewesene übertreffenden Leistungen des Führers, die er für Volk und Vaterland vollbracht hat, erkannt habe, welche gewaltige Persönlichkeit im Führer wirkt.«

Trotz solch patriotischer Strenge kam er jedoch nie über den Rang eines Gefreiten hinaus. Er hatte sich allerdings auch nie darum bemüht – offenbar wollte er den Regimentsstab, seine »Ersatzfamilie«, nicht verlassen. Jede Beförderung hätte bedeutet, sich womöglich in den Dreck und die Gefahr des Schützengrabens begeben zu müssen. »Warum ist Hitler Gefreiter geblieben und nichts geworden?«, fragte Rutz. »Weil er lieber den im größten Teil sicheren Aufenthalt hinter der Front in Kauf nahm als die dauernde Unsicherheit in vorderster Linie.« Offiziere seines Regiments erklärten zudem, der spätere »Führer« habe damals schlicht keine militärischen Führungsqualitäten gehabt.

Auf sein **Eisernes Kreuz**, das er Anfang Dezember 1914 erhielt, war er dennoch zeitlebens stolz. Daran klebe »der Schmutz von Frankreich und der Schlamm von Flandern« erklärte er 1922 auf einer NSDAP-Versammlung. Später, im von ihm ausgelösten Zweiten Weltkrieg betonte er, die Erfahrungen von 1914/18 hätten ihn gelehrt, das Leben als ständigen Kampf zu sehen. Ohne diese Erfahrungen Hitlers im Ersten Weltkrieg, so meinen Historiker wie Ian Kershaw, wären der ganze Umfang des Völkermords und die enorme Vernichtungsbereitschaft im Zweiten Weltkrieg kaum vorstellbar. Thomas Weber, der »Hitlers ersten Krieg« minutiös nachgezeichnet hat, kommt zu einem anderen Schluss: Das relativ komfortable Leben im Stab des Regiments List habe Hitler keinesfalls zum Fanatiker gemacht. »Die Ursprünge von Hitlers Radikalisierung lagen in der Nachkriegszeit, nicht im Ersten Weltkrieg. Soweit es Hitler betrifft, war der Krieg nicht die Urkatastrophe des 20. Jahrhunderts.«

EISERNES KREUZ

Der Orden, gestiftet im Jahr 1813 während der Befreiungskriege gegen Napoleon vom preußischen König Friedrich Wilhelm III., war die erste Kriegsauszeichnung im deutschen Raum, die für besondere militärische Leistungen ohne Ansicht von Stand, Herkunft und Dienstrang verliehen wurde. Ursprünglich nur für die Zeit der Befreiungskriege selbst gedacht, wurde es auch bei kriegerischen Auseinandersetzungen in späteren Jahrzehnten vergeben. Kaiser Wilhelm erneuerte die Stiftung Anfang August 1914 und machte das in drei Klassen verliehene Eiserne Kreuz zur wichtigsten deutschen Kriegsauszeichnung.

**ALKOHOL
IM KRIEG**
Unbekannter Fotograf
Bei Kemmel / Belgien
1915

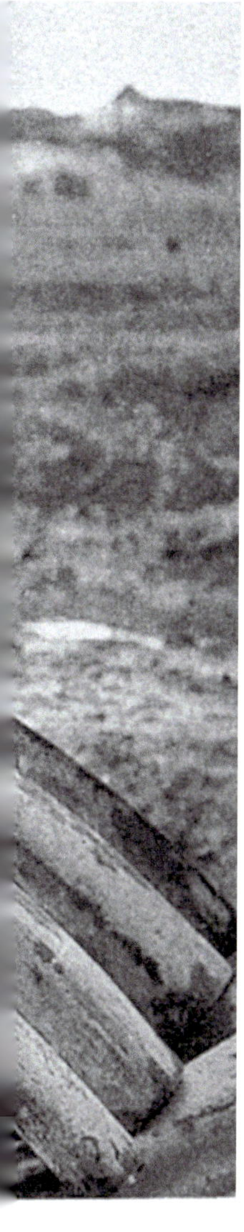

ALKOHOL IM KRIEG

»Man kann den Krieg führen ohne Frauen, ohne Munition, sogar ohne Stellungen, aber nicht ohne Tabak und schon gar nicht ohne Alkohol«, schrieb der Schriftsteller Arnold Zweig in seinem Roman *Erziehung vor Verdun*. Auch die beiden britischen Soldaten, die 1915 vor dem heftig umkämpften belgischen Dorf Kemmel liegen, würden ihm da wohl zustimmen. Sie haben eine der charakteristischen braunen Steingutflaschen mit Rum in die Hände bekommen und kippen den Fusel nun hastig hinunter.

Krieg führen *ohne* Alkohol – das hatten sich Blaukreuzler und Moralapostel aller Länder vor 1914 auf die Fahnen geschrieben. Der deutsche General und Wehrtechniker Anton von Kersting forderte eine rigorose Einschränkung der Abgabe von alkoholischen Getränken an Soldaten und träumte von einem »trockenen« Heer, genauso wie der britische Mediziner Victor Horsley, der Alkohol für Soldaten generell ablehnte.

Doch im Krieg verstummten diese Stimmen schnell. »Sir Victor Horsley und all diese anderen Miesepeter können über das Thema Rum für die Truppen sagen, was sie wollen, genauso wie über das Trinken im Allgemeinen«, wetterte Hauptmann Gerald Burgoyne, der vor Ypern kämpfte. »Aber ich bin sicher: Wenn sie, anstatt bequem in einem schönen, gemütlichen Zimmer darüber zu schreiben, ein paar Tage in den Schützengräben verbringen würden, dann hätten sie dazu eine andere Meinung. Wir brauchen den Alkohol als Stärkung, wenn wir völlig abgekämpft sind.«

Bei fast allen Kriegsparteien gehörte Alkohol zur Grundausstattung. Den deutschen Soldaten stand pro Kopf und Tag ein Zehntelliter Branntwein zu, die bayerischen Einheiten erhielten ihre Dosis zumeist in Form von Bier. Die Russen tranken Wodka, die Franzosen Rotwein. Die Briten hatten ihre tägliche »Rum Ration«, geliefert in den braunen Flaschen mit der Einprägung »SRD« (»Special Rations Department«). Im Soldatenslang wurde die Abkürzung schnell verballhornt zu »Seldom Reaches Destination« (Erreicht selten das Ziel) oder »Service Rum Diluted« (Verdünnter Dienstrum).

Für viele Landser machte die tägliche Dosis Alkohol das Leben im Schützengraben überhaupt erst erträglich. »Krieg ist Unnatur, besonders ein solcher Krieg, und Unnatur kann nur durch Unnatur bekämpft werden«, so der Verdun-Kämpfer Rudolf Koch. »Es ist wohl möglich, dass man nachher umso mehr zusammenklappt, aber eine halbe Stunde frohe, heitere Laune ist in solcher Lage dem Soldaten das halbe Himmelreich.« Der britische Soldat Robert Graves berichtete, der allabendliche Schluck Rum sei für die Männer seines Bataillons »der schönste Moment in den ganzen 24 Stunden« gewesen.

Ergab man sich in den Schützengräben also dem hemmungslosen Suff? Nein, dafür reichte die schmale Tagesration nirgendwo aus. Zwar gab es in diesem Krieg auch an der Westfront durchaus Alkoholgelage, doch meist in Ruhestellungen oder Quartieren in der Etappe. An die Front gelangten größere Mengen Alkohol dagegen nur dann, wenn ein eigener Angriff unmittelbar bevorstand, »auf den Schreck« nach heftigen gegnerischen Attacken oder bei hohen eigenen Verlusten. Die Sonderration Schnaps, von den Landsern mitunter auch »Offensivgeist« genannt, sollte die bis zum Zerreißen angespannten Nerven der Soldaten beruhigen und ihnen die Angst vor der Attacke nehmen. Von den Kämpfen bei Verdun wird berichtet, dass jeder deutsche Angreifer eine ganze Feldflasche voll Schnaps bekam.

Alkohol im Ersten Weltkrieg: Ein Sanitätsoffizier eines schottischen Regiments erklärte später: »Hätte es die Rumration nicht gegeben, ich glaube nicht, dass wir den Krieg gewonnen hätten.«

DER MORD AN DEN ARMENIERN

»Sah dich voller Inbrunst an das Bündel gelehnt, auf dem du deine Kinder von Bahnhof zu Bahnhof, von Gebirgspass zu Gebirgspass bis an den Rand der Wüste geschleppt hattest, von einer Lagerstätte zur andern, von einer Wasserstelle zur andern, immer noch gläubig, immer voll Hoffnung, und trug dieses Bild mit mir hinüber in das Leben türkischer Zeltlager, unter die frohe Geschäftigkeit der Soldaten, die Gemeinschaft der Kameraden, in den Tag, in die Arbeit, in die wilde Schönheit der Welt – um es nie mehr zu vergessen.«

Mit diesen Worten beschrieb der deutsche Sanitätsoffizier Armin T. Wegner 1916 in Bagdad eine Begegnung, die er wenige Monate zuvor auf der Reise durch das damals osmanische Syrien gemacht hatte: Eine Mutter, ihr Kind mit einer Decke notdürftig gegen die sengende Sonne geschützt, die gemeinsam mit anderen Frauen, Kindern und Alten der Wüste und damit dem sicheren Tod entgegenmarschierte. Wegner war Augenzeuge eines der abscheulichsten Staatsverbrechen des frühen 20. Jahrhunderts geworden – der Vertreibung und Vernichtung der Armenier im Osmanischen Reich.

Die Türkei war im November 1914 aufseiten der Mittelmächte in die Kämpfe eingetreten und hatte eine gegen Russland gerichtete Offensive im Kaukasus gestartet. Nach einer vernichtenden Niederlage Anfang 1915 behauptete die türkische Regierung, Hinweise auf groß angelegte Sabotagepläne der angeblich russlandfreundlichen Armenier zu haben.

Ab Mai 1915 wurden überall im Osmanischen Reich armenische Familien zusammengetrieben – angeblich, um in entlegenen Gebieten wieder angesiedelt zu werden. Tatsächlich wollte man die verhasste Minderheit nicht umsiedeln, sondern auslöschen. Zumeist schickte man sie auf Hungermärsche in die Wüste, wo sie elend zugrunde gingen. Wie viele Menschen dem Völkermord zum Opfer fielen, ist umstritten.

Armin T. Wegner während seines Aufenthalts im Osmanischen Reich

ARMIN T. WEGNER

Armin T. Wegner (1886–1978) wurde in Elberfeld geboren und war promovierter Jurist. Schon vor dem Ersten Weltkrieg betätigte er sich als Reiseschriftsteller. Seine Erlebnisse in der Türkei verarbeitete er in einem Vortrag, der schon 1919 in Berlin tumultartige Szenen zur Folge hatte. Der Pazifist Wegner heiratete in den 1920er Jahren eine jüdische Schriftstellerin und protestierte 1933 öffentlich gegen den Antisemitismus Hitlers. Er wurde von den Nazis verhaftet und gefoltert und ging in die Emigration.

Die Schätzungen schwanken zwischen 300 000 und anderthalb Millionen Toten.

Die deutschen Bündnispartner wussten um das Verbrechen, zogen es aber vor zu schweigen. »Unser einziges Ziel ist, die Türkei bis zum Ende des Krieges an unserer Seite zu halten, gleichgültig, ob darüber Armenier zu Grunde gehen oder nicht«, notierte Reichskanzler Bethmann Hollweg im Dezember 1915. Die OHL erteilte eine Order an alle deutschen Dienststellen, die Deportationen als innertürkische Angelegenheit zu behandeln und sich nicht einzumischen.

Wegner hatte sich Anfang 1915 freiwillig für eine deutsche Sanitätsexpedition in der Türkei gemeldet. Ende des Jahres reiste er im Tross des deutschen Militäradjutanten ins osmanische Hauptquartier nach Bagdad. »Dabei kamen wir, wenn wir abends unser Lager aufschlugen, oft an den Lagern vorbei, an den Todeslagern, in denen die Armenier, hilflos in die Wüste getrieben, ihrem allmählichen Untergang entgegensahen«, so Wegner. »Die Türken mieden und leugneten diese Lager. Die Deutschen gingen nicht hin und taten, als wenn sie sie nicht sähen.«

Als er im Herbst 1916 die Rückreise aus Bagdad antrat, gelangen Wegner verstörende »Bilder des Entsetzens und der Anklage« – etwa von der vertrockneten Leiche eines etwa 12 Jahre alten armenischen Jungen direkt vor dem Eingang einer Karawanserei von Massengräbern oder halbverhungerten Kindern am Straßenrand.

In der Türkei wird der systematische Völkermord an den Armeniern bis heute abgestritten. Die hohen Opferzahlen seien Umständen wie Hunger und Seuchen und höchstens vereinzelten Übergriffen geschuldet. Nicht zuletzt Armin T. Wegner und seinen Fotos ist es jedoch zu verdanken, dass an der Tatsache des Genozids kein Zweifel bestehen kann.

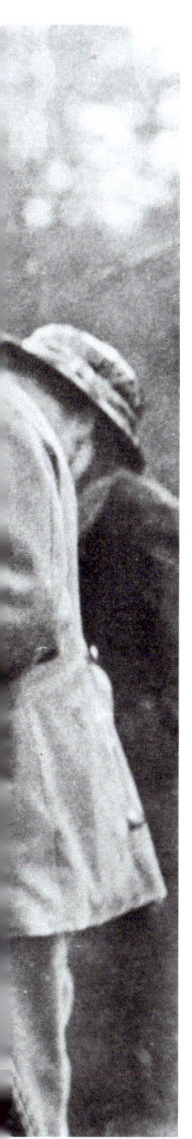

DER EISERNE HINDENBURG

Unbekannter Fotograf
Berlin, Königsplatz
September 1915

DER EISERNE HINDENBURG

Sie sind ein wenig verlegen, die jungen Mädchen auf diesem Foto. Sie mögen Dienstmagd, Tippfräulein oder einfach nur »höhere Tochter« sein. Nun halten sie – vielleicht zum ersten Mal in ihrem Leben – einen Hammer in der Hand: Sie sollen Nägel in einen gewaltigen Holzkoloss treiben und so ihren patriotischen Beitrag leisten, auf dass ein mächtiges Symbol der unbeirrbaren deutschen Siegeszuversicht entstehe: der **»Eiserne Hindenburg«.**

Im Zentrum Berlins, auf dem Königsplatz vor dem Reichstag, haben im Sommer 1915 ganze Heerscharen von Holzbildhauern ein hölzernes Denkmal des »Siegers von Tannenberg« errichtet – 12 Meter hoch, 26 Tonnen schwer und auf eine Nagellast von weiteren 30 Tonnen berechnet. Im Waffenrock steht der Feldherr da, die Hand am Säbelknauf, das Haupt unbedeckt, den Blick in die Ferne gerichtet. Der Ort war nicht zufällig gewählt, befand sich damals doch unmittelbar in der Nähe noch die Siegessäule mit der Victoria, entstanden zur Feier des Siegs über Frankreich von 1870/71.

Anfang September 1915, ein paar Tage nach dem Jahrestag der Schlacht von Tannenberg, feierte man in Anwesenheit des Reichskanzlers Eröffnung. Danach herrschte am »Eisernen Hindenburg« fast pausenlos ein Treiben wie auf dem Jahrmarkt. Reihenweise traten Schulklassen an, marschierten vaterländische Verbände auf und ergingen sich Frauenvereine im gruppenweisen Hämmern. Für eine Spende von einer Mark durfte man einen grauen, eisernen Nagel ins weiche Erlenholz schlagen. Silberne Nägel schlugen mit fünf, vergoldete gar mit 100 Mark zu Buche. Die Erlöse sollten wohltätigen Zwecken wie der Versorgung von Invaliden oder Kriegshinterbliebenen zugutekommen.

Den 68. Geburtstag des Feldherrn am 2. Oktober 1915 zelebrierten Tausende Berliner Schulkinder am »Eisernen Hin-

NAGELFIGUREN

Der »Eiserne Hindenburg« war nicht die einzige »Nagelfigur« im Deutschen Reich. In Hagen beispielsweise gab es einen eisernen Schmied, in Bremen einen eisernen Roland; Frankfurt hatte einen Adler und Hannover ein Ross. In anderen Städten nagelte man eiserne Kreuze an Kirchentüren oder verzierte Tische und Parkbänke in Eisen. Mittelpunkt des Nagelkults war jedoch die Hauptstadt.

denburg«. Eine Militärkapelle spielte, patriotische Reden wurden gehalten, vaterländische Lieder gesungen und am Ende wurde ein donnerndes »Hoch« auf den Schlachtenlenker ausgebracht. »Das ganze deutsche Volk, das Kind in der Schule, der Gelehrte am Schreibtisch, alle wissen, was uns Hindenburg ist, mehr als ein Feldherr, mehr als ein Held: ein Schutzpatron, ein Nationalheiliger, zu dem wir mit blindem Vertrauen aufblicken«, jubilierte selbst die liberale *Vossische Zeitung*.

Im Schweizer Exil verspottete derweil der dadaistische Dichter Hugo Ball die quasireligiöse Verzückung seiner Landsleute: »Eine feste Hindenburg ist unser Gott.« Wer, so fragte Ball hintergründig, habe dem Recken wohl einen Nagel in den Allerwertesten getrieben oder in die Lenden? »Wer hat unserem Heiland die Nägel durch Stirne und Hände gejagt? Wer hat sich zu seinen Füßen herumgetrieben? Wer hat ihm das Herz eingehämmert und wer ihm die Knie zerschlagen?«

Im Mai 1918 war die hölzerne Hindenburgfigur komplett vernagelt – bis auf das Postament und einen kleinen Rest des Mantelsaums. Ganz fertig wurde sie jedoch nie. Im letzten Kriegsjahr versiegte die Opferwilligkeit der hungernden und kriegsmüden Bevölkerung endgültig. Zu allem Überfluss ging der Verein »Luftfahrerdank«, einer der Initiatoren des Projekts, auch noch Konkurs. Mit ihm war ein großer Teil der Spendengelder futsch.

Nach Kriegsende wollte den Koloss keiner mehr haben. In mehrere Blöcke zersägt, landete er im Schuppen einer Berliner Baufirma, die ihn – ganz und gar pietätlos – als Brennholz verfeuerte. Nur der Kopf der Figur, immerhin fast zwei Meter hoch, blieb erhalten und sollte in der NS-Zeit wieder ausgestellt werden. Doch in einer der zahlreichen Berliner Bombennächte des Zweiten Weltkriegs verbrannte in einem Museumsdepot auch der letzte Rest des »Eisernen Hindenburg«.

Hindenburg hatte bereits im Oktober 1915 den symbolischen Thron des Nationalhelden bestiegen, der zu Kriegsbeginn noch leer war, weil der Kaiser die in seinem Amt angelegten symbolischen Möglichkeiten nicht ausschöpfen konnte.
WOLFRAM PYTA, HINDENBURG-BIOGRAF

KINDER
IM KRIEG

Léon Gimpel
Paris, Rue Grenéta

1915

KINDER
IM KRIEG

In einem aus Kartons und Haushaltsgegenständen gebauten Flugzeug sitzt ein Knirps in Fantasieuniform, die Augen dick umrandet von einer Fliegerbrille. Hochgezogen an einer Straßenlaterne, besiegt er im Luftkampf heldenhaft einen deutschen Pappflieger. Léon Gimpel, ein seit der Jahrhundertwende renommierter französischer Fotograf, hat dieses Motiv ebenso in Szene gesetzt wie weitere berühmte Bilder, auf denen verkleidete Kinder Exekutionen oder kriegerische Kampfhandlungen nachspielen.

Was aus heutiger Sicht eine Mischung aus Rührung über das fantasievolle Spiel und Schock über das kriegerische Motiv hervorruft, war für die Gesellschaft Frankreichs im Ersten Weltkrieg keineswegs erschreckend oder ungewöhnlich. Im Gegenteil: Mithilfe einer aggressiven Propaganda wurden die Kinder gezielt mobilisiert. Die katholische Kirche spielte dabei eine wichtige Rolle: 1915 initiierte sie den »Kinderkreuzzug« mit dem Ziel, eine »Armee des Gebets« aufzubauen. Die Kinder sollten in diesem Rahmen zum Beispiel Frontabschnitte betreuen und die Soldaten in der Stunde des Kampfes mit Gebeten begleiten. Zudem waren sämtliche Aspekte der Schulbildung von der Orientierung auf den Krieg geprägt; es war geradezu verpönt, den Schulstoff aus der Vorkriegszeit unverändert weiter zu unterrichten.

Den Kindern im Frankreich des Jahres 1915 wurde systematisch der Hass auf den deutschen Gegner vermittelt. Denn in einem Krieg, der als Kampf zwischen unterschiedlichen Zivilisationen angesehen wurde, erschien es als logisch, dass keine Altersgruppe ausgenommen wurde. Mehr noch: Die Kinder selbst hatten Verantwortung zu übernehmen: »Eine außergewöhnliche Zeit wie die unsrige kann keine gewöhnlichen Kinder ertragen. Wenn Ihr ein Herz habt, könnt Ihr es nicht hinnehmen, dass man sich für Euch opfert, ohne dieses

LÉON GIMPEL

Der Fotograf Léon Gimpel, geboren im Jahr 1873 als Spross einer jüdisch-elsässischen Familie, die vor den Deutschen aus Straßburg nach Paris geflohen war, konnte bereits im Jahr 1900 als erfolgreicher Fotograf die Pariser Weltausstellung dokumentieren. Der ruhelose Künstler war innovativ und experimentierfreudig und gilt als Pionier der Luftfotografie. Als einer der Ersten beschäftigte er sich zudem erfolgreich mit Farbaufnahmen. Die Bilder der »Armée de la rue Grenéta« zählen zu Gimpels bekanntesten Werken. Während des Ersten Weltkriegs arbeitete Gimpel auch als Fotograf an der Westfront.

Opfers würdig sein zu wollen«, sprach der Rektor der Académie von Poitiers im Jahr 1916 Gymnasialschülern ins Gewissen.

Diese Propaganda zeigte Erfolg: Kriegsspiele hatten Konjunktur. »Seit Beginn des Krieges hat man eine Veränderung der Spiele feststellen können Alle Kinder haben so den Krieg ›gespielt‹ und ihre Person und die Dinge in Elemente des Kampfes umgewandelt ... Der größte Teil dieser Spiele ist gewalttätig, grob und zugegebenermaßen grausam«, beobachtete die Pädagogik-Professorin Marie Hollebecque.

Für diese Art von Spielen begeisterte sich auch die »Armée de la rue Grenéta«, eine Gruppe von Kindern aus einem Pariser Viertel, mit denen sich der Fotograf Léon Gimpel im Jahr 1915 anfreundete. Er besuchte die Kinder regelmäßig sonntags und half ihnen dabei, ihr eigenes Arsenal zusammenzubauen – dazu nutzten sie alles, was sich an Gegenständen fand. Gimpel machte Fotos von ihren Triumphen über die feindliche Armee der »Boches«. Der älteste Junge der Gruppe war der »Chef«, sein Freund hatte stets die wenig attraktive Rolle des »Boche« zu spielen. Auffällig auf Gimpels Fotos ist zudem Pépète, der »klein, leicht missgebildet, recht skrofulös, ein wenig zwergenhaft aussah«, sich aber vielleicht gerade wegen seiner geringen Körpergroße dazu eignete, das Flieger-Ass darzustellen.

Doch so kriegerisch sich die »Armée« gab – es waren doch einfach Kinder mit den gleichen Vorlieben und Schwächen, die alle Kinder auf der Welt zu jeder Zeit hatten. Denn die größte Begeisterung erntete Gimpel, wenn er am Schluss jedes Foto-Termins die »Truppen« mit Gerstenzucker belohnte: Ein einstimmiges »Lang lebe der Fotograf!« zeugte davon.

1916

FELDPOST
Unbekannter Fotograf
Westfront
1916

FELDPOST

Deutsche Landser im Schützengraben: Es ist einer jener kost-
baren Momente – die oft nur Minuten oder Stunden dauern,
manchmal auch Tage und Wochen lang –, in denen der Krieg
Pause macht. Es sind diese Augenblicke, in denen die Soldaten
das tun, was ihnen am wichtigsten ist: lesen und schreiben,
um die Verbindung aufrechtzuerhalten zu ihren Lieben zu
Hause.

Fast 30 Milliarden Sendungen – Postkarten, Briefe, Pakete,
auch Zeitungen und Bücher – wurden in den vier Kriegs-
jahren im Deutschen Reich per Feldpost verschickt, von der
Front in die Heimat und umgekehrt. Das bedeutete einen
Postanfall von durchschnittlich 15 Millionen Sendungen am
Tag – eine gewaltige logistische Herausforderung, die dennoch schon allein zur Erhaltung der Kampfmoral bewältigt
werden musste. In Zeiten der modernen Massenheere hätten
es sich auch die Deutschen nicht leisten können, Millionen
von Eltern, Ehepartnern, Geschwistern oder Freunden monatelang ohne Lebenszeichen von Kriegsfreiwilligen oder einge-
zogenen Männern zu lassen.

Für die militärische Führung bedeutete dies eine Gratwanderung, verstärkten die Zeilen aus der Heimat doch bei den
allermeisten Soldaten das Heimweh und den Wunsch nach
baldiger Rückkehr in den vertrauten Lebenskreis. »Mein ganzes junges Leben muss ich hier bei diesem verfluchten Schwin-
del erbittern und ich kann alle meine Anstrengungen machen«,
schrieb beispielsweise ein württembergischer Bauernsohn Anfang 1918 nach Hause, »aber trotzdem kann ich die Gedanken
an die Heimat nicht vergessen.«

Solche Feldpostbriefe, von Augenzeugen verfasst, vermitteln ein zuverlässigeres Bild von den Geschehnissen an der
Front als die von den Propagandaabteilungen gesteuerten Ver-
öffentlichungen in der Presse. Zwar wurde auch die Feldpost

zensiert, doch angesichts der schieren Menge der Sendungen konnten die Behörden nicht mehr als Stichproben machen. Wie also dachten die einfachen Soldaten über den Krieg, was berichteten sie von der Front?

Bei vielen Landsern funktionierte die Schere im Kopf – sie glaubten, ihren Angehörigen das alltägliche Grauen in den Schützengräben nicht zumuten zu können. »Mir geht es gut, was ich auch von Euch hoffe« – zumeist waren es unverbindliche Sätze wie diese, die Freunde und Verwandte in der Heimat beruhigen sollten. Manche Schreiben zeugen aber auch von ungebrochenem Kampfgeist oder Siegeswillen.

Einige jedoch schrieben Klartext, wie der 22-jährige Berliner Medizinstudent Fritz Franke im November 1914: »Ihr könnt Euch ja gar nicht ausmalen, wie so ein Schlachtfeld aussieht … Schritt für Schritt muss erstritten werden, alle hundert Meter ein neuer Schützengraben, und überall Tote, reihenweise! Alle Bäume zerschossen, die ganze Erde metertief zerwühlt von schwersten Geschossen, und dann wieder Tierleichen und zerschossene Häuser und Kirchen, nichts, nichts auch nur annähernd noch brauchbar! Und jede Truppe, die zur Unterstützung vorgeht, muss kilometerweit durch dieses Chaos hindurch, durch Leichengestank und durch das riesige Massengrab.«

Mit klingendem Spiel und blitzenden Uniformen waren die Soldaten zu Kriegsbeginn ins Feld gezogen, jetzt regierte das Gesetz eines fast fabrikmäßigen Tötens. Je länger der Krieg dauerte, desto häufiger brach sich deshalb die Sehnsucht nach einem Ende des Wahnsinns Bahn. »Ist denn noch nicht bald Schluss?«, hieß es auf einer Postkarte von September 1915. »Ich hätte gerade genug vom Soldatenleben.« Doch es sollten noch drei Jahre vergehen, ehe der Wunsch nach Heimkehr wahr werden konnte – für diejenigen, die das Gemetzel überlebten.

»RUSSENJUNGEN
BEIM FUTTERN«
Willy Römer
Weißrussland
April 1916

»RUSSENJUNGEN BEIM FUTTERN«

Drei kleine Jungen, vielleicht sechs, sieben Jahre alt. Barfuß, mit schmutzigen Füßen, die Kleidung abgenutzt und zerschlissen, so sitzen sie auf einem Treppenabsatz und verschlingen begierig Suppe und Brot. »Russenjungen mit meinem Kochgeschirr beim Futtern. Sie kamen täglich, sich die Reste zu holen«, hat der Fotograf der Szene, der Berliner Fotoreporter Willy Römer, auf die Rückseite des Originalabzugs dieses Bilds geschrieben. Aufgenommen wurde es irgendwo in »Ober Ost« – jenem Militärstaat, der baltische, polnische und weißrussische Gebiete unter deutscher Oberherrschaft von Hindenburgs und Ludendorffs Gnaden vereinte.

Willy Römer war im Frühjahr 1915 an die Ostfront eingezogen worden und hatte den deutschen Vormarsch bis tief in das Zarenreich mitgemacht, der Deutschland gewaltige Geländegewinne bescherte. Wie für Hunderttausende andere deutsche Soldaten war es auch für ihn der erste Kontakt mit einer vollkommen unbekannten Welt – mit fremdartig anmutenden Menschen und Völkern, ihren Sitten und Gebräuchen, den oft primitiven und ärmlichen Lebensbedingungen, mit allgegenwärtigem Schmutz und Ungeziefer. »Innerstes Russland, ohne Abglanz mitteleuropäischer Kultur, Asien, Steppe, Sumpf, raumlose Unterwelt und eine gottverlassene Schlammwüste«, fasste ein deutscher Leutnant seine Eindrücke zusammen und bestätigte damit die Vorurteile der Deutschen über den »kulturlosen« europäischen Osten.

Wie zum Beweis der eigenen Überlegenheit knipsten viele Landser an der Ostfront immer wieder gerade diese Szenen von Hunger und Armut, von Dreck und Verfall: Bettelnde Kinder, zerlumpte Frauen, elende Alte. In die Heimat geschickt ließ sich mit derartigen Bildern trefflich die vorgebliche deutsche »Kulturmission« illustrieren, derentwegen man schließlich in den Krieg gezogen war.

»OBER OST«

Die deutsche Militärführung verfolgte mit den im Frühjahr und Sommer 1915 eroberten ehemals russischen Gebieten unterschiedliche Strategien. Während in Polen ein Marionettenkönigreich von deutschen Gnaden installiert wurde, fasste man den Rest in einem Militärstaat »Ober Ost« zusammen, in dem Ludendorff diktatorisch durchregierte und seine Utopie eines deutsch beherrschten Osteuropas verwirklichen wollte.

Willy Römers Bilder sind von anderer Art. Er denunzierte die von ihm fotografierten Menschen nicht, er näherte sich ihnen mit neugierigem Blick. Schon als Fotograf in Berlin hatte er vor dem Krieg das enge Atelier verlassen, war mit seiner Kamera auf die Straßen und Plätze der Stadt gegangen und hatte das Alltagsleben der Hauptstadt dokumentiert – Leierkastenspieler und Straßenhändler, Arbeiter und Arbeitslose, Obdachlose und Schrebergärtner, spielende Kinder im Großstadtverkehr.

In »Ober Ost« lichtete er die Arbeit der Bauern und Handwerker ab, das turbulente Leben auf den Straßenmärkten und die beengten Wohnverhältnisse der einheimischen Bevölkerung – Männer, Frauen und immer wieder Kinder, wie jene drei Jungen beim »Futtern«. Nicht nur im übertragenen Sinne zeigte er sie nicht von oben herab, sondern begab sich auf ihre Augenhöhe.

Seine Fotografien zeigen die allgegenwärtigen Entbehrungen der Menschen in »Ober Ost«. Ziel der deutschen Militärführung war die rücksichtslose wirtschaftliche Ausbeutung des Landes. Die Bewohner wurden zur Zwangsarbeit gezwungen, Lebensmittel waren rationiert. Immer wieder kam es zu Requirierungen von Vieh oder Ernteerträgen, was die schlechte Versorgungslage in der Region weiter verschärfte. »Diese Bevölkerung aß, als gäbe es keine Verordnung von Ober Ost, das grüne Obst von den Bäumen. Natürlich kriegte sie Ruhr und füllte die Sterberegister. In die tieferen Ursachen dieses seltsamen Appetits drangen die Herren nicht ein. Sie hätten das sonderbare Ergebnis gefunden, dass fortgesetztes Hungergefühl und lang andauernde Unterernährung selbst die gehorsamsten Katholiken und Israeliten zum Essen von unreifem Obst veranlassen kann«, schrieb der Schriftsteller Arnold Zweig, ab 1917 selbst in »Ober Ost« eingesetzt, sarkastisch.

WILLY RÖMER

Willy Römer (1887–1979) gehört heute zu den bekanntesten Fotoreportern aus der Zeit des Kaiserreichs und der Weimarer Republik. 1933 musste seine Pressefotofirma Konkurs anmelden, da sie wegen eines jüdischen Teilhabers von den Nazis boykottiert wurde. Sein etwa 70 000 Fotos und 50 000 Glasnegative umfassender Nachlass blieb durch glückliche Umstände erhalten und wurde seit den 1980er Jahren sukzessive wieder veröffentlicht.

DIE HÖLLE
VON VERDUN
Unbekannter Fotograf
Bei Verdun
1916 (1928)

DIE HÖLLE VON VERDUN

Der Befehl war eindeutig gewesen: »Feindliche Stellungen einnehmen und halten, bis Reserven eingetroffen sind.« Das stundenlange Trommelfeuer war verebbt, und der französische Kompanieführer sprach seinen Männern Mut zu. Eine letzte Ration Rotwein machte die Runde, die Kinnriemen der Helme wurden festgezurrt, Seitengewehre aufgepflanzt. Den fahlen Gesichtern der jungen Männer waren die Schrecken und Strapazen der letzten Wochen anzusehen. Auf einmal wurde die ungewohnte Ruhe in den Schützengräben durch Trillerpfeifen erschüttert. Das Zeichen zum Angriff! Die blaue Masse der »Poilus« setzte sich in Bewegung. Welle um Welle schwappte sie über die Gräben, trieb sie über die geschundene Erde des Niemandslandes zwischen den Fronten vor Verdun. Nun schien der Tag gekommen, um den Dreck der Schützengräben endlich hinter sich zu lassen, und die Angst vor dem Verschüttetwerden. Doch der Kompanieführer und seine Männer sollten nie die deutschen Stellungen erreichen.

Szenen wie diese waren alltäglich auf dem Schlachtfeld von Verdun: Mit schmerzverzerrtem Gesicht bäumt der französische Soldat sich auf, seine rechte Körperhälfte ist von einer Maschinengewehrgarbe tödlich getroffen. Dahinter erkennt man die Reste seiner dezimierten Truppe. Geduckt folgten sie ihrem Offizier, der sie bis an die feindlichen Gräben geführt hatte. Vergeblich versuchten sie, den Kugeln des Feindes auszuweichen. Deckung aber war in dieser Hölle nicht mehr gegeben. Das seit Monaten wütende Dauerfeuer der schweren Geschütze hatte die blühenden Felder und dichten Wälder rings um Verdun in eine kahle, öde und morastige Mondlandschaft verwandelt. Das Foto des sterbenden französischen Offiziers zeigt die Wirklichkeit von Verdun, wiewohl es aus einem französischen Film von 1928, *Verdun: Visions d'Histoire*, stammt.

VERDUN: VISIONS D'HISTOIRE

Das Werk von Regisseur Léon Poirier ist eine Mischung aus Spielfilm und Dokumentation. Entstanden zum zehnten Jahrestag des Kriegsendes erzählt er die Geschichte der Schlacht aus französischer Sicht. Gedreht wurde an den Originalschauplätzen wie Fort Vaux und Fort Douaumont, mit französischen und deutschen Kriegsveteranen. Auf diese Weise entstand ein beklemmend realistisches Porträt des beispiellosen Gemetzels.

Es gibt weltweit wenige Orte, die von einem militärischen Inferno so dauerhaft geprägt wurden wie die Region rings um Verdun. Noch heute sind die Deformierungen der Landschaft deutlich sichtbar. Der zerstörerische Irrsinn tobte über 200 Tage und Nächte. Nie zuvor hatten zwei Armeen so erbittert um wenige Meter Boden gerungen wie 1916 in diesem Teil Frankreichs. Der Name der Stadt wurde zum Inbegriff für das Grauen der modernen Materialschlacht. Hunderttausende von Deutschen und Franzosen starben vor Verdun, wurden verwundet oder blieben vermisst, ohne dass sich der Verlauf der Front wesentlich veränderte.

Begonnen hatte die Schlacht am 21. Februar 1916. Der deutsche Generalstabschef, Erich von Falkenhayn, wollte mit einer neuen Frühjahrsoffensive eine kriegsentscheidende Wende im Westen erzwingen. Ziel war Verdun, eine Festung im Tal der Maas. 200 000 Franzosen standen einer halben Million deutscher Angreifer gegenüber. Die Schlacht brach mit einer ungeheuren Feuerwalze los – dem bis dahin schwersten Artillerieangriff der Geschichte. Auf engstem Raum, in mehreren Linien gestaffelt, konzentrierten über 1 200 Geschütze aller Kaliber ihre zerstörerische Kraft, um den Festungsgürtel um Verdun zu sprengen. Auf manchem halben Quadratkilometer schlugen allein am ersten Tag bis zu 80 000 Granaten ein. Das französische Oberkommando wurde von der Wucht des Angriffs völlig überrascht. Noch nie war jemand Zeuge eines solchen mörderischen Bombardements gewesen. Mit blinder Präzision zerstörten die deutschen Granaten die französischen Linien, zerfleischten die Verteidiger. Nach zwei Tagen unaufhörlichen Geschützdonners gingen die ersten deutschen Sturmtruppen vor. Sie führten ein weiteres neues Geschenk der Technologie mit sich: den Flammenwerfer. Flüssiges Feuer sollte die Überlebenden aus ihren Gräben treiben.

Porträtaufnahme Falkenhayns aus dem Jahr 1913

ERICH VON FALKENHAYN

Nachdem der deutsche Vormarsch im Westen im September 1914 an der Marne zum Stehen gekommen war, hatte General Erich von Falkenhayn (1861–1922) Helmuth von Moltke als Chef der deutschen Heeresleitung abgelöst. Im Dezember 1915 unterbreitete Falkenhayn Kaiser Wilhelm II. einen Plan mit dem bezeichnenden Decknamen »Gericht«. Mit einer konzertierten Aktion wollte er an der strategisch wichtigen Stelle an der Maas wieder Bewegung in die Front bringen. Der Kaiser ließ ihn gewähren.

Am vierten Tag der Operation »Gericht« stieß die vorrückende deutsche Infanterie auf einen immer schwächer werdenden Widerstand. »Aufgerissene Erde, Baumstämme, Drahtfetzen, Menschenleiber – Verdun ist ein Anblick, der die Phantasie eines Dante in seiner furchtbaren Größe und Schrecklichkeit überbietet«, notierte der deutsche General Heinrich Kabisch.

Am 25. Februar fiel die mächtigste Festung des Verteidigungssystems, Fort Douaumont, in die Hände einer Sturmabteilung des Regiments Brandenburg. Nun schlugen deutsche Granaten auf dem Marktplatz von Verdun ein, die Bevölkerung verließ eilends die Stadt, über 50 000 Menschen waren auf der Flucht. Die französische Front drohte zusammenzubrechen. Verzweifelt suchte man nach dem Retter in der Not. Die Wahl fiel auf einen erfahrenen General: **Henri Philippe Pétain**. Der machte sich umgehend ans Werk. »Halten um jeden Preis« war seine Parole.

Nun geriet die Schlacht zum Schlachten. Ebenso wie Falkenhayn sang Pétain das Hohelied von der zerstörerischen Macht der Artillerie: »Die Kanone besiegt, die Infanterie besetzt.« Mit allen Mitteln trieb Pétain die Feuerkraft seiner Truppen voran. Der Hölle des Schlachtfelds setzte er seine Divisionen im Rotationssystem aus. Und in der Tat: Der deutsche Vormarsch geriet ins Stocken. Als wolle er kaschieren, dass die Offensive gescheitert war, rückte Falkenhayn nun ein anderes Ziel in den Vordergrund. Die Schlacht solle fortan dazu dienen, den Gegner zu binden und systematisch auszuzehren – in der »Blutpumpe Verdun«. Schließlich gebe es mehr Deutsche als Franzosen, so das zynische Kalkül.

Auf beiden Seiten waren es vor allem in Uniform gesteckte Zivilisten, die das Gros der Streitkräfte stellten. Diese unerfahrenen Truppen wurden in das tödliche »Niemandsland« ge-

HENRI PHILIPPE PÉTAIN

Henri Philippe Pétain (1856–1951) war Absolvent der Pariser Kriegsakademie. Dass er die starre Offensivstrategie des französischen Generalstabs ablehnte, verhinderte zunächst die große militärische Karriere. Doch seine Defensiverfolge an der Marne 1914 oder in der Champagne 1915 führten zu einem Umdenken. Als der Ruf nach Verdun kam, musste Pétain allerdings erst einmal ausfindig gemacht werden. Der General hatte die Nacht mit seiner Geliebten (später wurde sie seine Frau) in einem Pariser Hotel verbracht. Mit dem Klopfen des Boten an der Zimmertür begann für ihn die bislang größte Herausforderung seines Lebens.

trieben – direkt hinein in den Kugel- und Granatenhagel der Maschinengewehre und der Artillerie, ins Feuer der Flammenwerfer und ins Giftgas. Das Gelände zwischen den Linien hieß nicht umsonst die »Todeszone«. Sobald eine Kompanie zum Sturmlauf ausholte, geriet sie in einen tödlichen Wall aus Detonationen. Es schien, als seien Menschen nicht mehr als unbegrenzter Rohstoff für die gefräßige Maschine Krieg.

Die lief Tag und Nacht – mit deutschen Offensiven und französischen Gegenoffensiven. Die »Blutpumpe« verrichtete ihr Werk in aller Gründlichkeit. Durch den Regen der Granaten umgepflügt, glich das Schlachtfeld einem offenen Friedhof. Ende Mai 1916 waren fast eine Million Soldaten in die Kämpfe um Verdun verstrickt. Die durchschnittliche Lebenserwartung eines Verdunkämpfers lag bei weniger als dreißig Tagen.

Was dieser Horror für die Menschen bedeutete, bezeugen Briefe und Tagebücher. Der französische Kompaniechef Charles Delvert befand: »In den Gräben steht das Wasser teilweise kniehoch. Der Leichengeruch ist beißend. Ratten, Läuse und Ausschläge plagen die Soldaten.« Der Münchner Karl Rosner schrieb: »Es fehlt der ernste Glaube, aus dieser Hölle zu entkommen. Ich lasse mich todmüde in die Tiefe eines Granatloches hinabgleiten. Dabei glaube ich, mich an einem Grasbüschel einhalten zu können. In Wirklichkeit aber sind es Haare, Menschenhaare. Ich ziehe mit diesen einen halb verwesten Menschenkopf aus dem Schmutz. … Überall liegen Tote und Leichenteile. Kein einziger Verwundeter. Da ein Arm, dort ein Fuß, zum Teil halb verschüttet. Uniformfetzen und Fleischteile, alles blutbesudelt.«

Es sind unfassbare Erinnerungen, die keine Einzelerfahrungen spiegeln, sondern das Erleben einer ganzen Generation.

Wir haben ein grauenhaft zerschossenes Gebiet betreten, wo der Tod wohnt … In den Lüften, hoch und niedrig, da heult es, da wimmert es, wie von tausend Geistern. Es ist eine grausame Musik. Je weiter wir in das Trümmerfeld eindringen, desto orkanartiger verstärkt sich das Pfeifen und Heulen. Dazu die Dunkelheit – es ist zum Wahnsinnigwerden.
KARL ROSNER, VERDUN-KÄMPFER

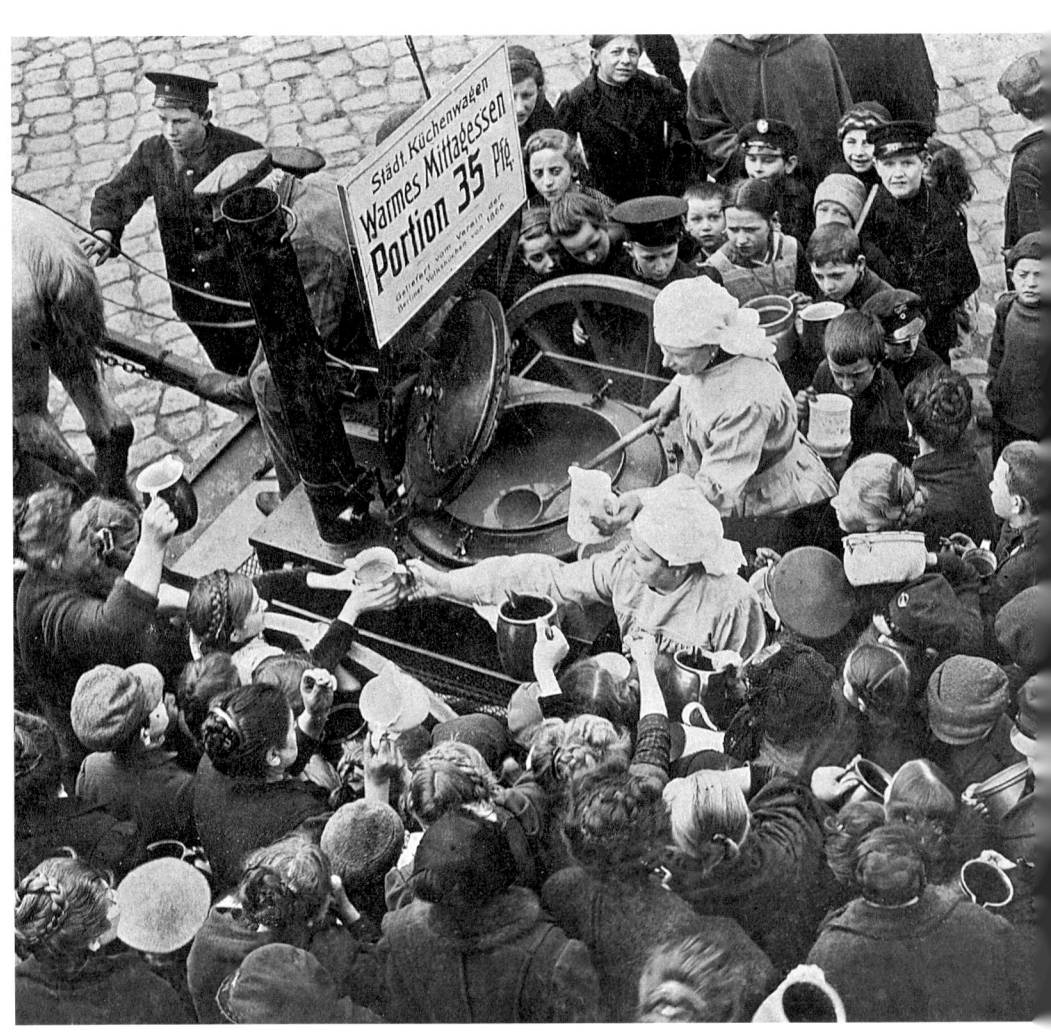

DER GROSSE HUNGER

Unbekannter Fotograf
Berlin

4. Mai 1916

DER GROSSE HUNGER

Menschen drängen sich um einen städtischen Küchenwagen, wo es für 35 Pfennige ein warmes Mittagessen aus der »Gulaschkanone« gibt. Es sind vor allem Frauen und Kinder, arme Leute. Bilder wie diese gehörten spätestens im zweiten Kriegsjahr zum Alltag des Kriegs in den deutschen Großstädten.

Nun rächte sich, dass die verantwortlichen deutschen Militärs in ihren Kriegsplänen stets auf einen schnellen Sieg spekuliert hatten. Strategien für eine längeren Kriegsdauer gab es nicht – auch was die Versorgung der Bevölkerung mit Lebensmitteln betraf. Deutschland war abhängig von Lebensmittelimporten, doch wegen der britischen Seeblockade kamen bald immer weniger Lieferungen aus dem Ausland durch. Die meisten Vorräte waren schon bald aufgebraucht.

Ein halbes Jahr nach Kriegsanfang begannen Rationierung und Zwangsbewirtschaftung. Berlin führte im Februar 1915 als erste deutsche Stadt »Brotkarten« ein. Das amtlich festgelegte Mindestgewicht einer Schrippe sank von 75 auf 50 Gramm. Auch Butter, Fleisch, Eier und Gemüse wurden rationiert, selbst neue Kleidung gab es nur auf Bezugsschein. Doch die Zuweisungen reichten kaum aus, um die Menschen satt zu machen. Zudem schaffte es die vom Kompetenzchaos **gelähmte Bürokratie** nie, eine effektive Verteilung der knappen Güter zu organisieren.

Es begann die Zeit der »Polonäsen« – wie mancher mit Sinn für Galgenhumor die immer länger werdenden Schlangen vor Lebensmittelgeschäften und Markthallen nannte. Um die Lebensmittelration für die Familie zu ergattern, stellten sich die Frauen mitunter schon mitten in der Nacht an und wurden dann im Morgengrauen – wenn sie zur Arbeit mussten – von ihren Kindern abgelöst. Kein Wunder, dass es dabei immer wieder zu handgreiflichen Auseinandersetzungen kam, etwa während der »Butter-Krawalle« im Oktober 1915.

GELÄHMTE BÜROKRATIE

Als zunächst nur die Getreidepreise reglementiert wurden, wichen viele Bauern auf den lukrativen Schleichhandel aus oder mästeten mit dem Getreide Schweine, deren Fleisch zunächst nicht der Zwangsbewirtschaftung unterlag und damit höhere Erträge versprach. Als die Regierung im Januar 1915 anordnete, zwei Millionen Schweine notzuschlachten, sattelten die Bauern auf die Schafzucht um. Das absurde Hase-und-Igel-Spiel auf dem Rücken der Verbraucher machte die Ohnmacht des Staates deutlich, der zwar Regeln erlassen konnte, aber nicht die Mittel besaß, diese auch durchzusetzen.

Einen hilflosen Versuch, des Hungers Herr zu werden, stellte die Einrichtung von Volksküchen für »Minderbemittelte« dar, wie die ärmeren Bevölkerungsschichten im Amtsdeutsch hießen. Das Essen dort sei jedoch oft so schlecht gewesen, dass man dieses nur »mit Ekel und Brechreiz« in sich habe hineinquälen können, hieß es in einem Bericht aus Hamburg. »Ist an und für sich der Gang dahin, die Warterei, das Gedränge schon eine Überwindung, so ist dies verabreichte Schweinefutter, wie das ist – die stinkende Graupensuppe, die ungewürzte Salzwasser-Reissuppe oder die sauren Pflaumen mit Wassernudeln ohne Zucker, meist eine Qual, und nur der heiße Hunger vermag es, diese schlecht zubereiteten Gerichte mit Todesverachtung runterzuwürgen.«

Der Höhepunkt des Hungers sollte der Winter 1916/1917 werden. In diesem »Hungerwinter« fehlte es nicht nur an Heizmaterial, sondern auch an einfachsten Grundnahrungsmitteln. Die amtliche Tagesration für Erwachsene betrug in dieser Zeit nur noch 270 Gramm Brot, 35 Gramm Fleisch (einschließlich Knochen), 25 Gramm Zucker, 11 Gramm Butter, ein Viertel Ei – zum Sterben zu viel, zum Leben zu wenig.

Oft genug war jedoch nicht einmal diese Hungerration zu bekommen. Die Milchversorgung brach teilweise völlig zusammen, Getreide war Mangelware. Vor allem fehlte das Hauptnahrungsmittel, die Kartoffel. Die Erntezahlen hatten 1916 nicht einmal 50 Prozent des Vorkriegsniveaus erreicht. Als Ersatz wurden Kohl- oder Steckrüben ausgegeben. Die »Wruke« – so ein alter Ausdruck für die Ackerknolle – wurde dem Brotteig zugesetzt, aus ihr kochte man Marmelade, getrocknet diente sie als Kaffee-Ersatz. Selbst Bier und Pudding wurden auf Rübenbasis produziert. Unauslöschlich hat sich diese Zeit als »Kohlrübenwinter« in das kollektive Gedächtnis der Kriegsgeneration eingeprägt.

**DIE SEESCHLACHT
AM SKAGERRAK**
Unbekannter Fotograf
Nordsee vor Jütland
31. Mai 1916

DIE SEESCHLACHT AM SKAGERRAK

Am Horizont eine Armada von Schlachtschiffen: Briten, aufgenommen von einem Kreuzer der deutschen Hochseeflotte, kurz vor der einzigen größeren Auseinandersetzung im Überwasser-Seekrieg zwischen Deutschen und Briten von 1914 bis 1918: der Seeschlacht vor dem Skagerrak, wenige Seemeilen vor der Küste Jütlands, am 31. Mai 1916.

Dass es überhaupt zum Kampf zwischen den beiden feindlichen Schlachtflotten kam, war dem Zufall geschuldet. Seit Kriegsbeginn hatte sich die Royal Navy darauf verlegt, die Fernblockade der deutschen Nordseehäfen durchzusetzen. Anders als von der deutschen Seekriegsleitung erhofft, ließen sich keine Großkampfverbände der Grand Fleet in die Deutsche Bucht locken. Dort, in heimischen Gewässern, so hatte der Vater der deutschen Flottenrüstung Alfred von Tirpitz gehofft, würde man die entscheidende Seeschlacht gegen die Briten schlagen können.

Nun, da London nicht mitspielte, hatte die Marineleitung keinen Plan B, und die hochgerüstete Hochseeflotte dümpelte in den deutschen Nordseehäfen vor sich hin. Ihrerseits in die Offensive zu gehen verbot die realistische Einschätzung der eigenen Kampfkraft – die Briten besaßen eine numerische Überlegenheit von 3:2, auch war die Reichweite der deutschen Schlachtschiffe zu gering. Da eine Gesamtstrategie von Heer und Kriegsmarine fehlte, setzte man Letztere auch nicht dafür ein, im Ärmelkanal den britischen Nachschub für den Landkrieg in Belgien und Nordfrankreich abzuschneiden. Stattdessen beschossen einzelne Kreuzer Städte an der britischen Ostküste – nicht viel mehr als Nadelstiche für die Briten.

Am frühen Morgen des 31. Mai 1916 dann brach ein 99 Schiffe umfassender Kampfverband unter Flottenchef Reinhard von Scheer zu einem Erkundungsvorstoß Richtung norwegische Küste auf. Die Briten, die durch entschlüsselte Funksprüche von den deutschen Aktivitäten Wind bekommen hatten, schickten ihrerseits mehrere Schlachtgeschwader mit insgesamt 150 Schiffen auf die Reise in die Nordsee. Keine Seite rechnete freilich damit, es mit der Hauptstreitmacht des Gegners zu tun zu bekommen.

Am frühen Nachmittag kam es zum ersten Sichtkontakt. Wenig später eröffneten die Deutschen das Feuer. »Die rein sportliche Freude am Schießen erwachte, alles in mir jauchzte in wilder Kampfesfreude«, erinnerte sich der Artillerieoffizier Georg von Hase von der »Derfflinger« an den Beginn der Schlacht. »Jeder Gedanke konzentrierte sich nur in dem einen Wunsche: Treffen wollen, schnell und gut und immer wieder.«

Das gelang den Deutschen in der Tat hervorragend – zwei britische Schlachtkreuzer wurden von heftigen Explosionen zerrissen und sanken innerhalb von nur 20 Minuten. Bis in die frühen Morgenstunden des 1. Juni tobte die Schlacht, in deren Verlauf die Briten weitere zwölf Schiffe verloren. Die Deutschen meldeten den Verlust von elf, meist kleineren Schiffen, ehe es Scheer gelang, der britischen Übermacht zu entkommen. Über 6 000 britische und 2 500 deutsche **Seeleute** starben.

Für die deutsche Kriegspropaganda war es ein grandioser Sieg, doch er blieb militärisch völlig folgenlos. Weiterhin konnten die Alliierten ihre Versorgung über die pulsierenden Nachschublinien aus Übersee sicherstellen. Nur U-Boote hätten der britischen Übermacht auf See trotzen können. Immer wieder drängte Generalstabschef Falkenhayn den Kaiser, den uneingeschränkten U-Boot-Krieg zu befehlen. Aber erst nachdem sich das Blatt nach Verdun längst gewendet hatte, ordnete die neu formierte Militärspitze unter Hindenburg und Ludendorff Anfang 1917 den uneingeschränkten U-Boot-Krieg an. Er führte zum Kriegseintritt der USA – ein entscheidender Schritt auf dem Weg zur deutschen Niederlage im Ersten Weltkrieg.

EIN BRITISCHER HELD

Zum britischen Helden wurde der gerade einmal 16 Jahre alte Schiffsjunge Jack Cornwell, der an Bord der »HMS Chester« seinen Posten an einer Drehkanone nicht verließ, obwohl die gesamte dort im Dienst befindliche Besatzung im Verlauf der Schlacht getötet wurde und auch er selbst schwer verletzt war. Cornwell verstarb kurze Zeit später in einem englischen Krankenhaus. Posthum wurde ihm die höchste britische Kriegsauszeichnung, das Victoria Cross, verliehen. Er wurde mit einem Staatsakt in London bestattet.

DIE SCHLACHT
AN DER SOMME
Ernest Brooks
Bei Acheux / Frankreich
28. Juni 1916

DIE SCHLACHT
AN DER SOMME

Da ziehen sie hin: britische Soldaten auf dem Weg in die Schlacht. Siegesgewiss winken sie dem Fotografen Ernest Brooks zu, schwenken ihre Helme. Ganz so, als hätten sie im Kampf nichts zu befürchten, als sei der ganze große Weltenbrand für sie eine einzige Vergnügungstour. Es sind beileibe keine Greenhorns, die noch nicht wissen, was Krieg bedeutet, die hier so betont locker ins Gefecht marschieren, sondern Männer, die schon einige Schlachten auf dem Buckel haben. Die Soldaten und Offiziere des »Worcestershire Regiment« haben vor dem Krieg an allen Ecken des britischen Empire gekämpft und 1915 die verlustreiche britische Landungsoperation bei Gallipoli mitgemacht. Nun bilden sie die Speerspitze bei einer der größten Angriffsoperationen dieses Kriegs – einer Operation, die für die Briten zum Desaster werden sollte.

Die Verantwortlichen der Entente wollten im dritten Kriegsjahr endlich die Entscheidung im großen Völkerringen erzwingen: Die Mittelmächte sollten 1916 an allen Fronten gleichzeitig attackiert werden, um Deutschen und Österreichern ein Verschieben ihrer Kräfte an die jeweilige Einbruchstelle im Westen, Osten oder Süden unmöglich zu machen. Für die Westfront machte der französische Oberbefehlshaber Joffre dem neuen Chef des britischen Expeditionskorps, General Douglas Haig, Ende 1915 einen Angriff nördlich des Flusses Somme im Sommer 1916 schmackhaft. Die deutsche Attacke auf Verdun im Februar brachte die Sache jedoch zunächst ins Wanken. Allein, aufgeben wollten beide Feldherren ihre Pläne nicht, auch wenn große Teile der französischen Kräfte in den Süden verlegt werden mussten und nicht einmal mehr die Hälfte der für die Somme vorgesehenen Divisionen Joffres für den Angriff bereitstand. So hatten nun zum ersten Mal in diesem Krieg die Briten die Hauptlast einer Großoffensive zu tragen.

Mit der Kamera im Schützengraben: Ernest Brooks

ERNEST BROOKS

Erst Anfang 1915, als britische und französische Verbände eine Landungsoperation auf der türkischen Halbinsel Gallipoli unternahmen, wurde mit Ernest Brooks (1878–1941) der erste und zunächst einzige offizielle Bildberichterstatter in den britischen Streitkräften installiert. Brooks hatte im Zivilleben als Pressefotograf unter anderem für den *Daily Mirror* gearbeitet und sich als königlicher Hoffotograf einige Reputation erworben. Im März 1916 traf er an der Westfront ein.

An die große Entscheidungsschlacht war angesichts der Belastungen durch die Kämpfe bei Verdun freilich nicht mehr zu denken. Wie sein deutscher Gegenpart Falkenhayn suchte auch Haig sein Heil in der Abnutzung des Gegners: Statt eines raschen Durchbruchs durch die gegnerische Frontlinie wollte er die Deutschen in einer lang andauernden Schlacht aufreiben – die »Blutpumpe« auf Britisch. Entweder, so das Kalkül, würden deutsche Kontingente von der Front bei Verdun abgezogen und diese entlasten oder – sofern es nicht dazu kommen sollte – der Stoß an der Somme würde leichterfallen, da die Kräfte dann weiterhin im Süden gebunden bleiben würden.

Ende Juni 1916 standen auf etwa 30 Kilometer Frontlänge 20 britische und elf französische Divisionen bereit. Auch diesmal ging dem Angriff der Infanterie ein gewaltiger Feuerschlag voraus. An die drei Millionen Granaten waren an die Front geschafft worden. »Diese Zusammenballung von Artillerie da drüben. Was hatten die Franzosen, die Kanadier und die Engländer an Kanonen aufgestellt! Mit dem Glas konnte man hinter jedem Busch ein Geschütz sehen«, so der damals 19-jährige Hermann Kottmeier. Eine ganze Woche lang prasselte das Inferno aus mehr als 1500 Geschützen auf die deutschen Linien ein. »Dann kam die Feuerwalze auf uns zu«, erinnerte sich Kottmeier. »Wir durften nicht ausweichen. Erst die Schrapnells, dann die Feldartillerie, dann die Haubitzen. Jetzt kamen die schweren Brummer dran. Ich weiß, dass ich ein Vaterunser zu beten angefangen habe in dem Bewusstsein, ›anfangen kannst du es noch, ob du es lebend zu Ende bringst, das ist die Frage‹.«

An einer Stelle der Front hatten die Briten in 16 Meter Tiefe sogar einen Stollen unter die deutschen Linien getrieben und an seinem Ende mehrere Tonnen Sprengstoff platziert. Die Superbombe entwickelte eine beispiellose Zerstörungskraft: Bei der Explosion wurden Dreck und Trümmerteile kilometerweit in die Luft geschleudert, der ohrenbetäubende Knall soll noch bis nach London zu hören gewesen sein. Als sich der Rauch verzogen hatte, war ein riesiger Krater von mehr als 90 Meter Durchmesser und 20 Meter Tiefe entstanden.

Gewaltige Zahlen, von denen sich die Briten blenden ließen: Das britische Trommelfeuer werde die deutschen Stellungen derart pulverisiert haben, dass seine Männer »nur mit dem Spazierstock bewaffnet« das Niemandsland durchschreiten könnten, so hatte Haig geglaubt. Ein verhängnisvoller Irrtum: Denn die Deutschen hatten während der fast zweijährigen Besetzung dieses Frontabschnitts ihre Linien immer weiter ausgebaut. Viele Unterstände und Stacheldrahtverhaue waren intakt geblieben, die starken Befestigungen in mehreren Metern Tiefe hatten dem Beschuss meist standgehalten.

Doch das wussten die britischen Soldaten nicht, die Punkt 7:30 Uhr am Morgen dieses ersten Julitags 1916 aus den Gräben kletterten. Zumeist waren es Männer der »Kitchener's Army«, jener Kampfverbände, die seit Kriegsbeginn 1914 aus Freiwilligen zusammengestellt worden waren. Für sie war es die Feuertaufe – und für Zehntausende von ihnen war der erste Kampfeinsatz auch der letzte.

Weil niemand mehr mit ernsthaftem Widerstand rechnete, gingen die Soldaten ohne besondere Vorsicht in geschlossenen Schützenreihen vor – einige hatten Schanzwerkzeug dabei, um die vermeintlich zerstörten und verlassenen deutschen Gräben wieder instandsetzen zu können. Derweil kletterten die Deutschen aus ihren Bunkern und besetzten das, was von ihren Stellungen übrig geblieben war, und brachten die Maschinengewehre in Stellung. »Sie hatten Wagen umgekippt und auf den Rädern Maschinengewehre befestigt, die jetzt pausenlos in die Runde feuerten«, erinnerte sich der Augenzeuge Arthur Raley vom Royal Newfoundland Regiment. »Wir wurden erledigt, kurz nachdem wir aus dem Schützengraben geklettert waren … Wir waren am Anfang vielleicht 800 Mann, und es blieben weniger als 100 übrig. Die Jungs wurden einfach niedergemäht.«

Allein in der ersten halben Stunde der Schlacht starben über 8 000 britische Soldaten. Insgesamt verloren die Briten an diesem Tag fast 60 000 Mann. In manchen Regimentern wie bei Arthur Raleys Neufundländern betrug die Verlustrate über 90 Prozent. Es war der blutigste Tag der britischen Militärgeschichte. Dabei hatten die Briten nur geringe Geländegewinne erzielen können, ein wochenlanger Kampf um einzelne Stellungen, Dörfer und Gehöfte stand bevor. Die französischen Truppen dagegen hatten mehr Boden gutmachen können und dabei »nur« 7 000 Mann verloren. Die deutschen Verluste dieses Tages beliefen sich auf mindestens 10 000 Mann.

Bis zum November tobte die Schlacht an der Somme weiter. In einer zweiten Angriffswelle konnten die Alliierten Mitte Juli in die deutsche Front einbrechen. Im August bereitete ein abermaliges Trommelfeuer einen Vorstoß auf 40 Kilometer Breite vor. Doch trotz des Einsatzes von etwa 2,5 Millionen britischen und französischen Soldaten betrug der Geländegewinn, als die Operation Ende 1916 eingestellt wurde, nicht einmal 10 Kilometer Tiefe. Dafür erreichten die Verluste auch an der Somme erschreckende Ausmaße, bei den Deutschen und Briten jeweils fast eine halbe Million Mann, bei den Franzosen über 200 000. Der britische Historiker John Keegan bilanzierte: »Für die Briten bedeutete die Somme-Schlacht ihre größte militärische Tragödie im 20. Jahrhundert, ja in ihrer Geschichte überhaupt. Die Somme bedeutete für Großbritannien das Ende einer Epoche des lebensprühenden Optimismus, zu dem es nie wieder zurückgefunden hat.«

Ich erinnere mich noch, als wir zum ersten Mal in die vorderste Stellung einrückten, kamen wir an einer großen Grube vorbei, und da fragten wir, was das ist. »Das sind die Gräber für die, die heute noch fallen werden.« Die Verluste an der Somme waren riesig groß.
GERHARD BAHRMANN, DEUTSCHER SOLDAT

ANGRIFF!
John Warwick Brooke
Westfront/Frankreich
1916

ANGRIFF!

Britische Soldaten hocken geduckt im Schlamm eines Schützengrabens und warten auf den Angriffsbefehl. Die Unruhe
ist den Männern anzumerken, keiner weiß, ob er die nächsten
Minuten überleben wird. Manche beten leise, starren stumm
zu Boden, träumen sich weit weg. Da plötzlich kommt das Signal des Offiziers – »Go!«. Die ersten Männer klettern aus dem
Graben, kämpfen sich durch die Stacheldrahthindernisse, laufen hinein ins Niemandsland, durch das feindliche Feuer auf
die deutschen Linien zu: Der Angriff hat begonnen.

Zeigt das Foto von John Warwick Brooke den Beginn der
Somme-Schlacht am 1. Juli 1916? Niemand kann das heute
mehr mit Bestimmtheit sagen, doch vermittelt das Bild einen
plastischen Eindruck von der Stunde »H« – jenem Augenblick, da die britischen Soldaten an diesem Tag den Sprung ins
Ungewisse wagten. Brooke jedenfalls war damals als einer von
zwei Profifotografen vor Ort.

Fotos, die Soldaten in »Action« zeigten, waren damals
eine Sensation. Zunächst hatte das britische Kriegsministerium Pressefotografen nämlich kategorisch von der Front
ferngehalten. Wenn diese schon einmal knipsen durften, dann
höchstens beruhigende Szenen in der Etappe – fröhliche Er-
satztruppen, saubere Lazarette, gute Verpflegung. Auch den
Soldaten selbst war das Mitführen von Fotoapparaten unter-
sagt worden – ein Verbot, das sich freilich kaum durchsetzen
ließ und schließlich mehr oder weniger fallen gelassen wurde.
Da sonst keine Bilder zur Verfügung standen, blieb auch der
britischen Presse zunächst keine andere Wahl, als auf solche
Privatfotos zurückzugreifen, so zum Beispiel beim Fall des
Weihnachtsfriedens 1914. Die wilden Waffenstillstände zur ersten Kriegsweihnacht erregten jedoch den Argwohn des britischen Hauptquartiers – fortan durfte es nur noch eine Ama-
teurkamera pro kämpfende Einheit geben.

Der britischen Militärführung war klar, dass die Kriegs-berichterstattung endlich auch in fotografischer Hinsicht auf professionelle Grundlagen gestellt werden musste. Nachdem mit Ernest Brooks der erste offizielle Bildberichter in Gallipoli fotografiert hatte, ließ man jetzt auch an der Westfront weitere Fotografen zu, zuerst jenen John Warwick Brooke von der »Topical Press Agency«. Insgesamt arbeiteten im Ersten Welt-krieg an sämtlichen Fronten ganze 16 Fotografen im offiziellen Auftrag der Briten. Irgendwelche Vorgaben seitens des briti-schen War Propaganda Bureaus gab es nicht – die handverle-senen Profis wussten, welche Bildmotive in Kriegszeiten ver-öffentlichungsfähig waren: prächtig gelaunte Tommys, Stapel von Waffen und Munition, gut versorgte Verwundete.

Trotz dieser Einschränkungen hätten sich die offiziellen britischen Fotos von der Westfront eine »überraschend realis-tische Note« bewahrt, schreibt die britische Expertin für Welt-kriegs-Fotografie, Jane Carmichael. »Es gibt viele Aufnahmen von den lichteren Seiten des Krieges, aber es gibt auch Foto-material, das den Schlamm und das Elend der Schützengrä-ben anschaulich zum Ausdruck bringt. Dieses Material wurde nicht etwa zurückgehalten, im Gegenteil: Es wurde als Beweis für die Standhaftigkeit, den Gleichmut und den Patriotismus der Soldaten an der Front veröffentlicht.«

Weniger gern gesehen waren auf britischer Seite offen-sichtliche Inszenierungen, nachgestellte Kampfszenen und all-zu deutliche »Fakes«. Ob Brookes Bild zu einer dieser Kate-gorien gehört, ist schwer zu entscheiden. So oder so bleibt es ein beeindruckendes Zeugnis aus einem Krieg, in dem für die Soldaten beider Seiten jeder Tag der letzte sein konnte.

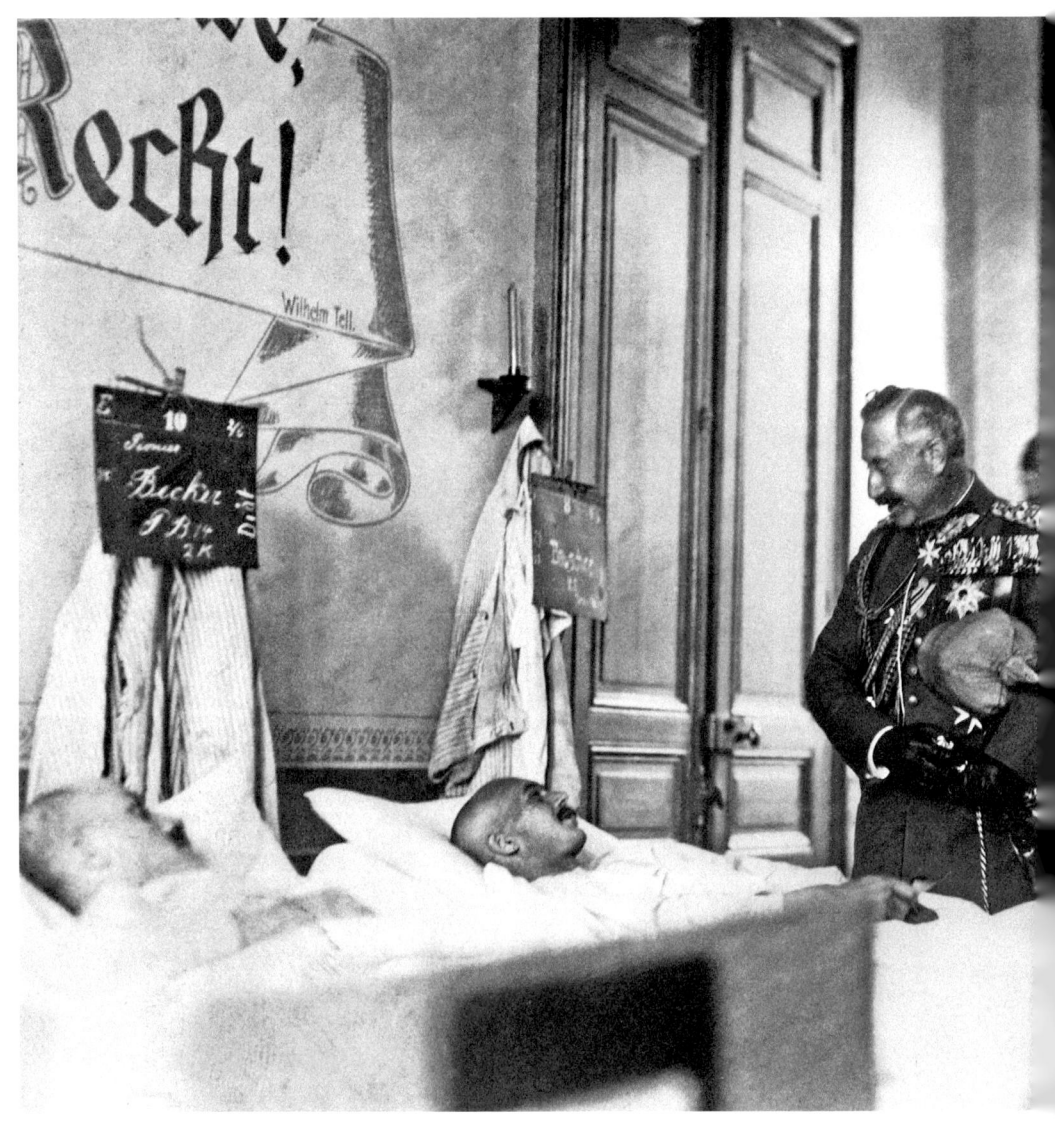

**DER KAISER
BEI VERWUNDETEN**
Unbekannter Fotograf
Westfront
9. Juli 1916

DER KAISER
BEI VERWUNDETEN

Der Kaiser zu Besuch in einem Kriegslazarett, im Gespräch mit zwei Verwundeten. Wegen ihrer Verletzungen sind den Soldaten die sonst üblichen Ehrbezeugungen gegenüber Seiner Majestät erlassen – sie dürfen liegen bleiben, während der Monarch das Wort an sie richtet. Wilhelm als fürsorglicher Landesvater, dem die Nöte und Sorgen seiner Landser am Herzen liegen: echte Anteilnahme oder nur billige Propaganda?

Zum ersten Mal in der Geschichte gab es im Ersten Weltkrieg ein funktionierendes, durchorganisiertes Sanitätswesen. Bis ins 18. Jahrhundert hinein war es durchaus üblich gewesen, verletzte Soldaten auf dem Schlachtfeld einfach verbluten zu lassen. Noch während des Deutsch-französischen Kriegs 1870/71 starb wegen der mangelhaften medizinischen Versorgung ein Großteil der schwer verwundeten Soldaten.

Das war jetzt anders. Zwar waren anfangs ebenfalls hohe Verluste zu beklagen, weil man im deutschen Heer wegen des allseits erwarteten schnellen Siegs das Sanitätswesen eher stiefmütterlich behandelt hatte. Spätestens im Herbst 1914 jedoch wurde an allen Frontabschnitten ein gestaffeltes medizinisches Versorgungssystem geschaffen: Mutige Krankenpfleger schleppten Verwundete unter Lebensgefahr aus der vordersten Linie. Auf Verbandsplätzen wurden die Wunden zunächst in einfacher Form versorgt, ehe die Verletzten in **Feldlazaretten** weiterbehandelt wurden und schließlich zur Therapie und Rehabilitation in Speziallazarette beispielsweise für Gaskranke oder »Kriegsneurotiker« kamen.

Etwa 24 000 Ärzte waren im Verlauf des Kriegs auf deutscher Seite im Einsatz, dazu Hunderttausende Helfer, Krankenschwestern, Apotheker. Dank ihres Einsatzes waren die allermeisten verwundeten Soldaten nach ein paar Wochen oder Monaten wieder »kv« – kriegsverwendungsfähig – und konnten zurück an die Front geschickt werden.

FELDLAZARETTE

Neben Verwundeten befand sich in den Feldlazaretten stets auch ein hoher Anteil von kranken Soldaten. Vor allem auf die unhygienischen Zustände in den Schützengräben waren zahllose Magen-Darm-Erkrankungen oder der Ausbruch von Seuchen wie dem Fleckfieber zurückzuführen.

Immer dann, wenn die deutschen Truppen wie bei Verdun im Frühjahr 1916 eigene Offensivanstrengungen unternahmen oder gegnerische Großangriffe abwehren mussten wie im Sommer desselben Jahres an der Somme, stiegen auch die Verwundetenzahlen rasch an. So hatte die 2. deutsche Armee allein in den zehn Tagen nach dem Beginn der britischen Offensive an der Somme fast 21 000 Verwundete zu beklagen.

Diesen Auswirkungen des Kriegs kam der Kaiser freilich nur sehr selten nahe. Wenn er an die Front reiste, dann führten die Fahrten selten weiter als bis ins Etappengebiet, wo Truppenschauen in fast schon friedensmäßiger Weise durchgeführt wurden. »Die ganze unkriegerische Aufmachung berührte mich peinlich«, schrieb ein Begleiter Wilhelms im Februar 1915. »Dazu gewann ich immer mehr die Überzeugung, dass diese sogenannten Frontreisen, auf welchen die Front nicht berührt wurde, die Truppen, denen das Erscheinen des Kaisers weite Märsche und Paradedrill brachte, nur missmutig machten.«

Aufzeichnungen bezeugen, dass dies keineswegs immer der Fall war. Während die Auftritte Wilhelms bei informierten Kreisen stets Kopfschütteln hervorriefen, zeigten sich »einfache« Soldaten durchaus von dem Monarchen beeindruckt – vor allem im persönlichen Gespräch, wo der Kaiser mit seiner patriarchalisch-jovialen Art durchaus ankam. »Solche Besuche macht der hohe Herr vorzüglich«, notierte Wilhelms Flügeladjutant Hans Georg von Plessen beispielsweise über einen Lazarettbesuch des Kaisers im März 1915. » Die einzelnen Leute werden gnädig angesprochen, ihre Bravheit dankbar anerkannt, und mit einem Lorbeer-Preis und einer Photographie beschenkt! Das stärkt den guten Geist.« Dennoch: Dem Kaiser ging es dabei vor allem um die Aufrechterhaltung des schönen Scheins.

DAS LÄCHELN
DES HENKERS

Unbekannter Fotograf
Trient (Trento) / Südtirol
12. Juli 1916

DAS LÄCHELN
DES HENKERS

»Ach, dieses Lächeln im Krieg war erschütternder als das Weinen!«, hat Karl Kraus, der österreichische Schriftsteller, Satiriker und Kulturkritiker in seinem Weltkriegsdrama *Die letzten Tage der Menschheit* geschrieben und meinte damit die Riege der Regenten, Politiker und Heerführer, die all die Toten und Verwundeten dieses Kriegs verbindlich weggelächelt hätten. Ein Lächeln jedoch stach für Kraus aus allen anderen hervor. Das Grinsen »des Wiener Henkers, der auf einer Ansichtskarte, die den toten Battisti zeigt, seine Tatzen über dem Haupt des Hingerichteten hält, ein triumphierender Ölgötze der befriedigten Gemütlichkeit, der ›Mir-san-mir‹ heißt.«

Das Opfer Cesare Battisti stammte aus dem damals zu Österreich gehörenden Südtirol und hatte vor dem Krieg als italienischsprachiger Abgeordneter für die Sozialdemokraten im Wiener Reichsrat gesessen. Bei Kriegsbeginn war er nach Italien gegangen und später in die italienische Armee eingetreten, in der er als Freiwilliger gegen die Österreicher kämpfte. Am 10. Juli 1916 wurde er an der Front gefangen genommen und als Hochverräter umgehend vor ein Kriegsgericht gestellt – obwohl er als österreichischer Abgeordneter eigentlich parlamentarische Immunität besessen hätte. Nur zwei Stunden dauerte der Prozess gegen Battisti, dann war das Urteil klar: Tod durch den Strang.

Schon zwei Tage später war im Hof des Kastells in Trient die Hinrichtung anberaumt – zu welcher der Wiener Scharfrichter Josef Lang extra aus der Hauptstadt anreiste. Vollzogen werden sollte die Exekution mit dem damals üblichen **Würgegalgen** – Business as usual für den altgedienten Henker. Doch dann geschah das Unerwartete – der Galgen hatte einen technischen Defekt, der Delinquent blieb beim ersten Versuch am Leben. Eigentlich hätte dieser in einem solchen Fall begnadigt werden müssen. Doch Lang schritt erneut zur Tat, legte

WÜRGEGALGEN

Bei dieser Hinrichtungsmethode wurde der Delinquent an einem Richtpfahl emporgehoben, an dem eine Schlinge befestigt war. Diese legte der Henker dem Todeskandidaten von hinten um den Hals. Dann zogen zwei Gehilfen den Delinquenten auf das Kommando des Henkers nach unten, was in den allermeisten Fällen den raschen Tod bedeutete.

Battisti einen zweiten Strick um und vollbrachte sein mörderisches Handwerk.

Das alles passierte vor einer vielköpfigen Menschenmenge von Soldaten und Zivilisten, die nun an dem Erhängten vorüberdefilierten. Zahlreiche Erinnerungsfotos wurden geschossen, und ein unbekannter k. u. k. Kriegsberichterstatter machte das Bild vom »Galgenhumor« des Henkers und der Gaffer: »Grinsende Gesichter von Zivilisten und solchen, deren letzter Besitz die Ehre ist, drängen sich dicht um den Leichnam, damit sie nur ja alle auf die Ansichtskarte kommen«, so Kraus.

Doch als Propagandabild verfehlte die von Amts wegen hergestellte Postkarte ihre Wirkung und verschwand schon bald wieder aus der österreichischen Öffentlichkeit. Kopien waren über die Frontlinie nach Italien gelangt und hatten dort als Ausweis der österreichischen Barbarei den Hass auf den Kriegsgegner angestachelt. Kraus konstatierte: »Der besondere Effekt unserer Scheußlichkeit ist nun, dass jene feindliche Propaganda, die statt zu lügen einfach unsere Wahrheiten reproduziert hat, unsere Taten gar nicht erst fotografieren musste, weil sie zu ihrer Überraschung unsere eigenen Fotografien von unsern Taten schon am Tatorte vorgefunden hat.«

Battisti wurde daraufhin in Italien zum Nationalhelden erklärt, Schulen und Straßen wurden nach ihm benannt und Denkmäler errichtet. Der Berg, in dessen Nähe er gefangengenommen wurde, heißt heute Monte Corno Battisti. Karl Kraus dagegen stellte das Foto vom »Lächeln des Henkers« der Erstausgabe seiner *Letzten Tage der Menschheit* voran – als Allegorie sinnloser Grausamkeit im Krieg.

»THE BATTLE
OF THE SOMME«
Unbekannter Fotograf
An der Somme / Frankreich
Juli 1916

»THE BATTLE
OF THE SOMME«

Ein britischer Soldat läuft durch einen Schützengraben, auf seinen Schultern eine leblose Gestalt – ein schwer verwundeter Kamerad, geborgen bei heftigem Beschuss aus dem Niemandsland zwischen den Fronten. Fast flehend schaut der Mann den Betrachter des Bilds an, so als wollte er sagen: Schau hin, dies ist das wahre, entsetzliche Gesicht des Kriegs. Der verwundete Brite und der erschöpfte Helfer – sie sind zu einem Symbol des mörderischen Weltenbrands geworden, der Millionen Leben verschlang oder Menschen zu körperlichen und seelischen Krüppeln machte. Dabei ist dieses berühmte Bild eigentlich kein Foto, sondern ein Standbild aus einem Film – *The Battle of the Somme* von 1916, dem ersten britischen Dokumentarfilm, der den Krieg so zeigen wollte, wie er tatsächlich war.

Bis dahin dominierte nicht nur in den britischen Kinos die Verharmlosung des Kriegs. Gleich im August 1914 hatte man in London damit begonnen, reihenweise sogenannte Kriegsdramen zu produzieren, in denen Schauspieler meist unbeholfen durch Pappkulissen stolperten und mehr schlecht als recht die heldenhaften Kämpfe der britischen Tommys an der Front nachspielten. Die Produktionen sollten junge Männer dazu bewegen, sich freiwillig zu melden, andere präsentierten reißerisch angebliche Untaten der deutschen »Hunnen« in Belgien.

Authentische Bilder des Schreckens an der Front waren dagegen lange tabu, da man diese dem Publikum nicht zumuten wollte. Als im März 1915 doch einmal eindringliche Bilder vom Tod französischer Soldaten in die Kinos gelangten, monierte ein Kritiker umgehend, die Aufnahmen würden der Rekrutierung von neuen Freiwilligen schaden, man solle stattdessen fröhliche Szenen zeigen, die potenziellen Rekruten bewiesen, dass »der Krieg eine heitere und angenehme Seite« habe. »Zeigt ihnen die Bilder der im Schnee der Vogesen hingekrümmt daliegenden Männer, und ihr werdet erleben, was für ein Verlangen sie nach dem Krieg haben werden!«

Kein Wunder, dass *Battle of the Somme*, im Auftrag des War Office von Wochenschaukameramännern während der Schlacht an der Somme gedreht und schon Mitte August 1916 in London uraufgeführt, heftige Kontroversen auslöste, waren in dem Film doch viele drastische Szenen zu sehen: zahllose Tote auf dem Schlachtfeld, Geschützbesatzungen, die ihre Kanonen an den Gefallenen vorbei vorwärtsschoben, unter Schock stehende Soldaten nach Granateinschlägen, übel zugerichtete Verwundete auf blutigen Bahren, tote Pferde, ein toter Hund neben seinem toten Herrn.

Manch Kinobesitzer verweigerte die Aufführung des Films mit der Begründung, sein Lichtspielhaus sei kein Gruselkabinett. Dennoch wurde *Battle of the Somme* ein Kassenschlager – allein in den ersten sechs Wochen zählte man 20 Millionen Besucher. »Niemand ist dieser Tage der Ansicht, der Krieg sei eine vergnügliche Romanze«, schrieb eine Zeitung. »Er ist ein fürchterlicher Alptraum, jeder weiß das, und niemand kann erklären, warum unser Volk den Wunsch haben sollte, darüber hinweggetäuscht zu werden. Unser Volk will wissen, wie die Dinge tatsächlich stehen. Es will sehen, was unsere Jungs tatsächlich erleiden.«

Zu viel Leid jedoch sollte das Publikum auf Dauer dann doch nicht ertragen. Weitere Dokumentarfilme von der Front hatten immer weniger Erfolg. Je länger der Krieg dauerte, desto mehr stand den Menschen wieder der Sinn nach Ablenkung. Die Wirklichkeit des Kriegs war eben schwer zu ertragen, wie die Wahrheit über den von seinen Kameraden geborgenen Verwundeten in *The Battle of the Somme*. Auf einer der Stummfilmtafeln war der Satz zu lesen: »Dieser Mann starb, 30 Minuten nachdem er den Schützengraben erreicht hatte.«

Manche haben angemerkt, dass das englische Volk keine schrecklichen Dinge ertragen könne, und doch zeigen diese Bilder die Wahrheit, wie der Krieg tatsächlich ist.
GEOFFREY MALINS, KAMERAMANN VON »THE BATTLE OF THE SOMME«

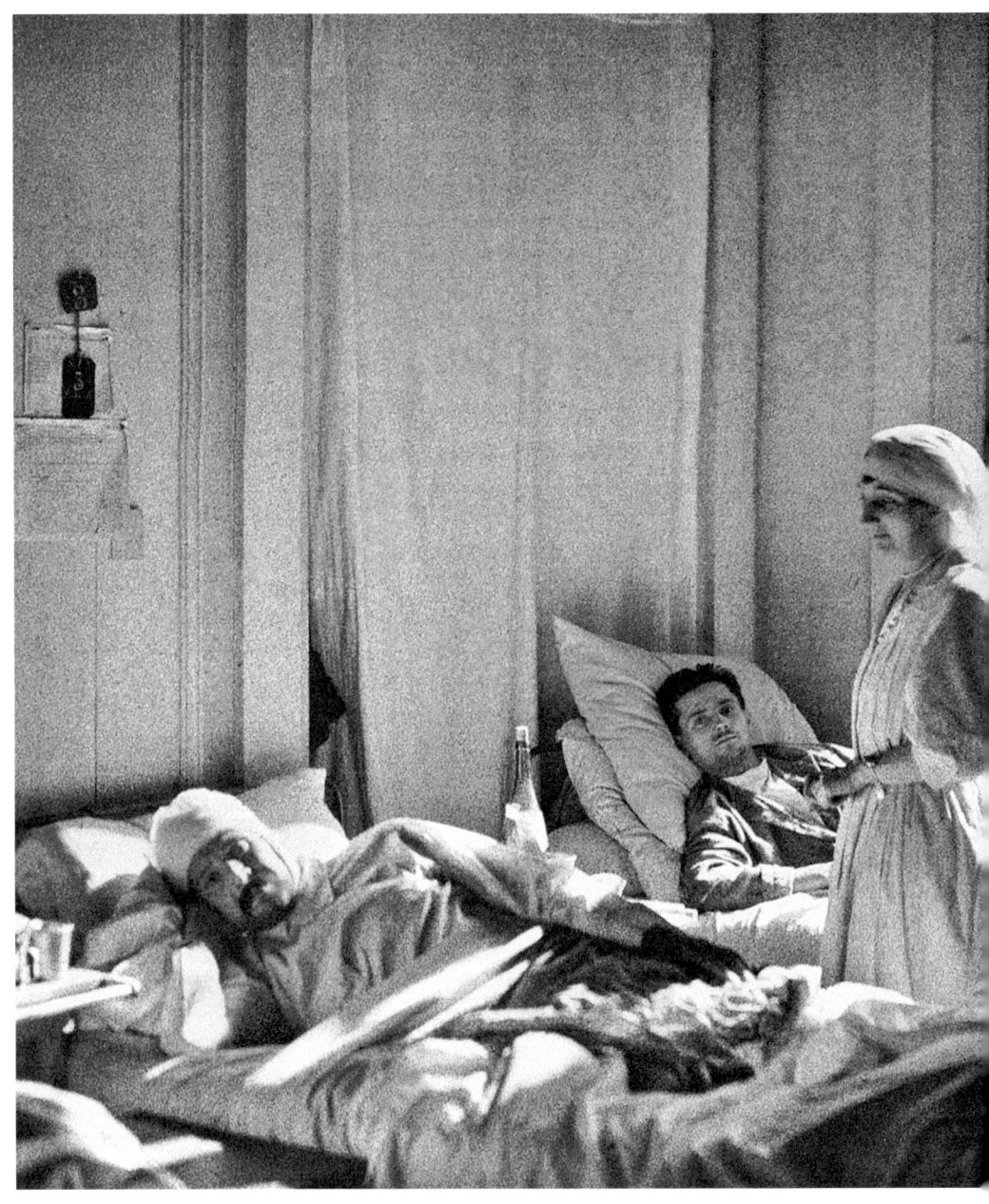

ENGEL IN WEISS
Stéphane Passet
Moreuil/Frankreich
30. Juli 1916

ENGEL IN WEISS

Die Tracht der Krankenschwester strahlt im Sonnenlicht. Als malerische Kulisse dient das zum Lazarett umfunktionierte Schloss von Moreuil rund 16 Kilometer südöstlich von Amiens. Wie in einem Gemälde setzt der Photograph Stéphane Passet die engelhafte Heldin in Szene: Selbstlos kümmert sich die Krankenschwester um die verletzten Soldaten, die Chiaracuro-Beleuchtung verstärkt noch die beinahe mystische Ausstrahlung ihres Berufs.

Mit seinem neuen Arsenal an Feuerwaffen und Granaten forderte der Erste Weltkrieg nicht nur Millionen Tote – auch die Zahl der Verletzten und die Art der Verwundungen überstieg die Erfahrungen. Rund 2 800 000 französische Soldaten wurden im Verlauf des Kriegs oft mehrfach verwundet. Durch die Stellung der Soldaten in den Schützengräben gab es massenhaft Kopf- und Gesichtsverletzungen: 14 Prozent der Verletzten auf französischer Seite zählten zu den »gueules cassées«.

So schätzten sich diejenigen »Poilus« glücklich, die mit einer »bonne blessure« – einer »guten Verletzung« – davongekommen waren. Sie erlebten in der Krankenstation die unverhoffte Rückkehr zur Menschlichkeit – nach den schrecklichen Erfahrungen in den Schützengräben, wo es pausenlos ums nackte Überleben ging. Welch einen Kontrast dazu stellte das Lazarett dar: »Die Pfleger und das Personal sind bewundernswert und wir sind fast froh darüber, krank zu sein«, schreibt der Soldat Cyrille Ducruy in einem Brief an seine Angehörigen.

Eines der stärksten Symbole für die neu erlebte Menschlichkeit in den Hospitälern war die Präsenz des Weiblichen, personifiziert in den Krankenschwestern. Der verletzte Soldat André Tanquerelle schildert das – nicht ohne Galgenhumor: »Hier ist das gesamte Personal weiblich, von der Chefärztin

(Colonel bitte sehr!), die Beine und Arme abschneidet, bis zu den Fahrern der Autos. Und es klappt! Reibungslos.«

Die Frauen in den Krankenhäusern waren für die Soldaten eine Verbindung zur Heimat: Sie riefen Erinncrungen an Familien, Mütter, Schwestern oder Verlobte wach. Freundliche Worte oder ein nettes Lächeln waren für die Männer meist ebenso wichtig wie die medizinische Versorgung: Sie spendeten Trost und stärkten die Moral der Soldaten, die bald wieder in den Kampf ziehen mussten.

Sowohl in künstlerischen Fotografien wie der von Stéphane Passet als auch in den Tageszeitungen waren die Krankenschwestern ein beliebtes Motiv: Selbstlos um das Leben derjenigen bemüht, die so tapfer gegen den deutschen Feind kämpfen, stellen sie den Archetyp der Heldin dar. Ein attraktives Image: Von den insgesamt rund 100 000 Frauen, die auf französischer Seite im Verlauf des Kriegs die Verwundeten versorgten, waren circa 70 000 Freiwillige, zumeist aus der Oberschicht. Ihnen attestierte der französische Politiker Louis Barthou eine Bedeutung über den Dienst im Lazarett hinaus: »Diese Frauen aus besseren Kreisen und aus dem Bürgertum, die sich über die Betten von verwundeten oder kranken Bauern beugten und mit ihren zarten Händen fachkundig die abstoßendsten Aufgaben erledigten, haben die Fundamente gelegt für ein einigeres und brüderlicheres Frankreich, in dem Neid und Hass keine Rechte haben.«

Unabhängig von der Interpretation ihrer Rolle wollten die Frauen auch nach der »Grande Guerre« wichtige Aufgaben im medizinischen Bereich übernehmen. Der Erste Weltkrieg hatte somit eine Entwicklung angestoßen, in deren Rahmen sich der Beruf der Krankenschwester in Frankreich professionalisierte: Im Jahr 1922 wurde dazu ein offizieller Abschluss eingeführt – ein Stück weiblicher Emanzipation.

DER LUFTKRIEG
Unbekannter Fotograf
Unbekannter Ort
Um 1916

DER LUFTKRIEG

Ein britischer Flieger in der Gondel eines Luftschiffs, in der Hand eine kleine Bombe, die er gleich auf ein Ziel am Boden werfen wird – so skurril sahen die Anfänge des Luftkriegs im Ersten Weltkrieg aus. Bald jedoch sollte der Krieg aus der Luft für die Soldaten an der Front zum Alltag werden.

Luftstreitkräfte im heutigen Sinn gab es vor 1914 nicht. Erst drei Jahre vor Kriegsbeginn hatte der erste per Flugzeug ausgeführte Luftangriff der Geschichte stattgefunden, als ein italienischer Pilot mit einer 2-Kilo-Bombe und einer Pistole türkische Stellungen in Libyen attackierte. Viel mehr als Flugzeuge hatten in den Jahren vor dem großen Weltenbrand freilich Luftschiffe die Fantasie der Militärplaner angeregt. Man glaubte, mit ihrer Hilfe große Bombenmengen bis weit hinein ins feindliche Hinterland abwerfen und auf diese Weise kriegsentscheidende Wirkungen erzielen zu können.

Bereits im August 1914 wurden Lüttich und Antwerpen in Belgien von einem deutschen Zeppelin aus der Luft angegriffen. Anfang des Jahres 1915 attackierten die Deutschen dann zum ersten Mal England. An der Küste von Norfolk warfen deutsche Zeppeline dort Sprengbomben ab, wo von oben Siedlungen ausgemacht werden konnten. Neunzehn Mal flogen die Deutschen in diesem Jahr Luftangriffe auf England – am 31. Mai zum ersten Mal auch auf London. Die Opferzahlen dieser Luftangriffe muteten noch eher gering an: Insgesamt starben bei den deutschen Offensiven im Jahr 1915 knapp 500 britische Zivilisten und 58 Militärs.

Schnell erwiesen sich jedoch Flugzeuge gegenüber Luftschiffen deutlich überlegen. Sie erreichten höhere Geschwindigkeiten und waren schwieriger abzufangen. 1914 hatte es europaweit nur etwa tausend **Flugzeuge** gegeben, die zu militärischen Zwecken taugten. 250 davon standen unter deutscher Flagge, die Franzosen verfügten über die doppelte Anzahl.

LUFTRÜSTUNG

Mit der zunehmenden Bedeutung von Flugzeugen wurde auch der Ausbau der Luftrüstung vorangetrieben. Hatten die Deutschen im ganzen Jahr 1914 genau 1 348 Flugzeuge hergestellt, erreichte die Produktion im Jahr 1917 mit knapp 20 000 Stück ihren Höhepunkt. Bei den Briten, die im ersten Kriegsjahr gerade einmal 245 Flugzeuge produzierten, verließen 1918 schon mehr als 32 000 Exemplare die Produktionshallen. Bereits 1917 war hier die Royal Air Force als eigenständige Teilstreitkraft aus dem Verbund mit Heer bzw. Marine herausgelöst worden – ein Schritt, den andere Länder erst später vollzogen.

Ihre primäre Aufgabe war zunächst die Luftbeobachtung, um in Erfahrung zu bringen, wo der Gegner in welcher Stärke in Stellung ging, wo er aufmarschierte oder sich eingrub. All das wurde soweit wie möglich fotografiert. Zudem hieß es für sie, die eigene Artillerie zu lenken, Ziele auszukundschaften und die Treffsicherheit zu erhöhen. Bei Verdun setzten die Franzosen 1916 dann erstmals nicht mehr nur Einzelflugzeuge ein, sondern ganze Geschwader. Maschinen wurden mit Funk ausgerüstet, um Informationen direkt an die eigenen Truppen weitergeben zu können. Über diese Technik verfügten die Deutschen erst später.

Der »rote Baron«: Manfred Freiherr von Richthofen

Aufsehenerregender als die Aufklärungstätigkeiten der Luftgeschwader waren jedoch die Luftkämpfe »Mann gegen Mann«. Die Bewaffnung der Flugzeuge wurde weiter verstärkt. Beschossen sich die Piloten anfangs noch mit Pistolen, wurden im weiteren Kriegsverlauf MGs auf Lafetten installiert; dann ermöglichte eine neue Technik, sogar durch die Propeller zu schießen. »Die französischen Flieger griffen uns dauernd an«, erinnerte sich der Veteran Johannes Götzmann. Doch dann sei der deutsche Fliegerheld Manfred Freiherr von Richthofen, der legendäre »rote Baron«, auf den Plan getreten: »Da sah ich, wie der Richthofen mit seinem roten Flieger diesen Schwarm angriff. Er stürzte sich mitten hinein. Wir standen und guckten zu, und im Handumdrehen kippte einer nach dem anderen, insgesamt drei Stück, runter, und er flog unversehrt wieder zurück. Die Franzosen drehten ab, und wir jubelten. Das war wirklich ein Schauspiel.«

Die Männer der Fliegertruppe waren bald auf allen Seiten die Helden der Nation. Die Piloten waren überzeugt, in der Luft einen anderen, einen saubereren Krieg zu führen. Während auf den Schlachtfeldern der Westfront Hunderttausende im Kampf um wenige Meter Boden krepierten, beschworen die

Flieger den Mythos ritterlicher Kämpfe. Hoch über dem Schlamm der Schützengräben fochten sie in ihren offenen Flugzeugen tödliche Duelle aus. Über die Fronten hinweg verband die Kombattanten aller Seiten das Gefühl, einem elitären Club anzugehören. Fiel ein abgeschossener Offizier dem Gegner in die Hände, lud man ihn nicht selten in das Offizierskasino ein, bevor er im Gefangenenlager abgeliefert wurde. Als Richthofen abgeschossen wurde, warfen seine britischen Gegner an der Absturzstelle Kränze ab.

Doch es blieb nicht bei Luftkämpfen zwischen gegnerischen Flugzeugen. Immer öfter waren nun auch Bodentruppen das Ziel – mit verheerender Wirkung. Anfangs wurden kleine Sprengkörper und Metallpfeile auf die Gegner herabgeschleudert, sogenannte **»Fliegerpfeile«** – kleine, etwa zwanzig Zentimeter lange Metallspieße, die, wenn sie trafen, ihre Opfer fürchterlich zurichteten. Einmal bahnte sich ein solches Geschoss seinen Weg durch den Körper eines Soldaten vom Halsansatz bis zum Fuß. Bald wurden die ersten Bomben abgeworfen, zunächst noch – wie hier im Bild – per Hand, später wurden sie ausgeklinkt.

Es gab auch die ersten **Luftangriffe** auf feindliche Städte in Frankreich und England. Neben den Sprengbomben kamen dabei auch Brandbomben zum Einsatz, die insbesondere in England großen Schaden anrichteten. Am 13. Juni 1916 fand der schwerste Luftangriff des Ersten Weltkriegs statt: Um 12 Uhr mittags luden 17 deutsche Großflugzeuge über London ihre tödliche Fracht ab. Bei dem Angriff wurden 594 Menschen getötet oder verletzt – mehr als im ganzen Jahr zuvor. Ziel der deutschen Admiralität und Obersten Heeresleitung war es, mit den Luftangriffen eine Massenpanik unter der englischen Bevölkerung auszulösen und die Moral zu schwächen. Insgesamt wurden bis 1918 1400 englische Zivilisten bei Bom-

FLIEGERPFEILE

Robert Musil beschreibt in seiner Erzählung *Die Amsel*, wie er einen Angriff mit Fliegerpfeilen erlebte: »In diesem Augenblick hörte ich ein leises Klingen, das sich meinem hingerissen emporstarrenden Gesicht näherte. Natürlich kann es auch umgekehrt zugegangen sein, so dass ich zuerst das Klingen hörte und dann erst das Nahen einer Gefahr begriff; aber im gleichen Augenblick wusste ich auch schon: es ist ein Fliegerpfeil! ... Es war ein dünner, singender, einfacher hoher Laut, wie wenn der Rand eines Glases zum Tönen gebracht wird; aber es war etwas Unwirkliches daran; das hast du noch nie gehört, sagte ich mir.«

LUFTANGRIFFE

Der erste Bombenabwurf durch ein deutsches Flugzeug auf britischen Boden fand am Heiligabend 1914 statt, als ein einzelnes Wasserflugzeug vom Typ »Friedrichshafen FF29« über Dover auftauchte. Die von ihm abgeworfene Bombe verfehlte jedoch das vermutliche Ziel Dover Castle und landete in einem nahegelegenen Pfarrgarten. Zurück blieb ein Krater von drei Meter Breite und anderthalb Meter Tiefe.

benangriffen getötet, knapp 5 000 wurden verwundet. Doch gemessen an den hohen Verlusten in den Schützengräben an der Front waren die Schäden, die die Bomben aus der Luft anrichteten, beinahe bedeutungslos.

Auch deutsche Städte wurden bereits im Ersten Weltkrieg aus der Luft angegriffen, vor allem an der Mosel, der Saar und in Lothringen. Nur wenige Angriffe trafen deutsche Metropolen, wie Hamburg, Essen oder München. Die britischen Angriffe forderten auf deutscher Seite 746 Todesopfer und 1843 Verletzte. Eine Zahl, die nicht einmal an die der jährlichen Verkehrstoten von damals heranreichte.

Doch auch wenn die Schäden infolge des Luftkriegs weitaus geringer waren, als es sich die Kriegsparteien gewünscht hatten, waren die Folgen der Bombardements im Hinterland des Feindes enorm: Eine neue Dimension der Kriegsführung war entstanden. Bislang hatten sich die Kampfhandlungen immer nur an der Front abgespielt, nun wurde der Krieg in die Heimat hineingetragen und traf dort vor allem die Zivilbevölkerung. »Zum ersten Mal bietet sich einer Gruppe gesitteter Menschen die Möglichkeit, die andere Gruppe zu vollständiger Hilflosigkeit zu verdammen«, schrieb Winston Churchill 1925. Als britischer Rüstungsminister hatte Churchill geplant, Berlin 1919 mit tausend Bombern anzugreifen – doch da war der Krieg schon zu Ende. »Die Schlacht von 1919 wurde nicht geschlagen«, schrieb er im Rückblick, »aber ihre Ideen lebten weiter.«

DIE PANZER KOMMEN

Unbekannter Fotograf
Bei Thiepval / Frankreich
September 1916

DIE PANZER KOMMEN

Mitten im Höllenlärm der Artillerie erfüllt auf einmal ein dumpfes Grollen die Luft. Die deutschen Soldaten in den Schützengräben bei Thiepval an der Somme spitzen die Ohren. Was ist das? So etwas haben sie noch nie gehört. Zwischen all den Artilleriegeschossen und explodierenden Granaten ist es deutlich zu vernehmen, dazwischen ein spitzes Quietschen. Da plötzlich tauchen stählerne Ungetüme vor den britischen Linien auf. Die deutschen Soldaten sind schockiert.

»Wir waren platt. Wir haben ja gar nicht gewusst, dass der Engländer Tanks hatte«, berichtete der ehemalige Soldat Richard Lander. »Als die Tanks etwa hundert Meter zu uns herangekommen waren, rief unser Leutnant oder Unteroffizier: ›Zurück!‹ Wir konnten ja nichts mehr machen. Wir sind durch die Laufgräben, die die Gräben vorne mit der zweiten Linie verbunden haben, zurückgelaufen und haben vorne die Tanks über die Gräben rollen sehen. Das hat denen nichts ausgemacht.« Was Lander und seine Kameraden da mit Schrecken erlebt hatten, war tatsächlich der erste Einsatz von Panzern in der Militärgeschichte.

Kampfpanzer schienen eine Lösung für das große Dilemma der Militärstrategen in diesem Krieg zu bieten – das Problem, aus der festgefahrenen Front heraus einen erfolgreichen Durchbruch durch die gegnerischen Linien zu erzielen. Vor allem, weil es nicht gelang, die zurückgenommenen feindlichen Artilleriestellungen zu erobern, scheiterten alle Offensiven zumeist unter hohen Verlusten auf beiden Seiten. In Frankreich und Großbritannien begann man deshalb, geländegängige und gepanzerte Fahrzeuge zu entwickeln. Weil der erste britische Prototyp aussah wie ein großer Wassertank, erhielt er die Tarnbezeichnung »Tank« – bis heute im englischsprachigen Bereich der gebräuchliche Begriff für gepanzerte Fahrzeuge.

Mitte September 1916 setzten die Briten knapp 50 der klobigen 28-Tonnen-Kolosse dann an der Somme erstmals ein. Doch noch waren die Tanks technisch nicht ausgereift, ihr Einsatz im Zusammenwirken mit der Infanterie war kaum erprobt. Auch dieser Angriff blieb deshalb nach wenigen Kilometern stecken. »Unsere Artillerie hat in die Tanks reingeschossen. Bei Tanks, die getroffen worden waren, ist die Besatzung oben herausgestiegen und hat sich ergeben«, erinnerte sich Lander an das wenig ruhmreiche Ende des britischen Angriffs.

Die deutsche Militärführung glaubte deshalb, auf die Entwicklung eigener Panzertypen verzichten zu können. Vor allem Ludendorff meinte, diese waffentechnische Revolution vollständig ignorieren zu können. Ein Jahr später musste er sich eines Besseren belehren lassen, als die Briten im November 1917 bei Cambrai den ersten Großangriff mit 300 Panzern vortrugen. Unter fast völligem Verzicht auf die bis dahin vor Angriffen übliche Artillerievorbereitung gelang es, die Deutschen zu überraschen und eine gewaltige Bresche in die Front zu schlagen. Als die riesige Phalanx der Tanks plötzlich aus dem künstlichen Nebel aufgetaucht war, hatte das bei vielen deutschen Soldaten Panik ausgelöst, den sogenannten »Tankschreck«. Generalstabshistoriker Max Schwarte schrieb rückblickend über die britischen Tanks: »Sie verbreiteten durch die Ungewohntheit ihres Anblicks und durch ihre augenscheinliche Unverletzbarkeit Furcht und Schrecken in den deutschen Reihen.« Durch das Zusammenziehen fast aller verfügbaren Reserven gelang es jedoch, auch diese Offensive der Briten zu stoppen. Dennoch gehörte den Panzern die Zukunft.

**DAS ENDE
BEI VERDUN**
Unbekannter Fotograf
Fort Souville bei Verdun
September 1916

DAS ENDE
BEI VERDUN

Ein französischer Soldat steht auf Posten in einem völlig zerstörten Bauwerk, mit einer Gasmaske gegen den Beschuss mit Giftgasgranaten geschützt, das Gewehr mit aufgepflanztem Bajonett hat er in der Hand. Es ist die Ruhe nach dem Sturm, eine kurze Atempause nach einer der mörderischsten Schlachten der Weltgeschichte, den Kämpfen vor Verdun 1916.

Ende Mai hatte das deutsche Heer an dieser Stelle der Front zu einer erneuten Offensive angesetzt. Ziel war die Einnahme des »blutigen Dreiecks«, eines mit Festungsbauwerken gespickten hügeligen Terrains, auf dem schon ganze Bataillone zugrunde gegangen waren. Wieder ging dem Angriff eine mörderische Kanonade voraus. Mit Flammenwerfern und Tränengas kämpften sich die Deutschen danach Meter um Meter vor.

Am heftigsten wurde um das Fort Vaux gerungen. Überall in den Gewölben lagen stöhnende französische Verwundete und apathische Soldaten. Für den Kommandant Major Eugène Raynal war es eine Frage der Ehre, nicht aufzugeben. Einen letzten Notruf setzte er per Brieftaube ab: »Kampf um das Fort ist furchtbar. Not der Verwundeten ist entsetzlich.« Am 7. Juni 1916 musste er kapitulieren. Dabei legte Raynal Wert auf die Feststellung, dass der Durst, nicht Waffengewalt die Besatzung bezwungen habe. Die Zisterne der Festung war nach einem Granattreffer geborsten, das Trinkwasser versickerte. Der gefiederte Bote, jene Brieftaube, die bald nach ihrer »Mission« starb, erhielt posthum einen Verdienstorden. Noch während die Schlacht wütete, wurde Verdun zu einem französischen Nationalmythos erklärt.

Es dauerte bis zum 15. August, ehe General Falkenhayn Zweifel am Erfolg seiner Strategie einräumte. Er war nicht imstande gewesen, die deutsche Armee, »aus den Fängen des Fleischwolfes« herauszuhalten. Ende August wurde Falkenhayn als OHL-Chef durch Feldmarschall Paul von Hinden-

Plötzlich öffnet sich die Tür: Da steht ein Verletzter, den nackten Oberkörper mit blutigen Tüchern verbunden. Er setzt das Knie auf die Erde. Seine Hand streckt er in flehender Geste mir zu und sagt mit erstickter Stimme: »Mein Kommandant! Zu trinken!« Ich gehe auf ihn zu und richte ihn auf: »Ich habe kein Wasser, mein Guter! Mach es wie ich, hoffe!«
MAJOR EUGÈNE RAYNAL IN SEINEM KRIEGSTAGEBUCH

burg und General Erich Ludendorff abgelöst. Nach 200 Tagen war der Frontverlauf bei Verdun nahezu derselbe wie im Februar 1916. Wilhelm II. sollte später zu seiner Rechtfertigung sagen, er habe all das Grauen nicht gewollt, die Generäle hätten ihm das Heft aus der Hand genommen. Der geschasste Generalstabschef Falkenhayn schrieb schon bald nach dem Krieg seine Memoiren. Bis zu seinem Tod blieb er von der Richtigkeit seiner Strategie des »Ausblutens« überzeugt.

Niemand kann sich vorstellen, was es für die Soldaten bedeutete, monatelang in den Gräben oder Bunkern bei heftigstem Beschuss auszuharren, zu sehen, wie Hunderte von Kameraden regelrecht zerfetzt, ihre Körperteile auf das Schlachtfeld geschleudert wurden. Bei Verdun liegen die Gebeine von etwa 150 000 Soldaten, deren Namen niemand kennt. Es sind bestattete menschliche Überreste, Körperteile, die in den Monaten nach der Schlacht eingesammelt wurden und niemandem mehr zugeordnet werden konnten. Dieser Krieg zerriss alles – die Körper, die Sinne, die Moral.

Am 2. September 1916 stellte das deutsche Heer die Kampfhandlungen vor Verdun ein. Auch das so heftig umkämpfte Fort Vaux wurde kampflos geräumt. Die Bilanz von Verdun ist ungeheuerlich: Über 300 000 deutsche und französische Soldaten ließen hier ihr Leben. Weitere 770 000 wurden zum Teil schwer verwundet. Bis in unsere Tage birgt die militärische Altlast des Schlachtfelds Gefahren. Jahr für Jahr bringen die Bauern aus den Dörfern um Verdun die »Ernte des Stahls« ein: Nichtexplodierte deutsche und französische Granaten gelangen immer noch ans Tageslicht – tödliche Zeugen einer Zeit, die sich dem Wahn geopfert hatte, der Krieg sei »Vater aller Dinge«.

Sixième année. — N° 150.   Le Numéro : **25** centimes.   DIMANCHE 8 Octobre 1916.

LE MIROIR

PUBLICATION HEBDOMADAIRE, 18, Rue d'Enghien, PARIS

LE MIROIR paie n'importe quel prix les documents photographiques relatifs à la guerre, présentant un intérêt particulier.

APRÈS UN DUEL A MORT ENTRE UN FRANÇAIS ET UN ALLEMAND DEVANT COMBLES

L'offensive qui devait nous donner Combles les a mis face à face dans une tranchée bouleversée. Comme les guerriers de jadis, ils ont lutté corps à corps de toute leur vigueur, de toute leur haine, jusqu'à la mort.

**IM TOD
VEREINT**
Unbekannter Fotograf
Bei Combles / Frankreich
September 1916

IM TOD
VEREINT

Mehr als zwei Jahre ist der Krieg schon alt, da bricht die französische Illustrierte *Le Miroir* ein Tabu. Auf der Titelseite der Ausgabe vom 8. Oktober 1916 druckt sie ein Foto zweier toter Soldaten – eines Franzosen und eines Deutschen. »Nach einem tödlichen Duell liegen ein französischer und ein deutscher Soldat Seite an Seite im Schützengraben vor Combles«, lautet die Bildunterschrift.

Wie in allen anderen Staaten stand auch die französische Kriegsfotografie von Anfang an unter dem Bann von Zensur und Propaganda. Die »Section Photographique de l'Armée« forderte von den Fotografen ausdrücklich, »Fotos von Aufmärschen aller Waffengattungen, insbesondere von Artillerie und Panzerzügen, von Gefangenentransporten usw., alles, was den Eindruck materieller Stärke vermittelt« sowie »Szenen, die den guten Zustand und die gute Organisation unserer Truppen« zu zeigen. Im Gegenschluss musste all das, was der Propagandaabsicht zuwiderlief, für die Öffentlichkeit unsichtbar bleiben: das alltägliche Leiden und Sterben der Soldaten im Dreck der Schützengräben, die verwesenden Leichen im Niemandsland, die Schmerzen und der Wahnsinn der Verwundeten.

Wenn schon Tote gezeigt wurden, dann waren es jene der anderen Seite – als Beweis für die Durchschlagskraft der eigenen Waffen und den Heroismus der eigenen Kämpfer. Und auch diese fremden Toten sollten möglichst nicht in Nahaufnahme abgebildet werden, sondern als anonyme Masse von gefallenen Feinden. Es gab freilich Ausnahmen: Einmal druckte eine deutsche Zeitung das Bild eines toten Schotten im Kilt mit dem zynischen Kommentar, es sei »offensichtlich wohl doch kein Märchen, dass die Schotten nichts unter dem Rock tragen würden«.

Gerade französische Massenblätter wie *L'Illustration* oder *Le Miroir* bemühten sich jedoch frühzeitig, ihrem Publikum ein realistisches Bild des Kriegs zu vermitteln, als die Propaganda es guthieß. Dies betraf auch die Abbildung »eigener« Toter, von der man nicht ganz zu Unrecht annahm, dass sie die Stimmung an der Heimatfront beeinträchtigen könnte.

Zunächst behalf sich die Presse noch mit Aufnahmen von Knochenbrüchen und anderen Verletzungen, dann mit Zeichnungen toter französischer Soldaten. Anfang 1915 erschien schließlich das Foto eines gefallenen Kämpfers einer nordafrikanischen Infanterieeinheit, ehe Mitte des Jahres immer häufiger drastische Bilder des Todes auftauchten: zwei abgerissene Beine eines französischen Soldaten etwa oder mehrere Leichen in einem Feldlazarett nach einem deutschen Artillerieangriff.

Schritt für Schritt wurden die gezeigten Bilder immer drastischer – die Leserschaft gewöhnte sich an die Schock-Effekte. Nach einer ersten Phase der Darstellung dieser Kriegsgrauen zu Beginn der Kämpfe war dann jedoch der »Frieden im Krieg« das Hauptthema: Im Vordergrund stand das Alltagsleben der Soldaten in den Schützengräben.

Eine erneute Welle von Fotos, die das brutale Kriegsgeschehen widerspiegelten, brachte das Jahr 1916 mit den langwierigen und bedeutenden Schlachten an der Somme und bei Verdun. In diesem Zeitraum brach *Le Miroir* mit dem Titelbild vom 8. Oktober 1916 ein weiteres Tabu: Erstmals waren zwei Tote der verfeindeten Armeen zu sehen, die nicht mehr in Freund und Feind unterschieden, sondern in ihrem Schicksal einander gleichgestellt wurden: »Die Offensive, die uns Combles bringen sollte, hat sie von Angesicht zu Angesicht in einem vom Kampf zerfurchten Schützengraben zusammengeführt. Wie die Krieger von einst haben sie mit all ihrer Kraft, mit all ihrem Hass, bis zum Tod Mann gegen Mann gekämpft«.

DER MORD
AN RASPUTIN

Unbekannter Fotograf
Petrograd/Russland
22. November 1916

DER MORD
AN RASPUTIN

Er war der Magier mit dem hypnotischen Blick: Grigori Jefimowitsch Rasputin, der grobschlächtige Bauernsohn aus den Weiten Sibiriens, engster Vertrauter des letzten russischen Zaren Nikolaus II. und seiner deutschen Frau Alexandra. Ein Mann, der kaum lesen und schreiben konnte und dem doch die höchsten Gesellschaftskreise Russlands zu Füßen lagen. 1903 kam er in die damalige russische Hauptstadt Petersburg und war rasch eine Sensation. Sein schlanker durchtrainierter Körper steckte in einem langen Bauernhemd, das mit einem Gürtel in der Taille zusammengehalten wurde. Zur Pluderhose trug er hohe Stiefel. Sein sonnengegerbtes Gesicht mit einer markanten Beule auf der Stirn wurde umrahmt von langen gescheitelten Haaren und einem zerzausten Vollbart.

Schnell gelang es ihm, Zugang zu aristokratischen Zirkeln zu finden. Im Herbst 1906 empfing Zar Nikolaus Rasputin zum ersten Mal – und war beeindruckt. Die Zeit war offenkundig reif für eine Art von »Wunder«, das die königliche Familie bis zu ihrem Untergang mit Rasputin verbinden sollte. Zarin Alexandra hatte vier Mädchen das Leben geschenkt, bis endlich der ersehnte Thronfolger Alexej folgte. Doch der Zarewitsch war Bluter, jede Verletzung konnte seinen Tod bedeuten. Die Angst um ihr jüngstes Kind machte die Zarengattin empfänglich für Quacksalber und Okkultisten.

Als der Mönch bat, den Jungen zu sehen, ließ sie ihn zu dem Kind, das sich in seinem Bett hin und her wälzte. Rasputin berührte Alexej nicht, sondern betete nur. Der Junge schlief ein, um am nächsten Morgen gesund aufzuwachen. Ein erstes »Wunder«! Die Zarenfamilie war tief beeindruckt. Nur zu gerne wollten sie Grigoris Vorhersage glauben, dass »der Junge mit der Zeit ganz gesund und aus seiner Krankheit herauswachsen« werde. Alexandra empfing »Unseren Freund«, wie sie ihn nannte, nun regelmäßig am Hof im Kreise ihrer Familie.

RASPUTIN

Der 1869 Geborene gab sich selbst als »Starez«, als »alter heiliger Mann«. Tatsächlich war er in seiner Jugend hauptsächlich durch übermäßigen Alkoholkonsum, Prügeleien und Pferdediebstähle aufgefallen. Auf seiner langen Wanderschaft von Kloster zu Kloster hatte er sich seine eigene Mischung aus christlicher Lehre und heidnischen Bräuchen gebraut. Durchdringende Augen über einer großen Nase waren nicht nur Blickfang, sondern offenkundig auch die Quelle seiner hypnotischen Kunst.

Im Oktober 1907 dann verletzte sich Alexej beim Spielen. Unter der Haut bildete sich ein großes Ödem. Als die königlichen Leibärzte nicht helfen konnten, ließ Alexandra in ihrer Verzweiflung Rasputin rufen, der sofort an den Hof eilte. Eindringlich schaute er dem Knaben in die Augen und meditierte lange mit ihm. Später behaupteten manche seiner Anhänger, er ha-

Rasputin im Kreise seiner Verehrerinnen (Foto um 1910)

be mittels Hypnose das Leid anderer auf seinen starken Körper ziehen können – wie die traditionellen Zauberpriester Sibiriens. Tatsächlich schlief der Junge wiederum entspannt ein. Am nächsten Tag hatte sich das Ödem zurückgebildet. Die Zarin sah Rasputins Heiler-Fähigkeiten bestätigt. Von nun an war sie ihm verfallen.

Der machtbewusste Bauer aus Sibirien begann, seine Stellung bei den »Zaren« zu genießen. Er suggerierte ihnen, dass er die Verbindung darstelle zwischen der Herrscherfamilie und ihrem einfachen, gläubigen Volk, über intrigante Hofzirkel und opportunistische Minister hinweg. Mit Rasputins wachsendem Einfluss wuchs aber auch die Zahl seiner Feinde. Der Innenminister ließ ihn rund um die Uhr bewachen. Polizeispitzel notierten jeden Schritt. In den Berichten war von **Orgien** die Rede, von Besuchen bei Prostituierten, aber auch von sexuellen Übergriffen an Dienstmädchen und Damen der besten Kreise. Der Zar wurde mit den Berichten konfrontiert, doch nach dem Prinzip, dass nicht sein kann, was nicht sein darf, schlug jeder Versuch der Entmachtung Rasputins fehl.

Im Ersten Weltkrieg weilte Nikolaus die meiste Zeit im Hautquartier, die Zarin verkörperte als Regentin das »Herrscherauge« im Hinterland, wie Rasputin ihr einredete. Alexandra sorgte dafür, dass Nikolaus auch an der Front niemals

ORGIEN?

Besondere körperliche Vorzüge habe Rasputin nicht gehabt, erklärte 1917 dessen Verleger Filippow. Das Geschlechtsteil des Frauenhelden, über dessen sagenhafte Größe später diverse Gerüchte kursierten, sei keineswegs auffällig gewesen, wie er bei gemeinsamen Saunabesuchen habe feststellen können. Er habe einfach einen jugendlichen Körper gehabt, »ohne Hängebauch und Muskelschlaffheit«.

ohne Empfehlungen des Wundermönchs blieb. Manche Nachrichten waren eher allgemeiner Natur, andere ganz konkret: »Ich muss dir eine Botschaft Unseres Freundes vermitteln, die ihm eine nächtliche Vision eingegeben hat. Er bittet dich, bei Riga unverzüglich zu einer Offensive überzugehen« (15. November 1915). Der Zar soll den Anregungen des »Starez« nicht selten gefolgt sein, ebenso Rasputins Einflüsterungen bei der Auswahl von Ministern. Auf Rasputins Drängen entließ Nikolaus auch den Oberbefehlshaber des russischen Streitkräfte, Nikolai Nikolajewitsch, seinen eigenen Onkel, einen erbitterten Rasputin-Gegner, und machte sich selbst zum Generalissimus. Mit diesem Schritt sollte Nikolaus das Vertrauen seines Volkes vollends verspielen.

13 Millionen Russen standen im dritten Kriegsjahr unter Waffen. Über zwei Millionen Tote und viele Millionen Verletzte waren bereits zu beklagen. Das Volk suchte einen Sündenbock, der schnell gefunden war – in der deutschstämmigen Zarengemahlin und ihrem Intimus. »Die Deutsche«, wie Alexandra jetzt in der Bevölkerung hieß, wurde der Spionage bezichtigt, und mit ihr ihr trinkfester Gottesmann. Ihm unterstellte man jetzt, militärische Geheimnisse an deutsche Emissäre zu verkaufen. In der Tat war Rasputin Geheimnisträger, er wusste von militärischen Operationen. Doch Rasputin ein Verräter? Ein Komplott zwischen der »Deutschen« und ihrem bösen Genius gegen das russische Volk? Solche Vermutungen passten in die aufgeheizte Stimmung in Russland zwischen drohender Hungersnot und dem sich anbahnenden Fiasko um die rein zahlenmäßig größte Streitmacht der Welt.

Was nun folgte, war der letzte Akt im russischen Drama um Glaube und Macht: Angehörige der russischen Hocharistokratie beschlossen, sich Rasputins zu entledigen. Felix Jussupow, Spross der wohl reichsten Familie Russlands, setzte seine eigene Frau als Köder ein. Entgegen aller oftmals bewiesenen intuitiven Menschenkenntnis ging Rasputin zum verabredeten Stelldichein im Dezember 1916. Doch statt der schönen Irina wartete auf den alternden Frauenhelden ein Mordkommando. Drei Tage später zog man die grässlich entstellte Leiche des Mönchs aus der Newa. Die Umstände von Rasputins Tod machten schnell die Runde. Es hieß, der »heilige Teufel« habe bis zuletzt mit nahezu übernatürlichen Kräften den Attacken seiner Feinde getrotzt.

Tatsächlich waren alle Vorwürfe über eine Spionagetätigkeit Rasputins aus der Luft gegriffen. Vor einigen Jahren tauchte ein Dossier aus dem Jahr 1917 auf, in dem der Spionagevorwurf untersucht wurde. Der Vorwurf des Hochverrats war dabei verbunden mit Anschuldigungen, Rasputin habe heimlich einen Separatfrieden mit den Deutschen aushandeln wollen. Doch dem Wunderheiler konnte keine Spionagetätigkeit nachgewiesen werden. Aus finanziellen Gründen mit den Deutschen zu paktieren hatte Rasputin nicht nötig. Sein **Geld**, das er mit beiden Händen ausgab, kam von wohlsituierten Anhängerinnen und reichen Bittstellern, die es ihm für seine Fürsprachen bei Hofe überließen.

Wenige Tage vor seinem Tod hatte Rasputin an Nikolaus geschrieben: »Ich fühle, dass ich noch vor dem 1. Januar aus dem Leben scheiden werde. Wenn mich gedungene Mörder töten werden, dann brauchst du, russischer Zar, niemanden zu fürchten. Aber wenn deine Verwandten den Mord begehen werden, dann wird keiner aus deiner Familie länger als zwei Jahre leben.« Nicht einmal drei Monate nach Rasputins Tod musste Nikolaus II. abdanken. Ein Jahr später starb die gesamte Zarenfamilie einen grausamen Tod in einem Keller im sibirischen Jekaterinburg, erschossen von Bolschewisten auf Lenins Befehl.

RASPUTINS GELD

Bei Hausdurchsuchungen unter Rasputins Sekretären stieß man auf einen offenbar florierenden Handel mit Empfehlungsschreiben aus Rasputins Feder. Alle Briefe trugen neben dem Kreuz dieselbe Textzeile: »Guter, lieber Mann, höre an und hilf, Grigori«. Man brauchte nur noch den Namen des Adressaten einzutragen und auf Rasputins Einfluss zu hoffen. Nur sich selber wusste der geschäftstüchtige Gottesmann aus Sibirien letztlich doch nicht zu helfen.

חנוכה
1916

DER KRIEG
DER JUDEN
Unbekannter Fotograf
Russland
Dezember 1916

DER KRIEG
DER JUDEN

Zweifellos, es sind deutsche Soldaten: Sie tragen die typischen Pickelhauben und feldgraue Uniformen. Und doch posieren sie mit einem jüdischen Leuchter, der auf einem mit hebräischen Schriftzeichen verzierten Stein platziert ist. Was soll das bedeuten? Wäre das Foto ein Vierteljahrhundert später entstanden, würde man wohl an das Vorzeigen von Trophäen des deutschen Vernichtungsfeldzugs gegen die »jüdische Rasse« denken: Wir kennen Fotos von Wehrmachtssoldaten vor geplünderten und zerstörten Synagogen. Andere haben sich ablichten lassen, wie sie verängstigten orthodoxen Juden feixend die Schläfenlocken und Bärte abschneiden.

Doch dies ist der Erste Weltkrieg, und es sind wirklich deutsche Soldaten – Männer jüdischer Herkunft, die hier im Felde **Chanukka** feiern. Juden in der deutschen Armee, das war damals nichts Ungewöhnliches. Als im August 1914 die Woge der nationalen Begeisterung durch Deutschland lief, erfasste sie auch zahllose Deutsche jüdischen Glaubens. »Es war wirklich ein ganz großer Rausch, der uns alle gepackt hatte«, so der Breslauer Historiker Willy Cohn später, und der Göppinger Rabbiner Arnold Tänzer beschrieb eine »einzigartige Empfindung hingebungsvoller Begeisterung«, die damals »jedes deutschfühlende Herz höher schlagen ließ«. Auch die deutschen Juden glaubten an einen von äußeren Mächten aufgezwungenen Verteidigungskrieg. Gerade sie sahen zudem die Stunde der Abrechnung mit dem zaristischen Russland gekommen, das, so eine Zeitung, jahrhundertelang das jüdische Existenzrecht brutal beschnitten und mutwillig immer wieder blutige Pogrome zugelassen habe.

Jüdische Verbände riefen ihre Mitglieder auf, sich »über das Maß der Pflicht hinaus« freiwillig zum Kriegseinsatz zu melden – und mehr als zehntausend deutsche Juden folgten noch im August 1914 den Appellen. Auch der sozialdemokra-

CHANUKKA

Das achttägige Fest erinnert an die Wiedereinweihung des jüdischen Tempels in Jerusalem 164 v. Chr. An jedem Tag des Festzyklus wird ein Licht mehr angezündet, bis am Ende alle acht Flammen des Chanukka-Leuchters brennen. Der neunte Arm in der Mitte hält die Kerze, mit der alle anderen entfacht werden.

tische Reichstagsabgeordnete Ludwig Frank ging damals freiwillig an die Front: »Jetzt ist für mich der einzig mögliche
Platz in der Linie, in Reih und Glied, und ich gehe wie alle anderen freudig und siegessicher.« Wie viele andere Juden hoffte
er, durch besonderen Eifer alle Zweifel an der vaterländischen
Zuverlässigkeit der deutschen Juden beseitigen zu helfen und
damit endlich ihre volle Gleichstellung in der deutschen Gesellschaft durchsetzen zu können. Als hoffnungsvolles Zeichen wurde gewertet, dass Juden durch eine Neuregelung des
Beförderungsrechts erstmals Offiziersränge im preußischen
Heer bekleiden durften.

Angesichts der deutschen Erfolge der ersten Kriegswochen hielt der innenpolitische »Burgfriede« im Kaiserreich,
doch schon bald bröckelte die Fassade wieder. Als der Vormarsch im Westen zum Grabenkrieg erstarrte und der Feldzug nicht wie allgemein erwartet zu Weihnachten gewonnen
war, wirkte das Gift der antisemitischen Propaganda wieder,
wie sie beispielsweise der »Alldeutsche Verband« betrieb. Immer häufiger brachen sich jetzt wieder antijüdische Ressentiments Bahn. Als Ludwig Frank nach wenigen Tagen an der
Front als einer von insgesamt nur zwei Reichstagsabgeordneten fiel, gab es hämische Kommentare: »Immer diese Juden.
Selbst beim Sterben müssen sie sich noch vordrängeln!«

Und auch die Öffnung des Offizierskorps für Juden wurde
wieder eingeschränkt. So bescheinigte ein Vorgesetzter 1915
dem jüdischen Unteroffizier Hermann Horwitz zwar, »persönliche Tapferkeit vor dem Feind gezeigt« zu haben. Doch
obwohl er schon einen Offizierslehrgang absolviert hatte, wurde ihm die Beförderung mit der Begründung verweigert, er
besäße »in seinem Äußeren, in seinem ganzen Auftreten sowohl als Vorgesetzter als auch als Kamerad die Eigenschaften,
die der Volksmund ›jüdisch‹ nennt, in so hohem und ausge-

prägtem Maße, dass sie direkt lächerlich wirken«. Einen »mit einem derartigen die Autorität schädigenden Gebrechen behafteten Mann« könne man nicht zum Offizier befördern – kein Einzelfall. Horwitz fiel 1916.

Je länger sich der Krieg hinzog und je schwieriger die Lage an der Front und in der Heimat wurde, desto lauter waren aus rechten Kreisen jetzt wieder die Vorwürfe zu hören, die deutschen Juden drückten sich vor dem Fronteinsatz und bereicherten sich stattdessen in der Kriegswirtschaft schamlos. »Überall grinst das Judengesicht, nur im Schützengraben nicht!«, lautete ein für die damalige Zeit typischer verunglimpfender Spottvers. Der spätere deutsche Außenminister Walther Rathenau, damals in der »Kriegsrohstoffabteilung« tätig, schrieb im August 1916 resignierend: »Je mehr Juden in diesem Krieg fallen, desto nachhaltiger werden ihre Gegner beweisen, dass sie alle hinter der Front gesessen haben, um Kriegswucher zu betreiben. Der Hass wird sich verdoppeln und verdreifachen.«

In der Tat wurden die Behörden im dritten Kriegsjahr mit Eingaben und Beschwerden über jüdische »Drückeberger« geradezu überschwemmt. Als Reaktion darauf beschloss das preußische Kriegsministerium im Oktober 1916, im deutschen Heer eine »Judenzählung« durchzuführen. Zwar behaupteten die Verantwortlichen, mit der Zählung keinerlei antisemitische Absichten zu verfolgen, doch zeigte schon die Wortwahl, wes Geistes Kind die Judenzähler waren: Viele Wendungen in den Durchführungsbestimmungen waren wörtlich aus Pamphleten des antijüdischen »Reichshammerbunds« übernommen.

Für die deutschen Juden selbst war die amtlich angeordnete »Judenzählung« ein Schock. Gerade viele Frontkämpfer hatten geglaubt, durch ihren Kriegseinsatz endlich als gleichberechtigte deutsche Bürger anerkannt zu werden – und sahen nun, dass sie einer Selbsttäuschung erlegen waren. »Was soll denn dieser Unsinn?! Will man uns zu Soldaten zweiten Ranges degradieren, uns vor der ganzen Armee lächerlich machen?«, notierte der Vizefeldwebel Julius Marx. »Pfui Teufel! Dazu also hält man für sein Land den Schädel hin …«

Deutsche Soldaten und orthodoxe Juden in Russisch-Polen, 1915

Dass die **Ergebnisse** der Zählung niemals vollständig veröffentlicht wurden, heizte antisemitische Ressentiments an der Front und in der Heimat weiter an. Das Kainsmal der »Drückebergerei« blieb an den deutschen Juden haften. Ahnungsvoll schrieb im Oktober 1917 eine jüdische Zeitung: »Uns steht ein Krieg nach dem Kriege bevor.«

Noch während des Kriegs brachte der deutsche Vormarsch an der Ostfront viele deutsche Soldaten zum ersten Mal mit dem jüdischen Leben des europäischen Ostens in Kontakt – auch viele deutsche Juden. Besonders für diese waren die Begegnungen mit dem Glaubensgenossen aus dem »Schtetl« äußerst ambivalent. Viele deutsch-jüdische Soldaten kamen aus wohlsituierten, assimilierten Familien und fühlten sich als Deutsche. »Nein, ich gehöre nicht zu diesen Menschen«, notierte Victor Klemperer nach einem Besuch in einer Wilnaer Talmudschule. »Ich gehörte nach Europa, nach Deutschland, ich war nichts als Deutscher, und ich dankte meinem Schöpfer, Deutscher zu sein.« Damit dachte er wohl nicht anders als die meisten seiner »deutschen« Kameraden. Doch bei aller Ablehnung – anders als im Zweiten Weltkrieg gab es in »Ober Ost« keine Deportationen, keinen Massenmord.

ERGEBNISSE

Die deutschen Juden hätten »restlos den auf sie entfallenden Anteil an Kriegsteilnehmern gestellt« und an militärischen Opfern wie Leistungen »in einer dem Durchschnitt mindestens entsprechenden Weise teilgenommen«, bilanzierte eine Studie aus dem Jahr 1921. Etwa 96 000 von insgesamt 550 000 deutschen Juden waren Kriegsteilnehmer, 12 Prozent von ihnen hatten sich freiwillig gemeldet. 12 000 bezahlten ihren Einsatz mit ihrem Leben.

»DEM DEUTSCHEN VOLKE«

Unbekannter Fotograf
Berlin
Dezember 1916

»DEM DEUTSCHEN VOLKE«

Drei Männer stehen auf einem Gerüst und hantieren mit Schraubenschlüsseln an großen Buchstaben, die an einer Fassade befestigt sind. Zwar ist die vollständige Inschrift nicht zu erkennen, doch die markante Form der Lettern verrät den Ort des Geschehens – es handelt sich um die Giebelfront des Reichstags mit der bekannten Widmung »Dem deutschen Volke«. Was tun die Arbeiter dort oben? Nehmen sie Reparaturen vor? Tauschen Sie die Inschrift aus? Oder montieren sie die Lettern ab, um sie zu Kanonen umschmieden zu können? Nichts davon stimmt. Bis dahin hat es keine Inschrift an der Reichstagsfront gegeben, erst im Dezember 1916 wird der charakteristische Schriftzug angebracht. Doch warum ausgerechnet jetzt, mitten im Krieg?

22 Jahre zuvor war das Parlamentsgebäude in Anwesenheit des Kaisers feierlich eingeweiht worden. Dass am Giebel eine Inschrift fehlte, hatte bis dahin kaum jemanden gestört, aber nun fragte man sich in der deutschen Öffentlichkeit doch, was die leere Tafel zu bedeuten hatte. Baumeister Wallot selbst hatte offenbar die Widmung »Dem deutschen Volke« vorgeschlagen, doch schien diese von höherer Stelle verhindert worden zu sein. Ob Wilhelm II. persönlich gegen die allzu demokratisch angehauchte Inschrift am von ihm als »Reichsaffenhaus« geschmähten Bauwerk sein Veto eingelegt hatte, kann nur spekuliert werden. Immerhin weiß man aus den Akten, dass sein Favorit »Der deutschen Einigkeit« war, während die Reichstagsbaukommission für »Dem deutschen Reiche« votierte.

Doch der Kaiser sprach kein Machtwort – erst einmal geschah nichts. Derweil wurde in der Öffentlichkeit munter über allerlei passende und unpassende Widmungen gestritten. Eine Zeitung schrieb scharfzüngig, man müsse das Haus angesichts des militärischen Spektakels bei der Eröffnung »Dem deutschen Heere« widmen. Andere meinten, man solle ein-

fach »Deutscher Reichstag« schreiben, um »die Vorüberge-
henden zu avisieren, dass hier kein Confectionslager« existie-
re. Als einem Abgeordneten im Reichstag einmal ein wichtiges
Schriftstück abhandengekommen war, lautete der Vorschlag
der *Lustigen Blätter*: »Vor Taschendieben wird gewarnt!«

Zum Politikum wurde die fehlende Inschrift erst wieder
1915, als eine Zeitung die Angelegenheit erneut aufgriff und
ein Unterstaatssekretär im Reichskanzleramt namens Wahn-
schaffe daraufhin vorschlug, die Sache möglichst ohne großes Aufheben anzugehen. Ziel der Aktion war, die mittlerweile ernsthaften atmosphärischen Störungen unterworfene
Verbundenheit von Kaiser und Volk neu zu bekräftigen. Be-
merkenswerterweise war Wilhelm auch jetzt noch nicht bereit, die vorgeschlagene Inschrift einfach so zu akzeptieren,
ließ aber erklären, dass er gegen einen dahingehenden Beschluss der »Schmückungskommission« keinen Widerspruch
erheben werde. Zuletzt stellte er sogar zwei Beutekanonen aus
den Befreiungskriegen zur Verfügung, aus deren Bronze die
Buchstaben schließlich gegossen wurden.

Das Ganze geschah durch die Berliner Bronzegießerei S.A.
Loevy, ein alteingesessenes jüdisches Familienunternehmen,
das sich stolz »Hoflieferant« nannte. Dass ein von Juden ge-
führtes Unternehmen einen solchen Auftrag erhielt, war damals völlig normal – genauso normal freilich wie die gleichzeitig stattfindende »Judenzählung« in der deutschen Armee,
mit der man glaubte, jüdische »Drückebergerei« vor dem
Fronteinsatz beweisen zu können. Zwanzig Jahre später sollte
man sich damit nicht mehr zufriedengeben. In der NS-Zeit
wurde die Firma Loevy »arisiert«, zahlreiche Mitglieder der
Familie starben in den Vernichtungslagern.

BUCHSTABEN

Nachdem man sich endlich auf die
Widmung geeinigt hatte, tobte
noch ein erbitterter Streit um die
richtige Schriftart. Während Puris-
ten für die klassische römische
Schrift Capitalis votierten, plädier-
ten andere für die »deutsche«
Fraktur. Der Architekt Peter Beh-
rens entwarf schließlich eine »alldeutsche Nationalschrift«, die
Elemente aus Schriftarten verschiedener Provenienzen vereinte.

Münchner Illustrierte
Zeitung
Süddeutsche Woche

X. Jahrgang
Nummer 1 (126. Kriegsnummer)

Erste Januar-Nummer, 1917
München, Lindwurmstraße 76 :: Tel. 26762

Preis 10 Pfennig
15 Heller od. 15 cts.

Gebr. Haeckel phot.

Prosit Neujahr!

»PROSIT NEUJAHR!«

Gebrüder Haeckel
Unbekannter Ort
Dezember 1916

»PROSIT NEUJAHR!«

Fünf deutsche Landser an der Front im Nirgendwo, mit dicken Mänteln gegen die winterliche Kälte geschützt, sie heben Wein- und Bierflaschen in die Höhe und begrüßen für den Fotografen das neue Jahr: »Prosit!« Als optimistischer Ausblick in die Zukunft hat es dieser Schnappschuss auf das Titelblatt der *Münchner Illustrierten* geschafft. Gute Laune ist kriegswichtig in diesen Tagen, da bereits das vierte Kriegsjahr anbricht und die Aussichten auf einen baldigen »Siegfrieden« trotz Hunderttausender Opfer an der Front und eines Hungerwinters in der Heimat nicht besser sind als zwölf Monate zuvor.

Schon seit Kriegsbeginn war eine ganze Propagandaindustrie eifrig bemüht, die Wirklichkeit des Kriegs in unterhaltsamer Form zu verharmlosen. Zahllose Postkartenmotive verniedlichten das Leben im Schützengraben, indem beispielsweise das Stichwort »Sturmangriff« mit Landsern illustriert wurde, die sich auf Päckchen aus der Heimat stürzten. Auch bekannte Autoren wie der bayerische Schriftsteller Ludwig Ganghofer beteiligten sich an dieser Art von »Frontbeschönigung«. Sie breiteten heitere Geschichten aus wie die eines deutschen tollkühnen Fliegeroffiziers, der ein im Luftgefecht entstandenes Loch im Benzintank eines Doppeldeckers so lange mit einem Finger verstopft habe, bis das Flugzeug glücklich zu landen vermochte.

In seinem Buch *Reise zur deutschen Front* schrieb Ganghofer: »Ich glaube, dass man, was ich da erlebt und gesehen habe, nur heiter nehmen kann. Wollte ich ernst von der unbeschreiblichen Mühsal erzählen, die unsere Offiziere und Soldaten seit Monaten mit namenloser Geduld und entzückendem Humor ertragen, so würdet ihr in der Heimat bei jedem meiner ernsten Worte ein wehes Zittern in euren Herzen haben! Aber seid ohne Sorge! Ich darf heiter erzählen. Die Unseren im Felde sind von so gesundem Schlag, dass sie monatelang die ruhelose Marter dieses nassen Dreckes und die Drohung steter Gefahr für Leib und Leben ertragen und dabei immer noch lachen können.«

In der Tat hatte der sogenannte Soldatenhumor – jene oftmals rohe und drastische Sprache, der grobschlächtige Spott und die deftigen Latrinenparolen – eine wichtige Funktion für das Seelenleben der Truppe. An der Front hin- und hergeworfen zwischen Todesangst und tödlicher Langeweile war dieser Humor das Ventil, das den Landsern in den Schützengräben auf beiden Seiten der Frontlinie das Überleben vielfach erst möglich machte. »Angesichts des Todes, mit einem Fuße schon auf dem anderen Ufer, im Reiche der Ewigkeit stehend, aus dem es kein Zurück mehr gibt, haben deutsche Feldgraue das Lachen nicht verlernt«, hieß es in einer zeitgenössischen Veröffentlichung.

»Eiserne Portionen« gebe es an der Front, so lautete ein beliebter Spruch, wenn der Feind wieder einmal »Liebesgaben« herüberschickte. »Kohlenkästen« nannte man die großkalibrigen Granaten, Handgranaten hießen »Ananas«. Auf Blindgänger schrieb man mit Kreide übermütig »Ich habe den Krieg nicht gewollt«. Wer von »Landregen« sprach, meinte feindliches Trommelfeuer. Die eigenen Unterstände waren derweil oft mit Parolen geschmückt wie »Erbaut mit vieler Müh und Not / Aus lauter Angst vorm Heldentod«. Ihre Erkennungsmarken nannten die deutschen Soldaten auch »Himmelfahrtsmarke«, die Zeltbahn »Heldensarg«, sie waren dennoch stets bestrebt, dem »Totengräber von der Schippe« zu hopsen. Auf seine Weise trug der Schützengrabenhumor so dazu bei, das eigentlich Unerträgliche doch erträglich zu machen, und hatte damit systemstabilisierende Wirkung.

1917

**KAISER UND
ERSATZKAISER**
Unbekannter Fotograf
Schloss Pleß (Oberschlesien)
Januar 1917

KAISER UND ERSATZKAISER

Ein Bild trauter Eintracht: Unter zwei mächtigen Hirschgeweihen steht Seine Majestät im oberschlesischen Schloss Pleß am Kartentisch und lässt sich von den Chefs der Obersten Heeresleitung, Feldmarschall Paul von Hindenburg und Generalquartiermeister Erich Ludendorff, die Lage auf den Kampffeldern erläutern – um solchermaßen instruiert seine allerhöchsten Befehle zu erteilen. Wirklichkeit im Krieg oder nur schöner Schein?

Nominell war Wilhelm II. im Kriegsfall Oberbefehlshaber der gesamten Landstreitkräfte des Reichs. Ausdruck des Kaiserwillens, dieser Kommandogewalt auch nachzukommen, war die Einrichtung eines »Großen Hauptquartiers Seiner Majestät des Kaisers und des Königs« schon wenige Wochen nach der Thronbesteigung im Jahr 1888. Immer wieder hatte Wilhelm erklärt, »dass er im Kriege die Feldherrn-Rolle selbst zu übernehmen geneigt wäre«.

Faktisch jedoch lag die Befehlsgewalt beim Chef des Generalstabs, der diese im Auftrag des Kaisers selbstständig ausübte. Dabei blieb es auch nach Ausbruch des Kriegs im Sommer 1914. Um nach außen hin den Schein zu wahren, reiste Wilhelm mit seiner Entourage jedoch schon wenige Tage nach Kriegsbeginn ins »Große Hauptquartier« und blieb dort auch für die gesamte Dauer des Kriegs.

Zwar wurde dem Kaiser täglich die militärische Lage vorgetragen, tatsächlich jedoch hielten die Generäle Wilhelm systematisch von allen Entscheidungsprozessen fern. Falkenhayn erklärte Ende August 1914 gegenüber einem Vertreter der bayerischen Armee, der Monarch »erfahre nicht mehr, als die Diplomaten und Hofleute wissen dürfen. Hauptsache, die Zahl der Gefangenen, Kanonen etc. ... . Jetzt erfährt er tatsächlich nichts mehr, was erst im Werke ist, sondern nur Geschehnisse, und zwar nur die günstigen.«

Zwar beklagte sich der Kaiser bisweilen über diese kränkende Behandlung, unternahm selbst jedoch keine Versuche, seine unbefriedigende Lage zu verändern. **Bequemlichkeit** oder Einsicht in die eigene Beschränktheit? Ohnehin interessierte sich Wilhelm kaum für militärische Details, höchstens noch für ausgefallene Anekdoten. Nicht einmal fragte er nach den Verlusten der deutschen Truppen. Von den modernen Materialschlachten hatte er keine Ahnung. Während eines Truppenbesuchs gab er einem Kommandeur, dessen Truppe in schwerste Abwehrkämpfe mit französischen Einheiten verwickelt war, den weltfremden Rat: »Lassen Sie die Seitengewehre aufpflanzen und werfen Sie die Kerls wieder hinaus.«

So sehr der Kaiser während des Kriegs auch zum Gefangenen seiner Generäle mutierte, in einem Punkt behielt er sich die letzte Entscheidung vor – bei der Besetzung des wichtigsten Postens der Armeeführung, des Generalstabschefs. Die Berufung des nicht unumstrittenen Falkenhayn war seine Wahl. Gegen den Rat der meisten hohen Militärs hielt er trotz aller Rückschläge an ihm fest und blockierte die Ernennung des von vielen geforderten »Helden von Tannenberg«, Hindenburg. In bemerkenswerter Klarsicht erkannte Wilhelm, dass dies eine Art »Abdankung« für ihn bedeuten und Hindenburg als »Volkstribun« endgültig an seine Stelle treten würde.

Erst in der schweren Krise des Jahres 1916 war Wilhelm dann endlich bereit, sich von Falkenhayn zu trennen und Hindenburg und Ludendorff als »3. OHL« zu installieren. Die Folge war ein weiterer Bedeutungsverlust des Kaisers, der jetzt auch noch hinnehmen musste, dass sich die beiden OHL-Chefs mehr und mehr auch in die Politik einmischten. Aus Regierungskreisen hieß es: »Der Kaiser hat sich ganz in den Schatten der beiden Soldaten geflüchtet – schwimmt willenlos in deren Fahrwasser.«

BEQUEMLICHKEIT

Den Großteil seiner Zeit im Hauptquartier, das sich zunächst in Koblenz und Luxemburg, später abwechselnd in Charleville-Mézières (Frankreich) und Pleß, dann in Bad Kreuzbach und Spa (Belgien) befand, verbrachte Wilhelm mit Plaudereien und Zerstreuungen wie ausgedehnten Skatrunden. In den westlichen Kommandoquartieren unternahm er oft Automobilausflüge in die Umgebung, während er in Pleß in den Waldungen seines fürstlichen Gastgebers Hirsche jagte und zu Weihnachten Tannenbäume absägte.

BORDELLE

Unbekannter Fotograf
Polen

1915–1918

BORDELLE

Zwei deutsche Landser im Unterhemd sitzen auf einem Bett, auf dem Schoß zwei leichtbekleidete Damen, die einem Gewerbe nachgehen, das man gerne als das älteste der Welt bezeichnet: Deutsche Soldaten in einem Bordell im besetzten Polen. Für ungezählte Soldaten aller beteiligten Nationen war der Besuch bei Prostituierten während des Kriegs Alltag – aus nachvollziehbaren Gründen sprachen die meisten jedoch später wenig über ihre einschlägigen Erfahrungen.

In einer Zeit, da alles Sexuelle noch mit einem öffentlichen Tabu belegt war, brachte die millionenfache Einziehung der Männer an die Front naturgemäß das Sexualleben ganzer Völker durcheinander – und die bürgerliche Sexualmoral oftmals an ihre Grenzen. In der Heimat wurden die unversehens zu Strohwitwen gewordenen Kriegerfrauen per Runderlassen zur Einhaltung der ehelichen Treue verpflichtet. Die Propaganda erhob die sexuelle Abstinenz geradezu zur nationalen Pflicht. Ehebrecherinnen drohte man mit der Streichung der staatlichen Unterstützung.

Führende Militärmediziner hätten am liebsten ebenfalls »geschlechtliche Enthaltsamkeit als Pflicht für das gesamte Feldheer, Mannschaften und Vorgesetzte für die Dauer des Feldzugs« durchgesetzt – allein, die normative Kraft des Faktischen war wieder einmal stärker. Weil sich sexuelle Kontakte von Soldaten und Huren hinter der Front ohnehin nicht unterbinden ließen und bei der heimlichen Ausübung der Prostitution die unkontrollierte Ausbreitung von Geschlechtskrankheiten drohte, nahm die Militärverwaltung das Bordellwesen gleich ganz unter ihre Fittiche.

Bald schon gab es auf beiden Seiten längs der Front eine große Anzahl von Feldbordellen. Auch bestehende Etablissements in den Städten im Hinterland wurden kurzerhand für die Truppe requiriert. Peinlich genau achtete man auf Standesunterschiede – bei der Entente leuchtete vor den Bordellen für Offiziere eine blaue Laterne, die Mannschaftspersonen mussten mit einer roten Laterne und einem eingeschränkten Service vorliebnehmen. Bei den Deutschen hielten Schilder wie »Eintritt für Hund und Mannschaften verboten« neugierige Landser von den Vergnügungstempeln der Offiziere fern. Dagegen zeigten lange Schlangen vor der Tür oftmals den Standort solcher Häuser an, in denen »die geschlechtliche Notdurft«, wie eine feministische Publizistin formulierte, »vielfach auf völlig gemütslose, ja tierische Art gestillt« werden musste. Den bedauernswerten »Mannschaftsdirnen« ging es erbärmlich schlecht. Ihr aufreibendes Gewerbe konnten sie meist nur kurze Zeit ausüben.

Das war zumindest der deutschen Militärverwaltung herzlich egal. Wichtig für die Militärs war vor allem die Gesundheit der Truppe, die man durch eine lückenlose medizinische Überwachung der Bordelle aufrechtzuerhalten suchte. Jeder Soldat wurde bei Eintritt ins Bordell registriert und von einem Sanitäter auf Geschlechtskrankheiten untersucht. Die Benutzung von Kondomen war zwar nicht Pflicht, sie wurden jedoch kostenlos zur Verfügung gestellt. In jedem Fall musste der Freier nach dem Verkehr eine desinfizierende Behandlung erdulden. Die strengen Maßnahmen waren erfolgreich: Nur bis zu drei Prozent betrug die Lustseuchenrate des deutschen Feldheers im Krieg – bei den anfangs weniger peniblen Feinden wie den Kanadiern war in Hochzeiten fast ein Drittel der Soldaten betroffen. Ganz unterbinden ließ sich jedoch auch die wilde Prostitution nicht, zumal viele Frauen angesichts des Elends der Zivilbevölkerung in den besetzten Gebieten geradezu gezwungen waren, sich zu prostituieren.

Nachdem wir die Anweisung bekommen haben, dass kein Weib länger als zehn Minuten in Anspruch genommen werden dürfte, mussten wir in einem Zimmer warten, und von Zeit zu Zeit erscholl der Ruf »Der Nächste!«. Nach dreiviertelstündigem Warten kam die Reihe an mich … Dass ein Weib im Halbdunkel des Zimmers stand, mit dem Gesicht zum Fenster, sah ich an der Kontur des Körpers unter dem schwarzen Florhemd. Mit gleichmütiger Bewegung drehte sie sich um und ließ sich einfach auf den Rand des Lagers niederfallen, das Hemd raffend …
HANS OTTO HENEL,
Eros im Stacheldraht (1926)

KAISER KARL
Madame d'Ora
Wien
1917

KAISER KARL

Der Kaiser als Privatmann: In Uniform und mit ordensbehängter Brust posiert der neue österreichische Kaiser Karl I. für den Fotografen, gemeinsam mit seiner jungen Frau Zita und seinen beiden ältesten Kindern Otto und Adelheid.

Nach dem Tod von Erzherzog Franz Ferdinand am 28. Juni 1914 in Sarajevo war der damals 26 Jahre alte Karl unvermittelt zum Thronfolger der Habsburgermonarchie avanciert – eine Rolle, auf die er als Neffe von Franz Ferdinand, dessen eigene Nachkommen wegen einer unstandesgemäßen Ehe nicht thronberechtigt waren, kaum wirklich vorbereitet war. Auch den allermeisten Untertanen der k. u. k. Monarchie war Karl weitgehend unbekannt. Die Zeit drängte: Da zu erwarten war, dass sich der Lebenskreis des greisen Kaisers Franz Joseph I., der im August 1914 bereits sein 84. Lebensjahr vollendete, bald schließen würde, musste der Name des neuen Thronfolgers möglichst rasch populär gemacht werden.

Rastlos reiste Karl fortan an die österreichischen Kriegsfronten, immer begleitet von einem Tross von Fotografen und Kameraleuten. Karl hoch zu Ross bei einer Truppenparade, Karl am Periskop, Karl am Kartentisch, Karl im offenen Wagen, Karl beim Kontakt mit jubelnden Untertanen – bald schon wurden die illustrierten Blätter zwischen Wien und Budapest mit derartigen Bildern überschwemmt. Zugute kam dem Thronfolger dabei seine Jugend: Der fesche Karl stand gern im Licht der Öffentlichkeit und machte auf den Fotos stets eine gute Figur.

Die k. u. k. Propagandaoffensive bezog auch Karls Familie mit ein – seine Frau Zita, stets inszeniert als treusorgende Ehefrau und gütige Landesmutter, sowie seine Kinder, vor allem den 1912 geborenen Kronprinzen Otto. Karl selbst erschien auf den in Postkartenform hunderttausendfach verbreiteten Porträts des **Ateliers d'Ora** als fürsorglicher Familienvater und

Madame d'Ora fotografierte die Großen ihrer Zeit

ATELIER D'ORA

Dora Kallmus (1881–1963), die seit 1907 unter dem Künstlernamen Madame d'Ora arbeitete, gehörte zu den bedeutendsten österreichischen Fotografinnen und machte sich insbesondere mit ihren Porträts von Künstlern und Intellektuellen, aber auch von einfachen Menschen einen Namen. 1927 zog sie nach Paris und fotografierte dort u. a. Schauspieler wie Maurice Chevalier oder Josephine Baker. Beim Einmarsch der deutschen Truppen 1940 tauchte die Jüdin unter. Ihre Schwester Anna, mit der sie zusammengelebt hatte, wurde dagegen deportiert und im KZ ermordet.

liebevoller Ehemann – und empfahl sich nach dem längst in höhere Sphären entrückten Franz Joseph als »Volkskaiser« aus Fleisch und Blut.

Als der alte Kaiser am 21. November 1916 dann starb, hielt die Donaumonarchie den Atem an – man trauerte um den Monarchen, beklagte jedoch vor allem den Verlust der Autorität, die Österreich-Ungarn ein ganzes Menschenalter lang geprägt hatte.

Karl bemühte sich nach seiner Thronbesteigung sofort, eigene Akzente zu setzen. Er übernahm den Oberbefehl über Heer und Kriegsmarine, baute die Regierung um und bemühte sich, aus der engen Umklammerung durch den deutschen Bündnispartner auszubrechen. Der neue Kaiser erkannte, dass wegen der anhaltend schlechten Versorgungslage und zunehmender personeller und materieller Auszehrung der Armee mit einem »Siegfrieden« kaum noch zu rechnen war. Über Mittelsmänner streckte er deshalb geheime Friedensfühler in Richtung der Westmächte aus. Als Gegenleistung bot er freilich Zugeständnisse an, die der k. u. k. Monarchie kaum wehtaten – Wiederherstellung der belgischen Souveränität und Rückgabe Elsass-Lothringens an Frankreich durch das Deutsche Reich; Verzicht Österreichs auf Serbien, nicht aber auf das von Italien beanspruchte Südtirol.

Als diese Friedensvorschläge schließlich doch publik wurden, war der Skandal perfekt. Vor allem die Deutschen zeigten sich empört und zwangen die Österreicher noch stärker unter die Knute der OHL. In Österreich selbst sank das Ansehen Karls auf den Tiefpunkt. Auch die Alliierten zogen nun die Samthandschuhe aus auf und forderten als Vorbedingung für Friedensverhandlungen die Zerschlagung der Donaumonarchie. Damit war das Todesurteil über das Habsburgerreich gesprochen.

**KOLONIAL-
SOLDATEN**
Paul Castelnau
Saint-Ulrich (Elsass)
16. Juni 1917

KOLONIAL-
SOLDATEN

Schwarze Männer in fremdartiger Kleidung sitzen vor einer Hütte – nicht in ihrer afrikanischen Heimat, sondern in einem französischen Feldlager des Ersten Weltkriegs. Die Faszination, die solche »exotischen« Kämpfer auf die Zeitgenossen ausübten, hat zu einem vergleichsweise großen Schatz an Bildern und Fotografien geführt – er dokumentiert den Einsatz der afrikanischen und asiatischen Soldaten im Ersten Weltkrieg ebenso wie ihre seither untergegangene Kultur.

Die französischen Kolonien spielten im Ersten Weltkrieg eine wichtige Rolle: Sie lieferten dem Mutterland nicht nur wertvolle Güter wie Getreide, Öl und Fleisch, sondern unterstützten Frankreich mit rund 600 000 Männern, darunter etwa 450 000 Soldaten sowie 150 000 Zwangsarbeiter in Fabriken. An der Front kämpften rund 190 000 Männer aus Algerien und Marokko sowie 134 000 »Tirailleurs sénégalais« – Schützen aus dem Senegal. Hinzu kamen Soldaten aus Madagaskar, Indochina, Ozeanien und Somalia. Ihre Hoffnung war es, dadurch Aufstiegschancen zu bekommen, sie wollten nach dem Krieg gleichberechtigt und unabhängig sein. Stattdessen fanden viele dieser Männer aus fernen Ländern auf den Schlachtfeldern Mitteleuropas den Tod: Rund 36 000 Nordafrikaner und 30 000 Schwarzafrikaner wurden Opfer des Weltenbrands, und nur wenige von ihnen erhielten überhaupt ein eigenes Grab.

Obwohl die »exotischen« Kämpfer mit drei bis vier Prozent nur einen geringen Teil der französischen Armee ausmachten, waren sie berüchtigt: Den Legenden nach schlichen sie lautlos in die deutschen Schützengräben, um furchtlos die Gegner mit Buschmessern niederzumetzeln. Die Propaganda nährte und nutzte dieses Bild – auf beiden Seiten: Franzosen setzten das Drohpotenzial der dunkelhäutigen Soldaten ein, indem sie tönten, die »Wilden« würden die Deutschen abschlachten. Deutschland dagegen wetterte gegen den Einsatz der »blutrünstigen Bestien« in der französischen Armee und trug laut dem Historiker Jean-Yves Le Naour die Frage in die Welt: »Hat eine Kolonialmacht das Recht, Eingeborenentruppen gegen ein weißes Volk von ›hoher Zivilisation‹ einzusetzen?« Die »Grande Nation« wurde beschuldigt, die weiße Rasse verraten und sich auf die Ebene der Wilden und Barbaren begeben zu haben. So hieß es in deutschen Hetzschriften: »Es ist eine ewige Schmach und Schande für Frankreich und England, derartiges Gesindel gegen ein gesittetes Land gehetzt zu haben.« Zudem wurde der Einsatz der Kämpfer aus den Kolonien als mangelnde Stärke gedeutet, wie Piet Chielens, Direktor des Museums »In Flanders Fields« beschreibt: »Franzosen und Briten sind so schwach, dass sie dieses ›minderwertige Kanonenfutter‹ einsetzen müssen, das nicht kultiviert genug ist, in einem modernen Krieg zu kämpfen.«

Doch die Propaganda hatte ihre Tücken und ging auf beiden Seiten auch nach hinten los: Während sich in Frankreich die Zivilbevölkerung vor den vermeintlichen »Wilden« fürchtete und an den Orten, in denen Afrikaner stationiert waren, die Angst vor Raub und Vergewaltigung umging, kursierte bei den deutschen Soldaten an der Front das Gerücht, dass die Kolonialsoldaten keine Gefangenen machten.

Die größten Opfer der Klischees über die »wilden« Exoten waren jedoch letztlich die Kolonialsoldaten selbst. Denn auch wenn ihre Einheiten nach dem Krieg gelobt und mit Auszeichnungen gewürdigt wurden, änderte sich in ihrem Alltag wenig. Veteranen in den Kolonien waren noch immer Menschen zweiter Klasse: Sie erhielten weder eine Kriegsrente noch eigenes Land oder das Wahlrecht.

Von den Senegalnegern hieß es, sie wollten uns mit dem Messer die Kehle durchschneiden.
WALTER BEWER, DEUTSCHER SOLDAT

DIE AMERIKANER KOMMEN

Unbekannter Fotograf
Unbekannter Ort
Sommer/Herbst 1917

DIE AMERIKANER KOMMEN

Schüchtern schauen die beiden amerikanischen Soldaten in die Kamera. Kurz zuvor ist ihr Schiff eingelaufen, nun betreten sie zum ersten Mal in ihrem Leben europäischen Boden. Aus der fernen Heimat in Übersee haben sie sich tierische Begleiter mitgebracht, der eine einen Dackel, der andere einen Waschbär. Noch wissen die beiden Jungen nicht, was ihnen bevorsteht, was es in diesen Tagen bedeutet, in den Krieg zu ziehen.

Lange Zeit hatten in den USA die »Isolationisten« wie Präsident Woodrow Wilson den Ton bestimmt, die sich aus dem europäischen Krieg weitgehend heraushalten wollten. Doch ein strikter Neutralitätskurs war den Vereinigten Staaten kaum möglich: Weil die britische Blockade bei Kriegsausbruch den Handel mit den Mittelmächten unterband, wurden die traditionell bereits starken Handelsbeziehungen mit Großbritannien und Frankreich weiter intensiviert – de facto bedeutete das eine Unterstützung der Entente durch Gewährung von Wirtschaftshilfen und Lieferung von Kriegsmaterial.

1915, nach der Erklärung des Handelskriegs durch die Deutschen und Versenkungen von Passagierschiffen wie der »Lusitania«, bei denen auch US-Bürger starben, forderten einflussreiche Kräfte vehement den amerikanischen Kriegseintritt aufseiten der Westmächte. Da die deutsche Seite den U-Boot-Krieg gegen Schiffe neutraler Länder daraufhin jedoch wieder einstellte, unterblieb dieser Schritt zunächst, und die pulsierenden Nachschubwege über den Atlantik konnten wieder weitgehend unbehelligt befahren werden.

Mit der Fortdauer des Kriegs und angesichts zunehmender eigener Nachschubschwierigkeiten schwanden in der deutschen Führung jedoch alle Bedenken gegen einen Kriegseintritt der USA – O-Ton Ludendorff: »Ich pfeife auf Amerika!« Wirtschaftsforscher hatten ausgerechnet, dass Großbritannien

WOODROW WILSON

Der seit 1913 amtierende US-Präsident Woodrow Wilson war ein strikter Gegner eines Kriegseintritts und wusste dabei die überwiegende Mehrheit der Amerikaner hinter sich. Seine Wiederwahl im November 1916 stand unter dem Slogan: »He kept us out of war!« (»Er hielt uns aus dem Krieg heraus!«) Noch im Januar 1917 bekräftigte er seinen Standpunkt in einer Rede, in der er die Europäer zu einem »Frieden ohne Sieger« aufrief.

bei einer konsequenten Durchführung des U-Boot-Kriegs binnen eines halben Jahres zusammenbrechen würde. Die auf einen derartigen Schritt ohne Zweifel folgende Kriegserklärung der USA betrachtete man dagegen als kleineres Übel. Am 1. Februar 1917 wurde von deutscher Seite der »uneingeschränkte U-Boot-Krieg« im Atlantik wieder aufgenommen und lieferte sofort beeindruckende Versenkungszahlen. Die britische Kampfkraft schien ernsthaft gefährdet. In dieser Situation erklärten die Vereinigten Staaten am 7. April 1917 dem Deutschen Reich den Krieg.

Während die Briten das Problem der Versenkungen durch die Bildung von bewaffneten Schiffskonvois in den Griff bekamen, bereiteten sich die USA darauf vor, mit eigenen Kampftruppen in den europäischen Konflikt einzugreifen. Zwar verfügte das Land über eine Berufsarmee von gerade einmal 100 000 wenig kriegserprobten Soldaten. Doch nach der Kriegserklärung wurden die Streitkräfte in einem einmaligen Kraftakt mit Freiwilligen und Wehrpflichtigen auf vier Millionen Mann aufgestockt, von denen etwa die Hälfte nach und nach zum Kriegseinsatz nach Europa verlegt wurde.

Zwar mangelte es dem Riesenheer aus jungen Rekruten an Kampferfahrung, außerdem erreichte es seine Einsatzgebiete zumeist nur leicht und unzureichend bewaffnet. Doch nach der Ausbildung vor Ort hatten die amerikanischen Waffenbrüder für das Jahr 1918 gute Aussichten, einen entscheidenden Vorteil in die Waagschale werfen zu können: Anders als die abgekämpften Stellungskrieger der Entente waren sie gut versorgt, ausreichend ernährt und frisch motiviert. Diesem unerschöpflich scheinenden Nachschubreservoir hatte das deutsche Kaiserreich mittelfristig kein adäquates Potenzial entgegenzusetzen.

Mit diesem berühmten Plakat warb die US Army um Freiwillige

MYTHOS
MATA HARI
Albert Harlingue
Paris
13. Februar 1917

MYTHOS MATA HARI

Da steht sie stolz, in einem langen schwarzen Mantel, auf dem Haupt ein Schleier, in der linken Hand einen Muff. Und obwohl sie schon in französischer Untersuchungshaft sitzt, scheint sie immer noch zu denken, sie sei unantastbar.

Mythos Mata Hari. Mit ihren exotischen Tänzen wurde sie zum Inbegriff der verführerischen Frau. In ihrem atemberaubenden Kostüm, das den Körper mehr entblößte statt verhüllte, schien sie der Welt des Orients entstiegen. Nur mit durchsichtigen Schleiern bekleidet, tanzte sie zu Beginn des 20. Jahrhunderts in Europas Metropolen und brachte einige Männer um Verstand und Vermögen. Ob Diplomaten, Offiziere, Minister oder Prinzen – sie schienen der Tänzerin verfallen. Mata Hari war in dem Jahrzehnt vor dem Weltkrieg eine erotische Sensation – und doch nur eine Hochstaplerin.

In Wahrheit war sie Holländerin aus der friesischen Provinz und hieß Margaretha Geertruida Zelle. Diese hatte sich als »Mata Hari« neu erfunden und mit einer ebenso fantastischen wie erfundenen Biografie einen eigenen Mythos geschaffen: »Ich wurde im Süden Indiens geboren, in einer Familie der heiligen Kaste der Bramahnen. Meine Mutter, erste Bajadere des Tempels, starb mit 14 Jahren bei meiner Geburt. Nachdem die Priester sie eingeäschert hatten, adoptierten sie mich und nannten mich Mata Hari – das bedeutet ›Auge der Morgenröte‹.« An dieser Geschichte stimmte kein Wort.

Ihr Rezept war einfach: halb bekleidet, in glänzende Stoffe gehüllt, mit lasziven Verrenkungen und allerlei Brimborium verstand sie es, ihr Publikum zu fesseln. In drei sich steigernden Tänzen warf sie nach und nach ihre Schleier ab, bis nur noch ein metallener »Brustschild« und ein winziger »cache sexe« übrig blieben. Damit hatte sie als erste Tänzerin ihrer Zeit das geltende Tabu der Nacktheit gebrochen. Die Herren standen Kopf – und Schlange vor ihrem Schlafzimmer.

Mata Hari in verführerischer Pose

MARGARETHA GEERTRUIDA ZELLE

Zelles Vater war ein Hutmacher aus der Kleinstadt Leeuwarden. Als er die Familie verließ, die Mutter wenig später starb, wurde die junge Margaretha in ein Pensionat gesteckt, wo sich der Schulleiter in das frühreife Früchtchen verliebte. Die Affäre wurde entdeckt, sie heiratete einen Kolonialoffizier, ging mit ihm in die Tropen, gebar zwei Kinder und flirtete hemmungslos mit anderen jungen Offizieren. Die Ehe zerbrach, und die lebenslustige junge Dame begann ihre Tanzkarriere in Paris.

Im Sommer 1914 zog sie sich zurück in ihre holländische Heimat, wo sie 1916, mittlerweile 40, den deutschen Presseattaché Karl Kramer kennenlernte. Der war in Wirklichkeit Agent des deutschen Nachrichtendienstes und machte der hoch verschuldeten Bajadere einen interessanten Vorschlag: Er würde alle ihre Schulden begleichen, wenn sie bereit sei, sich in den Salons von Paris »ein wenig umzuhören«: »Reisen Sie, bringen Sie uns Neuigkeiten!« Mata Hari willigte begeistert ein.

Wusste sie, worauf sie sich da eingelassen hatte? Das ist kaum wahrscheinlich. In Paris angekommen, bemühte sich die frischgebackene Spionin, ihren Auftrag zu erfüllen, besuchte die Salons und machte neue Bekanntschaften. Das Deuxième Bureau, das seit ihrer Ankunft jeden ihrer Schritte festhielt, notierte: »Am 12. Juli verbringt sie die Nacht mit dem Unterleutnant Hallaure. Vom 15. bis 18. Juli sieht man sie mit dem belgischen Major de Beaufort. Am 3. August teilt sie ihren Tag zwischen Hauptmann Masloff und dem englischen Unterleutnant Gasfield. Am 4. August eine Eskapade nach Ermenonville mit einem italienischen Hauptmann namens Mariani. Am 16. August diniert sie im Train Bleu mit einem Generalstabsoffizier, dem Hauptmann Gerbeaud. Am 21. August wird sie wieder in Ermenonville gesehen, mit einem nicht identifizierten englischen Offizier. Am 22. August erobert sie nacheinander zwei irische Offiziere, James Plunkett und Edwin Cecil O'Brien. Am 24. August ist Mata Hari in Gesellschaft des französischen Generals Baumgarten. Am 31. August kommt sie mit dem englischen Offizier Fernie James Stuart nach Ermenonville.« Kein Zweifel, Mata Hari, Deckname »H 21«, war mit Leidenschaft bei der Sache.

Unter all den Männern gab es einen, den sie wirklich liebte: den 17 Jahre jüngeren russischen Hauptmann Vadime de

Masloff. Als der verwundet wurde, setzte Mata Hari alles daran, ihn im Lazarett zu besuchen. Doch das befand sich in einer Sperrzone nahe der Front und durfte von Ausländern nur mit einem speziellen Passierschein betreten werden. Die Frischverliebte wurde bei George Ladoux vorstellig, einem der Chefs der französischen Spionage-Abwehr. Ob Mata Hari bewusst den Gang in die Höhle des Löwen wagte oder völlig unbedacht an das Deuxième Bureau geriet, ist bis heute nicht geklärt. Ladoux erkannte die Chance, die Tänzerin mit internationalen Beziehungen für seine Zwecke zu benutzen. Er stellte ihr den Passierschein in Aussicht, wenn sie in Zukunft bereit sei, für Frankreich zu arbeiten.

Für Mata Hari schien das Ganze wie ein Spiel: Anstatt ihre Identität als H 21 zu enthüllen und damit Doppelagentin der Franzosen zu werden, renommierte sie mit blaublütigen Liebhabern und forderte eine Million Francs. Ladoux blieb skeptisch, er wollte zunächst Leistungsnachweise. Mata Hari willigte ein. Um sich die Million des Deuxième Bureau zu verdienen, machte sie sich in Madrid an den deutschen Militärattaché Arnold Kalle heran. Die Amateurin ahnte nicht, in welchem Netz sie sich verfangen hatte. Kalle durchschaute das doppelte Spiel und benutzte Mata Hari, um den Franzosen Fehlinformationen zuzuleiten. Zugleich kabelte er eine schlecht kodierte Meldung nach Berlin, in der er berichtete, Mata Hari sei zum Schein auf das Angebot des Deuxième Bureau eingegangen. Wie beabsichtigt wurde der Funkspruch abgefangen. Damit war das Schicksal Mata Haris besiegelt.

Kaum nach Paris zurückgekehrt, wurde sie am 13. Februar 1917 in ihrem Hotel verhaftet. Die Anklage lautete auf Spionagetätigkeit und Zusammenarbeit mit dem Feind. Mata Hari verkannte die Lage komplett – welche Geheimnisse hatte sie denn verraten? Kaum im Gefängnis, verlangte sie als Erstes ein Telefon und ein Badezimmer. In den **Verhören** verstrickte sie sich in immer neue Lügen und Ausflüchte. »Ich liebe Offiziere. Ich habe sie mein Leben lang geliebt. Ich bin lieber die Geliebte eines armen Offiziers als eines reichen Bankiers. Mein größtes Vergnügen ist es, mit ihnen zu schlafen, ohne an Geld zu denken … Sie sind zufrieden von mir gegangen, ohne über den Krieg gesprochen zu haben«, sagte sie in einem Verhör am 5. Mai 1917.

Vier quälend lange Monate wartete Mata Hari auf ihr Urteil – schwankend zwischen Hoffnung und Verzweiflung. Die französische Propaganda kochte derweil das Thema Spionage hoch. Mata Hari wurde das prominenteste Opfer dieser Hysterie. An ihr sollte ein Exempel statuiert werden. Aus heutiger Sicht darf ihr Prozess durchaus als Justizmord bezeichnet werden: Alle Verteidigungsversuche wurden abgeblockt. Sie wusste, welche Strafe auf Hochverrat stand – doch sie dachte nie, dass dies auch für sie gelte. »Ohne Skrupel, ohne Mitleid, sie war die geborene Spionin«, befand schon vor dem Urteil ihr Untersuchungsrichter, Hauptmann Pierre Bouchardon. Am 25. Juli 1917 befanden die Geschworenen des Kriegsgerichts die Angeklagte für schuldig. Das Urteil: Tod durch Erschießen.

Zu ihrer Hinrichtung am Morgen des 15. Oktober 1917 schritt Mata Hari wie zu einem Bühnenauftritt. Angetan mit einem modischen Hut, Schleier, Pelz und langen Stulpenhandschuhen überquerte sie den Richtplatz und warf den Zeugen eine Kusshand zu. Eine Augenbinde lehnte sie ab. Als der Offizier des Exekutionskommandos den Säbel hob, um den Feuerbefehl zu erteilen, sah sie ihm fest in die Augen und sagte: »Monsieur, ich danke Ihnen.« Noch im Augenblick des Todes spielte Mata Hari die Rolle der Femme fatale.

Ich erblickte eine große Frau mit wulstigen Lippen und kupferfarbenem Teint, mit falschen Perlen an den Ohren, vom Typus einer Wilden, das Haar war schon grau an den Schläfen, wo das Färbemittel nicht lange hielt. Im fahlen Tageslicht hatte sie kaum Ähnlichkeit mit der Tänzerin, die so viele Männer behext hatte. Dennoch hatte sich eine gewisse Harmonie in den Köperlinien, eine gewisse Schlankheit und ein Wiegen der Hüften bewahrt, das nicht ohne Anmut war.

PIERRE BOUCHARDON, UNTERSUCHUNGSRICHTER

DER MORGEN NACH
DER SCHLACHT
Frank Hurley
Passchendaele / Belgien
12. Oktober 1917

DER MORGEN NACH DER SCHLACHT

In der englischsprachigen Welt ist es eines der bekanntesten Fotos aus dem Ersten Weltkrieg: »Der Morgen nach der ersten Schlacht von Passchendaele« des Australiers Frank Hurley. Wir sehen eine apokalyptisch anmutende Szenerie, verwundete australische Infanteristen in einer von Tod und Zerstörung gezeichneten Geisterlandschaft – und als Kontrast dazu einen strahlenden Sonnenaufgang von berückender Schönheit. Zu schön vielleicht, um wahr zu sein?

Als zweiter offizieller australischer Kriegsfotograf war Hurley im Sommer 1917 in Flandern eingetroffen. Doch während sein Kollege Hubert Wilkins die nüchterne Dokumentation bevorzugte, setzte Hurley auf dramatische Effekte. Er wollte die Wirklichkeit nicht einfach nur abbilden, sondern den Betrachter mitten ins kriegerische Geschehen hineinversetzen und damit zum wirklichen Augenzeugen des Kriegs machen.

Seine ersten Versuche, dieses Ziel zu erreichen, stellten ihn jedoch nicht zufrieden: »Niemand, der nicht dabei gewesen ist, kann sich die unüberwindlichen Hindernisse vorstellen, eine moderne Schlacht mit der Kamera zu porträtieren«, schrieb er nach dem Krieg. »Ich habe immer und immer wieder versucht, das Ereignis auf einem einzigen Negativ festzuhalten, aber die Ergebnisse waren unbefriedigend. Alles spielt sich in derart großen Dimensionen ab, die Menschen sind weit verstreut, die Atmosphäre ist dicht, voller Nebel und Rauch, die Geschosse explodieren nicht, wo man will … Nichts gleicht weniger einer Schlacht als solche Bilder.«

Die Lösung des Problems schien ihm einfach: »Nur wenn man die Negative einzelner dramatischer Ereignisse kombiniert, erhält man eine Ahnung davon, wie eine moderne Schlacht aussieht.« Hurley ging dazu über, aus Einzelaufnahmen, die oftmals bei Übungen hinter der Front entstanden, »geradezu hyperrealistische Kriegsszenen zu bauen«, so der

Schöpfer dramatischer Bilder: Frank Hurley

FRANK HURLEY

Der Australier Hurley (1885–1962) wurde als Fotograf und Kameramann der Endurance-Expedition des britischen Polarforschers Ernest Shackleton von 1914 bis 1916 bekannt. Die geplante Durchquerung der Antarktis schlug zwar fehl, Hurleys Bilder des im Packeis eingeschlossenen »Endurance« gingen dennoch um die Welt. Nach seinem Kriegseinsatz in Europa unternahm Hurley unter anderem eine Filmexpedition nach Papua-Neuguinea, ehe er 55-jährig noch einmal als Kriegsreporter in den Zweiten Weltkrieg zog.

Historiker Anton Holzer. Rasche Bekanntheit erlangte ein aus zwölf Negativen zusammengesetztes sogenanntes Komposit-bild. Es zeigte inmitten explodierender Granaten zwei Wellen von Infanteristen, die aus den Schützengräben stürmen, während eine Staffel Bomber dicht über sie hinwegrauscht.

Auch das Passchendaele-Bild ist nach diesen Prinzipien entstanden: Hurley montierte eine dramatische Wolkenfor-mation über eine Totale des Schlachtfelds in Belgien – eigent-lich ein wenig spektakuläres Motiv, das in ähnlicher Form im Krieg bereits vieltausendfach fotografiert worden war. Erst die Kombination verlieh Hurleys Foto jene ganz besondere Aura, die es zur Ikone werden ließ.

Die Arbeitsweise Hurleys war freilich nicht unumstritten. Gerade die Briten hatten von ihren Bildberichtern ausdrück-lich authentische Aufnahmen von der Front gefordert, um eventuelle Fälschungsvorwürfe von vornherein auszuschlie-ßen. Auch die Vorgesetzten Hurleys verlangten den Verzicht auf »komponierte« Bilder. Der erfahrene Fotograf freilich war selbstbewusst genug, seine fotografische Arbeitsweise dennoch offensiv zu vertreten. Spätestens als im Mai 1918 eine große Kriegsfotoausstellung in London zu einem spektakulären Er-folg wurde, die ein auf 4,75 × 6 Meter vergrößertes Hurley-Mo-tiv in den Mittelpunkt rückte, hatte er sich mit seinen Auffas-sungen durchgesetzt.

Hurleys Kompositionen, die nicht von ungefähr an monu-mentale Schlachtengemälde erinnerten, waren freilich zu die-sem Zeitpunkt bereits wieder überholt. Die illustrierte Presse verlangte bald nicht mehr nach raffiniert konstruierten Ein-zelszenen, sondern spannenden Fotoreportagen, wie sie zum Beispiel Reporter wie Robert Capa unter Einsatz ihres eigenen Lebens lieferten.

DIE ROTE
REVOLUTION
Unbekannt
Petrograd/Russland
25. Oktober 1917 (1920)

DIE ROTE REVOLUTION

25. Oktober 1917 russischer Zeitrechnung (7. November nach dem europäischen Kalender): Bolschewistische Kämpfer stürmen den Winterpalast des Zaren und stürzen die »Provisorische Regierung« des Premierministers Kerenski – der Beginn der »Großen Sozialistischen Oktoberrevolution«. Das Bild geriet zu einer Ikone, zum Sinnbild der russischen Revolution, und war gleichzeitig ein typisches Beispiel für sowjetische Propagandamethoden: Man schuf sich seine Mythen selbst.

Lange galt das Foto als ein Standbild aus dem berühmten Film *Oktober* von Sergej Eisenstein von 1928. Dann, zum 50. Jahrestag der Revolution, behauptete die Parteizeitung *Prawda* plötzlich, das berühmte Bild sei tatsächlich am Abend des 25. Oktober 1917 entstanden, und berief sich dabei auf die Erinnerungen des Fotografen Iwan Kobezew. Bei näherem Hinsehen wurde rasch klar: Kobezew war zwar vor Ort, das Bild vom Sturm hatte er jedoch nicht fotografiert. Tatsächlich stammt es aus dem Jahr 1920, als die Oktoberrevolution zu ihrem dritten Jahrestag noch einmal am Originalschauplatz nachgestellt wurde. Um das, was nicht passte, passend zu machen, musste der Retuscheur ran: Peinlich nur, dass auf manchen Abzügen vergessen wurde, den roten Stern über dem Eingangsportal mit zu entfernen. Längst war der legendäre Sturm auf den Palast zum Mythos geraten und nährte die Legende von der unwiderstehlichen Kraft der roten Revolution der Bolschewiki unter ihrem Führer Lenin.

Der Umsturz von Oktober 1917 war freilich nicht der Beginn der russischen Revolution. Schon Anfang 1917 hatte ein Volksaufstand in Petrograd – dem historischen St. Petersburg – das marode Zarenregime hinweggefegt. Am 23. Februar, dem »Internationalen Frauentag«, protestierten Frauen gegen die katastrophale Versorgungslage. Das rückständige Zarenreich war unter den Belastungen des Kriegs mürbe gewor-

LENIN

Wladimir Iljitsch Uljanow (1870–1924) betätigte sich schon als Jugendlicher in der sozialrevolutionären Bewegung Russlands und verbrachte mehrere Jahre in der sibirischen Verbannung. 1900 ging er ins westeuropäische Exil und nannte sich fortan »Lenin«. Er entwickelte das Konzept einer revolutionären Kaderpartei, die als »Avantgarde des Proletariats« die Macht an sich reißen sollte. Nachdem er mit deutscher Hilfe nach Russland zurückkehren konnte, setzte er seine Pläne in die Tat um. Nach der Revolution wurde Lenin zum kommunistischen Autokraten und zur ersten Kultfigur der Partei.

den. In den Städten herrschte Hunger. Zar Nikolaus II. befahl, weitere Demonstrationen mit
Gewalt niederzuschlagen – und versetzte seinem
Regime damit den Todesstoß. Nach blutigen Zu-
sammenstößen meuterte die Petrograder Garnison gegen den Befehl des Monarchen. Die Revolution gegen den Zarismus nahm damit ihren
Anfang. Immer mehr Menschen forderten den
Sturz der Romanow-Dynastie, die als Inbegriff
von Willkür und Korruption galt. Um weitere Gewalt und Anarchie zu verhindern, dankte Nikolaus II. am 3. März 1917 ab.

Lenin nach seiner Rückkehr nach Russland
(Foto vom August 1917)

　　Die Führung wurde nun von einer sozialliberalen »Provi-
sorischen Regierung« unter der Führung Alexander Kerenskis
übernommen. Getragen wurde sie sowohl von Abgeordneten
des Parlaments der Duma als auch von Räten (russisch: Sowjets), die von den Petrograder Arbeiter- und Soldatenräten
gewählt wurden. Doch diese aus Intellektuellen gebildete »Sa-
lonregierung« schätzte die Stimmung im Volk völlig fasch ein:
Sie verkündete Presse- und Versammlungsfreiheit, wollte aber
von sozialen Reformen, wie etwa einer Bodenreform für das
Millionenheer der Bauern, nichts wissen. Ihr größter Fehler
aber war, dass sie den Krieg gegen Deutschland weiterzufüh-
ren beschloss. Dagegen wandten sich allein die Bolschewiki,
eine oppositionelle Partei innerhalb der Arbeiter- und Soldatenräte. Ihr Führer Lenin versprach den Menschen »Brot,
Land und Frieden«. Die Februarrevolution hatte den Berufs-
revolutionär im Schweizer Exil überrascht. Doch das Deutsche Kaiserreich sah in ihm eine wahre Geheimwaffe im Krieg
gegen Russland.

　　Das Auswärtige Amt ermöglichte ihm die Reise durch das
Reich über Finnland nach Russland, »da wir Interesse daran

haben, dass der Einfluss des radikalen Flügels der Revolutionäre in Russland die Oberhand gewinnt«. Von Finnland reiste Lenin weiter nach Petrograd, wo er seit dem 2. April gegen die Provisorische Regierung agitierte und – ganz im Sinne der Deutschen – für einen Separatfrieden warb. Sein eigentliches Ziel aber war die Macht in Russland, um eine radikale soziale Revolution durchzusetzen. Das hieß gewaltsamer Klassenkampf gegen das Bürgertum. Und dafür brauchte er Frieden an den Fronten.

Die Provisorische Regierung schwächte sich derweil selbst: Als eine von Kerenski befohlene russische Offensive scheiterte, desertierte fast eine Million Soldaten. Im Juli nutzten die Bolschewiki die Unzufriedenheit der Massen, um in Petrograd Demonstrationen gegen die Regierung zu organisieren. Doch den bewaffneten Aufstand wagten sie noch nicht. Als schließlich Kerenski seinem Verteidigungsminister Kornilow Putschgelüste vorwarf, verlor sein Regime auch noch die Unterstützung des Militärs und vieler Bürgerlicher. Die zögerliche Mehrheit der Arbeiter- und Soldatenräte aber stützte Kerenski weiter. Dann aber inszenierten die Bolschewiki ihre »Oktoberrevolution«, die eher ein Putsch war.

Er begann am Abend des 25. Oktober 1917 mit einem Blindschuss des Panzerkreuzers »Aurora«. Als der um 21:40 Uhr durch die Dunkelheit hallte, war dies das Signal für die Stoßtrupps der Bolschewiki, die in Petrograd am Ufer der Newa bereitstanden. Ihr Ziel war die Eroberung des Winterpalais, der ehemaligen Residenz des Zaren, nun Sitz jener Regierung, die es zu beseitigen galt. Das Palais war an diesem Abend nahezu unbewacht. Im Lauf des Nachmittags hatten die meisten regierungstreuen Soldaten das Gebäude verlassen. Sie waren hungrig – die Regierung, zu deren Schutz sie bereitstanden, hatte nicht einmal mehr die Mittel, sie angemessen zu verpflegen. So konnten die Angreifer fast ohne Gegenwehr durch ein Seitentor eindringen und sich den Weg zum Kabinettszimmer bahnen. Die Minister hatten gerade zu Abend gegessen; resigniert warteten sie auf das Ende. »Sie sind alle verhaftet«, verkündete der Anführer des Bolschewiki-Trupps. Nur einer konnte der Verhaftung entgehen: Alexander Kerenski, der Premierminister, hatte das Palais bereits verlassen.

Mit diesem Staatsstreich riss Lenin die Macht an sich – obwohl er nur der Führer einer Minderheit war. Doch um **demokratische Mehrheiten** scherte er sich nicht: »Es wäre naiv, eine formelle Mehrheit der Bolschewiki abzuwarten. Keine Revolution wartet darauf. Die Geschichte wird uns nicht verzeihen, wenn wir jetzt nicht die Macht ergreifen.«

Der unblutige Putsch hatte blutige Folgen. Die bolschewistische Regierung schloss zwar im Februar 1918 den Friedensvertrag von Brest-Litowsk – doch für Russland gab es keinen Frieden. In einem grausamen Bürgerkrieg kämpften die Bolschewiki bis 1920 die Gegner ihres revolutionären Umsturzes nieder. Fortan wurde die brutale Repression eines Einparteienstaats zur Normalität. Lenin schuf ein Regime, das sich als Sachwalter des ersten sozialistischen Staates der Welt verstand: Horror und Bedrohung für Andersdenkende, ideologischer Fixpunkt und Hoffnung für Revolutionäre in aller Welt. Ein Schriftsteller wie Maxim Gorki hatte das schon im November 1917 erkannt: »Lenin und Trotzki haben keiner keinerlei Vorstellung von der Freiheit der Person und den Menschenrechten … Sie sind bereits vom faulen Gift der Macht infiziert.« Erst siebzig Jahre später, mit dem Untergang der Sowjetunion, landete auch Lenins Lehre, der Marxismus-Leninismus, auf dem Kehrichthaufen der Geschichte.

DEMOKRATISCHE MEHRHEITEN?

Als demokratisch gesinnte Arbeiter- und Soldatenräte noch am Abend des 25. Oktober auf einem Kongress gegen den Putsch protestierten, schleuderte Trotzki ihnen entgegen: »Ihr elenden Bankrotteure, ihr habt ausgespielt! Schert euch hin, wohin ihr von nun an gehört: auf den Kehrichthaufen der Geschichte!«

Zeki Pascha. Enver
Prinz v. Bayern
Generalfeldmarschall

Hellváry   Brinkmann   Hoffmann
Hieronymus   P. Hintze
                        v. Rosenberg
                                         Horn
Erich Umbach   Hey

DER FRIEDE VON BREST-LITOWSK

Unbekannt
Brest-Litowsk
15. Dezember 1917

DER FRIEDE VON BREST-LITOWSK

Ein langer Konferenztisch, Militärs und Zivilisten blicken mit ernsten Gesichtern zum Fotografen, alle Unterlagen liegen bereit, Feder und Tintenfässchen daneben – alles ganz normales diplomatisches Prozedere. Und doch fällt diese Konferenz aus dem Rahmen, denn neben den Vertretern der Mittelmächte – Deutschen, Österreichern, Bulgaren und Türken – sitzen am Konferenztisch zum ersten Mal Unterhändler eines neuen Akteurs auf der Bühne der Weltpolitik: Bolschewiki, die wenige Wochen zuvor in Russland die Macht an sich gerissen haben.

»Brot und Frieden« – mit dieser Parole hatte das neue Regime, das sich bald als Diktatur entpuppen sollte, versucht, sich bei der kriegsmüden und Hunger leidenden Bevölkerung des ehemaligen Zarenreichs zu profilieren. Schon allein, um die frisch gewonnene Macht zu stabilisieren, standen Lenin und seine Genossen unter Zugzwang, den für Russland zermürbenden Kriegszustand baldmöglichst zu beenden.

Anfang Dezember 1917 trafen sich die Mittelmächte und Sowjetrussen erstmals in Brest-Litowsk und schlossen am 15. des Monats zunächst einen Waffenstillstand. Danach begannen die eigentlichen deutsch-russischen Friedensverhandlungen, die zunächst jedoch keine Ergebnisse brachten. Zu unterschiedlich waren die Forderungen beider Seiten: Deutschland pochte auf territoriale Zugewinne und Kontributionen, während die russische Seite keinerlei Bedingungen akzeptierte und sämtliche Zugeständnisse ablehnte.

Leo Trotzki, Volkskommissar für äußere Angelegenheiten und ab Januar 1918 Verhandlungsführer der sowjetrussischen Seite, verfolgte eine ganz eigene Strategie bei den Unterredungen: »In die Friedensverhandlungen traten wir mit der Hoffnung ein, die Arbeitermassen Deutschlands und Österreich-Ungarns wie auch der Ententeländer aufzurütteln. Zu diesem Zweck war es nötig, die Verhandlungen möglichst in die Länge zu ziehen, damit die europäischen Arbeiter Zeit hätten, die Tatsache der Sowjetrevolution und im besonderen ihre Friedenspolitik gehörig zu erfassen.«

Trotzki ging volles Risiko ein: Er wusste, dass ein deutscher Einmarsch drohte, wenn er weiter auf Zeit spielte. Und doch kalkulierte er einen derartigen Schritt der Deutschen nüchtern ein, da dieser seiner Meinung nach die revolutionäre Lage in Deutschland selbst stark anheizen würde. Am 10. Februar 1918 erklärte er den Kriegszustand mit den Mittelmächten einseitig für beendet und kündigte die Demobilisierung der russischen Truppen an.

Tatsächlich gingen die Deutschen acht Tage später wieder in die Offensive und eroberten, ohne auf größeren Widerstand zu stoßen, weite Teile Kurlands, Litauens, Weißrusslands und der Ukraine. Die von Trotzki erhoffte Erhebung der deutschen Arbeitermassen blieb dagegen aus. Nun waren die Sowjets gezwungen, einem demütigenden Friedensvertrag zuzustimmen, der am 3. März 1918 in Brest-Litowsk unterzeichnet wurde und der massive **Gebiets- und Entschädigungsansprüche** des Deutschen Reichs und seiner Verbündeten enthielt.

Das vertraglich fixierte Ende der Kampfhandlungen eröffnete der deutschen Militärführung die Möglichkeit, rund 200 000 kampferprobte Soldaten aus Russland nach Frankreich zu verlegen. Zum ersten Mal vermochten sich die Mittelmächte im Herzen Europas aus der aufreibenden Umklammerung eines Zweifrontenkriegs in West und Ost zugleich zu lösen. Aufgefrischt durch die freiwerdenden Divisionen, konnte die deutsche Armee nun rund 1,4 Millionen Soldaten für den geplanten Angriff im Westen aufbieten.

GEBIETS- UND ENTSCHÄDIGUNGSANSPRÜCHE

Durch den Vertragsabschluss musste Sowjetrussland unter anderem Polen, Finnland, die Ukraine und die baltischen Länder aufgeben, die Deutschland als Satellitenstaaten unter eigener Vorherrschaft plante. Es verlor mehr als ein Drittel seiner Bevölkerung und einen großen Teil seiner Rohstoffreserven und Industriekapazitäten. Außerdem sollte Russland sechs Milliarden Goldmark an Reparationen leisten. Mit dem Versailler Vertrag vom Juni 1919 wurde der Friedensvertrag von Brest-Litowsk hinfällig.

1918

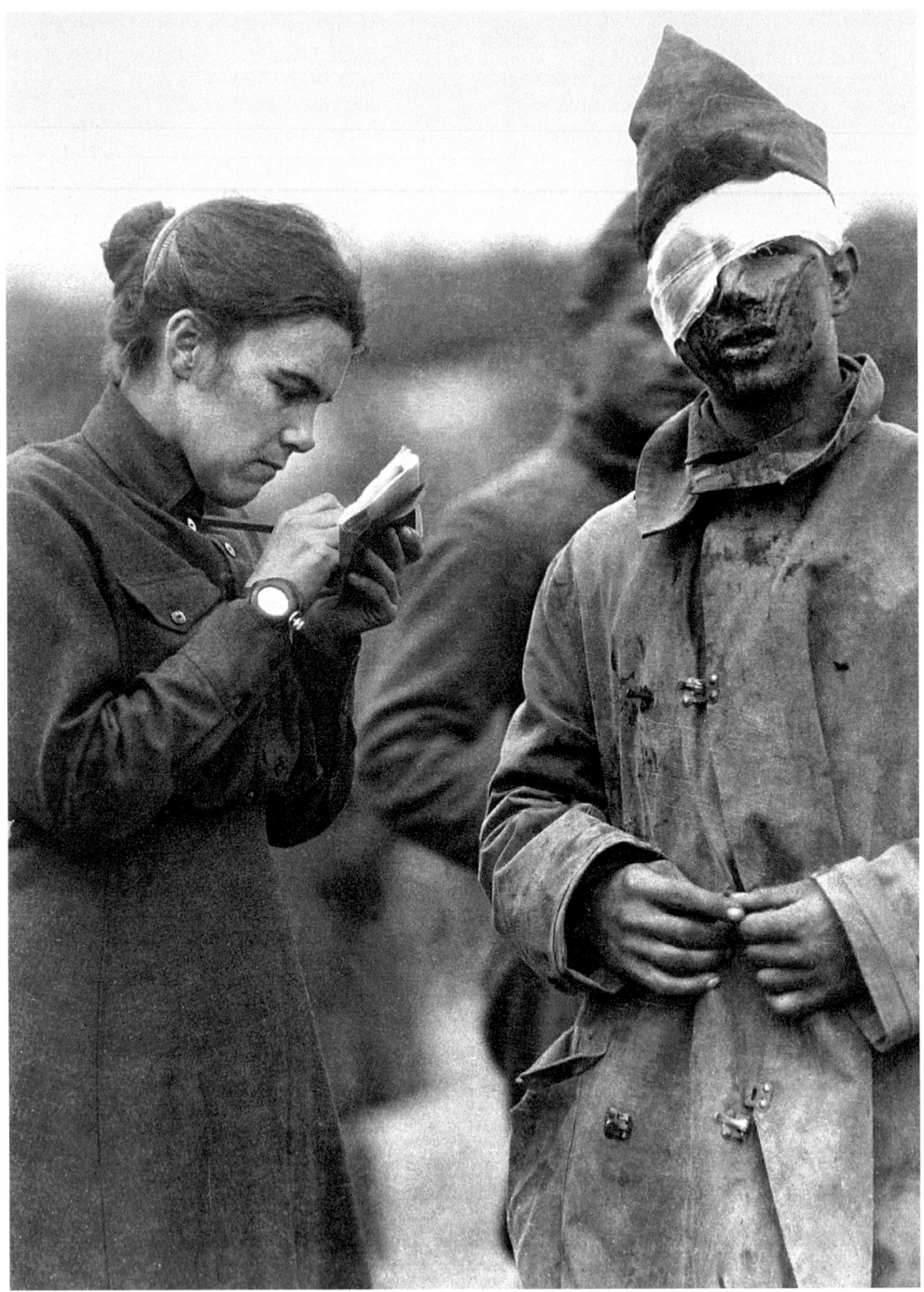

DIE HEILSARMEE
AN DER FRONT
Unbekannter Fotograf
Frankreich
1918

DIE HEILSARMEE AN DER FRONT

Ein verwundeter US-Soldat diktiert einer jungen Frau einen Brief. Die Sorge um das eigene Leben wiegt für das Mädchen weniger schwer als diejenige um Moral und Seelenheil des amerikanischen Kämpfers – ganz im Sinne ihrer Organisation, der **Heilsarmee**.

Als Präsident Wilson am 7. April 1917 den Krieg gegen Deutschland erklärte, arbeitete Evangeline Booth, »USA National Commander« der christlich-freikirchlichen Organisation, sofort konkrete Pläne für den Einsatz der Heilsarmee zur Unterstützung der amerikanischen Soldaten aus. Für die Tochter des Heilsarmee-Gründers William Booth war schnell klar, dass es sich dabei nicht nur um das Stricken von Schals und Handschuhen in der sicheren Heimat handeln konnte: »Amerikanische Jungs gehen nach Frankreich. Wir müssen mit ihnen gehen.«

Ungeachtet der Gefahr durch die nahe Front übernahmen die rund 500 Offiziere der Heilsarmee in Frankreich zahlreiche Aufgaben, um die Soldaten zu unterstützen: Sie boten Bibelklassen und Gottesdienste an, flickten zerrissene Kleidung und halfen den Männern bei der Korrespondenz mit ihren Familien. Die Heilsarmee betrieb hinter der Frontlinie 168 Verpflegungshütten, 70 Herbergen und 46 Krankenstationen.

Vor allem ging es darum, die Moral der Männer zu stärken. So zum Beispiel im Camp von Montiers-sur-Saulx, wo die Soldaten von früh bis spät Trainingseinheiten absolvieren mussten. Heimweh breitete sich wie eine Epidemie in der Truppe aus, wochenlanger Dauerregen verwandelte die Wiesen in Morast und trübte die Stimmung zusätzlich. Die Heilsarmee-Offiziere Helen Purviance und Margaret Sheldon kamen hier im Oktober 1917 auf die Idee, die Truppe mit echtem Essen aus der Heimat aufzumuntern. Aber die Vorräte waren aufgebraucht, und vor Ort waren Lebensmittel kaum zu be-

DIE HEILSARMEE

Der methodistische Pfarrer William Booth gründete 1865 unter dem Eindruck des Elends im Londoner East End eine christliche Erweckungsbewegung, die seit 1878 als »Heilsarmee« firmierte. »Suppe, Seife, Seelenheil« lautete das Motto der nach militärischem Vorbild gegliederten und straff geführten Organisation. Von Anfang an war die Heilsarmee vor allem in sozialen Brennpunkten aktiv. Bis heute ist sie unter anderem in den Bereichen Obdachlosen- und Gefängnisfürsorge tätig, hilft Alkoholkranken, Behinderten und alten Menschen in mehr als 120 Ländern.

schaffen. Die jungen Frauen hatten lediglich Mehl, Zucker, Schmalz, Backpulver, Zimt und Dosenmilch zur Verfügung. »Wie wäre es mit Pfannkuchen?« – »Kalt oder ohne Sirup nicht gut.« Die nächste Idee war die richtige: »Doughnuts!«

Helen und Margaret formten die ersten Teigballen per Hand, eine Weinflasche diente als Teigrolle, ein Holzfeuer wurde in einem kleinen Ofen angeheizt. »Ich kniete buchstäblich auf dem Boden«, erinnert sich Helen Purviance, »als wir die ersten Doughnuts frittierten, jeweils sieben auf einmal in einer kleinen Pfanne. In meinem Herzen betete ich, dass dieses kleine bisschen Heimat den Soldaten mehr geben würde als nur physische Sättigung.«

Tatsächlich wurde das Schmalzgebäck zum Symbol für die liebevolle Betreuung der Soldaten durch die »Doughnut girls«. Immerhin wurden die Teigringe in beträchtlicher Zahl gebacken: Konnten die Mädchen am ersten Tag nur 150 Doughnuts verteilen, waren es am nächsten Tag schon 300. Mit verbesserter Ausrüstung kamen sie später auf 2 500 bis 9 000 Dougnuts täglich, und andere »Lassies« an der Front folgten ihrem Beispiel.

Sei es beim Backen, Briefeschreiben oder Beten: Dem selbstlosen Einsatz der christlichen Freiwilligen kam große Bedeutung für die Moral der Truppe zu. Dies schilderte der Artillerieoffizier Marion M. Marcus: »Die Heilsarmee ist eine zweite Heimat für uns, wir sind dort stets herzlich willkommen. Eine Heilsarmee-Arbeiterin lebt sogar in einem Keller in der Nähe des Schützengrabens. Mit Freude macht sie ihre wundervolle Arbeit, mitten im Granatenhagel und bei der Gefahr eines Gasangriffs. Sie bringt den Jungs täglich kostenlos Kaffee, und oft teilt sie ihr eigenes Brot mit den Jungs, die müde und hungrig von den Gräben zurückkamen. Wer würde nach einer solchen Mahlzeit nicht gerne weiterkämpfen?«

DAS ELEND
DER ZIVILISTEN
Unbekannter Fotograf
Berlin
1918

DAS ELEND
DER ZIVILISTEN

Alte Frauen wühlen im Abfall eines Berliner Großmarkts, um in den vergammelten Resten vielleicht noch etwas Essbares zu ergattern – Alltag nach mehr als fast vier Jahren Krieg, in denen an der »Heimatfront« – eine Wortschöpfung dieser Tage – die Ernährungslage immer prekärer geworden war.

Spätestens seit dem berüchtigten »Kohlrübenwinter« 1916/17, als die Lebensmittelversorgung in Deutschland teilweise völlig zusammenbrach, war die Stimmung im Reich gekippt. »Hungerkrawalle« wurden alltäglich. Als im April 1917 die Rationen erneut gekürzt wurden und die Menschen mit nicht einmal mehr halb so vielen Kalorien wie eigentlich notwendig zurechtkommen mussten, war für viele das Maß endgültig voll: Es kam zu Massenstreiks, an denen sich allein in Berlin 300 000 Arbeiterinnen und Arbeiter aus über 300 Betrieben – vor allem Munitionsfabriken – beteiligten. Nach zwei Tagen wurden die Werke unter militärische Leitung gestellt und jede Arbeitsniederlegung mit hohen Strafen bedroht. »Ein Hundsfott, wer streikt, solange unsere Heere vor dem Feind stehen«, belferte Generalleutnant Wilhelm Groener, der Chef des zuständigen »Kriegsamtes«, ohne den Not Leidenden eine Besserung ihrer Lage in Aussicht stellen zu können.

Vor allem Frauen waren es, die den Protest gegen Wucherpreise, Versorgungsnot, aber auch gegen Ausbeutung und die Weiterführung des Kriegs vorantrieben. »Und nun frage ich die Männer: Wie lange wollt ihr es noch aushalten mit dem schlechten Lohn?«, empörte sich eine Frau während einer Zusammenkunft von Hamburger Hafenarbeitern im Dezember 1917. »Wie lange soll es noch dauern, dass ihr euch bei der langen Arbeitszeit die letzte Kraft aus den Knochen saugen lasst?«

Im Januar 1918 rollte erneut eine Streikwelle durchs Land und legte die Rüstungsproduktion zeitweise lahm. Allein in Berlin traten bis zu 180 000 Menschen in den Ausstand.

Wenngleich Polizeigewalt und Schneestürme die Proteste bald wieder aufgelöst hatten, so hatte die Streikbewegung doch offenbart, wie sich die Kräfteverhältnisse in der wilhelminischen Gesellschaft zu verschieben begannen.

Not und Elend der Massen waren jedoch nur eine Seite der Medaille. Schleichhändler, Schieber und Spekulanten hatten angesichts der Mangelwirtschaft Hochkonjunktur. »Kriegsgewinnler« scheffelten ungeahnten Reichtum. »Eine kleine städtische Minderheit hatte das Geld und kannte die Wege, um sich hintenherum alles zu beschaffen«, erinnerte sich Jahre später der Politiker Hellmut von Gerlach. »Vorn in den Läden hingen Krähen, Eichkatzen, Bussarde, Spechte und Wiedehöpfe. In den Hinterräumen der feinen Lokale aber aß man Gänsebraten und Erdbeeren mit Schlagsahne wie in Friedenszeiten.«

Die einfachen Leute aber zahlten wieder einmal die Zeche. Insgesamt starb zwischen 1914 und 1918 eine Dreiviertelmillion Menschen an Hunger und Unterernährung. Die deutsche »Heimatfront« hatte damit höhere Verluste zu verkraften als im gesamten Zweiten Weltkrieg mit seinen furchtbaren Bombennächten. Für die Zivilbevölkerung zeigte sich dieser Krieg noch wenig in seiner äußerlichen Zerstörungskraft, umso mehr hingegen in seiner auszehrenden Wirkung.

Und: die Leidenszeit war mit dem Ende des Kriegs keineswegs beendet. Schon zuvor boten die geschwächten Körper Krankheitserregern immer weniger Widerstand – Zehntausende starben an Lungenentzündungen oder Tuberkulose. Als 1918 und 1919 mehrere Wellen der gefürchteten Spanischen Grippe durch Europa rollten, forderten diese in Deutschland noch einmal 250 000 Opfer.

»OPERATION MICHAEL«

»Der Angriff war in vollem Gange. Wohin man schaute, wimmelte alles von deutschen Soldaten, die vorwärts streben. Infanterie, Maschinengewehre, leichte und mittlere Minenwerfer, alles bewegte sich vorwärts.« Was der Deutsch-Elsässer Dominik Richert beschrieb, war einer der ungewöhnlichsten Tage des Ersten Weltkriegs. Durch eine großangelegte Offensive hatte die deutsche Armeeführung im Frühjahr 1918 versucht, das Blatt im festgefahrenen Stellungskrieg noch einmal zu wenden. Trotz gewaltiger Verluste gelangen den Angreifern Geländegewinne wie seit 1914 nicht mehr – und mitunter auch hochwillkommene Eroberungen wie die hier abgebildete eines alliierten Proviantlagers.

Schon über eineinhalb Millionen deutsche Soldaten hatte der Weltenbrand bis dahin das Leben gekostet, ohne dass sich der Frontverlauf seit 1914 nennenswert geändert hätte. Immer weiter perfektionierte Waffen, Riesenkanonen, Bombenflugzeuge, Giftgas, waren zum Einsatz gekommen – nichts davon hatte am grundlegenden Dilemma etwas geändert: Das militärische Ringen der europäischen Nachbarstaaten war an der Westfront zu einem blutigen Stellungs- und Grabenkrieg erstarrt, der alle Beteiligten zu Verlierern machte. Ein letzter Kraftakt, benannt nach dem Erzengel »Michael«, sollte nach dem Willen der deutschen Militärplaner das Blatt nun entscheidend wenden.

Alle verfügbaren Kräfte wurden zusammengezogen, um mit geballter Macht den **Durchbruch** zu erzielen. Doch darin erschöpfte der Plan sich auch schon. Ein ausgeklügeltes strategisches Konzept, auf welche Weise der Angriff zu einem dauerhaften Erfolg führen sollte, gab es nicht. Ludendorff brachte dieses Manko gegenüber dem bayerischen Kronprinzen Rupprecht auf einen verblüffend schlichten Punkt: »Das Wort ›Operation‹ verbitte ich mir. Wir hauen ein Loch hinein. Das

DURCHBRUCH

Franzosen und Briten blieben die groß angelegten Vorbereitungen zur Offensive nicht verborgen, selbst der wahrscheinliche Angriffstermin war bekannt. Hinter der Front regneten in diesen Tagen Flugblätter aus britischen Flugzeugen auf die im Ungewissen verharrenden deutschen Soldaten: »Viel Glück zur Offensive am 21. März!« Doch den Verteidigern war ein entscheidender Nachteil beschieden: Das Datum konnten sie vermuten, aber die Stelle, an der die Deutschen ihren Durchbruchsversuch unternehmen würden, blieb ihnen tatsächlich bis zuletzt verborgen.

Weitere findet sich. So haben wir es in Russland auch gemacht.«

Einen Plan B, falls dieses ehrgeizige Unterfangen miss-
lingen sollte, gab es nicht – jedenfalls nicht als zukunftswei-
sende Option. Dem späteren Reichskanzler Max von Baden
beschied Ludendorff auf die Frage, was im Falle eines Fehl-
schlags der Offensive geschehen solle, unwirsch: »Dann muss
Deutschland eben zugrunde gehen.« **Alles oder nichts** – die
letzte Chance sah Ludendorff darin, innerhalb kürzester Frist
eine Kriegsentscheidung zu erzwingen.

Noch schienen die Aussichten dafür nicht abwegig. Besonders die französischen Soldaten wirkten durch die seit vier
Jahren wütende Materialschlacht, durch misslungene Offensivanstrengungen, die außer immensen Verlusten keinen Fortschritt erbracht hatten, regelrecht am Boden zerstört. »Wofür
sollen wir uns denn opfern? Wenn man uns dies wenigstens
sagen und nicht mit Sprüchen abfertigen würde! Wir wissen
jetzt, wie alles läuft. Aus unserer Sicht werden wir keinen Sieg
über die Deutschen erringen und ebenso wenig wird es den
Deutschen gelingen, uns zu schlagen«, fasste ein Artillerist die
Auflösung der allgemeinen Kampfmoral in Worte.

Der Frühling des Jahres 1918 begann mit einem Pauken-
schlag. Pünktlich um 4:40 Uhr am Morgen des 21. März brach
der **Donner** aus insgesamt 6 608 Geschützen los, die die deutsche Armee auf einer Breite von 80 Kilometern in der französischen Region Picardie um Saint-Quentin, rund 150 Kilometer nordöstlich von Paris, postiert hatte. Aus ihren Rohren
kam einer der gewaltigsten Feuerstürme, die bis dahin entfesselt worden waren. Der in beinahe vier Jahren Krieg bereits
mehrfach umgepflügte Boden in der Tiefebene entlang der
Somme erzitterte wie bei einem Erdbeben.

Den deutschen Infanteristen, die kurz nach halb zehn Uhr

ALLES ODER NICHTS

»Der Angriff ist noch immer die
Fechtweise des Deutschen gewesen«,
bekundete Ludendorff am 22. Februar
1918 in einem internen Schreiben.
»Das deutsche Heer, das den Frieden
genauso will wie die deutsche Heimat, freut sich der Aussicht, aus dem
Stellungskrieg herauszukommen. Die
Offensive wird nicht die ›Offensive
des deutschen Generalstabes‹, sondern die Offensive des deutschen
Heeres und so auch die des deutschen
Volkes sein und darum, so Gott will,
gelingen.«

GESCHÜTZDONNER

»In jeder Mulde, in jedem Busch, in
jedem Loch stehen Geschütze«,
notierte ein Leutnant des Feldartille-
rieregiments 56 triumphierend in
einem Brief nach Hause, »dicht Rad
an Rad, die Kanoniere arbeiten in
Hemdsärmeln, schießen, was das
Zeug hält. Was ist darin für eine Kraft
konzentriert, welch gewaltiger eiser-
ner Wille spricht hier! Der Wille des
deutschen Heeres, verkörpert in
der beherrschenden Persönlichkeit
Ludendorffs, der Wille, den Feind zu
zerschmettern.«

am Vormittag ins Niemandsland hinauskrochen, bot sich über weite Strecken ein Bild der Verwüstung. Wo sich zuvor ein verwinkeltes Grabensystem hinter Minenfeldern und Stacheldrahtverhau verborgen hatte, erstreckte sich nun eine einzige Granattrichterwüste. Die wenigen britischen Vorposten, die sich vor dem Trommelfeuer nicht mehr rechtzeitig hatten retten können, waren tot, verwundet oder durch Schock und Giftgas gelähmt. 90 Prozent der gestürmten Verteidigungsanlagen wurden ohne nennenswerte Gegenwehr eingenommen.

Bis zur Dämmerung waren die deutschen Infanteristen bis zu fünf Kilometer weit auf gegnerisches Areal vorgedrungen. Der zermürbende Stellungskrieg schien sich erstmals wieder in einen Bewegungskrieg zu verwandeln. Der Preis dafür indes war unermesslich hoch. Jener Frühlingstag war einer der blutigsten des gesamten Kriegs. Als die Nacht hereinbrach, waren über 10 000 deutsche und 7 500 britische Soldaten tot – erschossen, von Granaten zerfetzt und verstümmelt. Hinzu kamen über 28 000 Verwundete auf deutscher und 10 000 auf britischer Seite, die zudem noch 21 000 Mann durch Gefangennahmen verlor. Jeder eroberte Quadratmeter war buchstäblich mit Blut durchtränkt.

In den nächsten Tagen gingen die Kämpfe mit unverminderter Heftigkeit weiter. Nach einer Woche waren die Angreifer in einigen Frontabschnitten bis zu 60 Kilometer weit **vorgedrungen**. Trotz der immensen Verluste empfanden die noch kampffähigen Soldaten die Offensive wie den Ausbruch aus einer lähmenden Erstarrung. »Dieses tägliche ›Vorwärts‹«, berichtete ein Unteroffizier in einem Feldpostbrief von der Westfront, »wirkt aufmunternd und belebend auf das durch die überlange Dauer des Stellungskampfes eingetrocknete Gemüt des Soldaten, weckt es doch von Neuem die Hoffnung, dass dieser neubegonnene Bewegungskrieg die endliche Ent-

PANIK IN FRANKREICH

In Frankreich zeigten sich erste Anzeichen von Panik. Selbst Paris geriet nun in die Reichweite von Ferngeschützen und deutschen Bombern, Frauen und Kinder flohen Schutz suchend aus der französischen Hauptstadt. Angesichts der deutschen Durchbrüche räumte der französische Generalstabschef Ferdinand Foch gegenüber Ministerpräsident Georges Clemenceau am 31. März ein: »Die Schwächung der alliierten Kräfte könnte bedeuten, dass wir den Krieg verlieren.« Selbst der britische Feldmarschall Douglas Haig erwog ernsthaft, dem Kriegsgegner ein Friedensangebot zu unterbreiten und die eigenen Truppen in die Kanalhäfen zurückzuziehen.

scheidung, die heißersehnte Rückkehr in die Heimat, zur lieben Familie, zur gewohnten friedlichen Arbeit bringen könnte.«

Auch dort, in der Heimat, weckte die Kunde vom deutschen Aufbruch neue Zuversicht – nach all den Hiobsbotschaften, nach Versorgungsengpässen, Hunger und Epidemien. »Die Stimmung der Augusttage 1914 kehrt wieder«, konstatierte der Heidelberger Hochschulprofessor Karl Hampe. Und der deutsche Kaiser Wilhelm II. zeigte sich derart angetan vom Verlauf der Operation, dass er den Schülern des Reichs einen unterrichtsfreien Tag gewährte und seinen Chefstrategen Ludendorff mit dem höchsten preußischen Kriegsorden bedachte, dem Großkreuz des Eisernen Kreuzes. Der so Geehrte erklärte die »Kaiserschlacht« nach vier Tagen kurzerhand für »gewonnen«.

Doch so durchschlagend die deutsche Offensive auf den ersten Blick erschien, so sollte sie sich bald schon als Pyrrhussieg erweisen. Der deutsche Einbruch in den alliierten Sperrriegel wurde nicht zum Durchbruch. Ausfälle und Nachschublücken konnten die Verteidiger bald schon mit frischen Reserven schließen – anders als die deutschen Angreifer. Jeder Kilometer Geländegewinn erhöhte das Nachschubproblem. Der Vorstoß war ins Leere gelaufen.

Am 5. April sah sich die deutsche Führung gezwungen, die »Operation Michael« einzustellen. Bis Mitte Juli verliefen auch weitere Operationen, mit denen andere Schwachpunkte der gegnerischen Verteidigung durchbrochen werden sollten, im Sande. Die Wende des Kriegs war militärisch nicht mehr zu erzwingen. Ihr vergebliches Anrennen gegen alliierte Befestigung kostete die Deutschen bis Juli über 900 000 Opfer: Tote, Verwundete, Vermisste, Gefangene.

DIE ESKALATION
DES GASKRIEGS

Tracy Everts
Unbekannter Ort
20. Mai 1918

DIE ESKALATION DES GASKRIEGS

Nach Stunden gespannten Wartens im Schützengraben kommt der Befehl: »Angriff!« Die Soldaten stürmen aus den Gräben, laufen über das Niemandsland auf die gegnerischen Linien zu. Im Feuer der feindlichen Maschinengewehre strauchelt plötzlich der Erste, greift sich an den Hals und kann nur noch ein Wort röcheln: »Gas!« Dann sinkt er ohnmächtig zu Boden. Das ist die Geschichte, die dieses Bild erzählt – und zwar so überdeutlich und wohlkomponiert, dass es kein Foto sein kann, das im Gefecht entstanden ist. Und tatsächlich handelt es sich um eine gestellte Szene. Das Bild des US-Majors Tracy Everts sollte den neu im Kampfgebiet eingetroffenen amerikanischen Soldaten augenfällig illustrieren, was passiert, wenn sie beim Einsatz ihre Gasmasken vergessen.

Der Gaskrieg hatte sich seit den Anfängen bei Ypern im Frühjahr 1915 längst zu einem Stakkato des Grauens gesteigert. Um weniger abhängig von Witterungsbedingungen und Windrichtungen zu sein, wurde das Abblasen von Giftgaswolken bald immer mehr durch den großflächigen Beschuss des Gegners mit Gasgranaten ersetzt. Im letzten Kriegsjahr dann war schon fast jede dritte abgefeuerte Granate mit Gas gefüllt.

»Die Gasgranate machte keinen Lärm. Die ist so geplatzt wie ein verdorbenes Ei, das auf den Boden fällt«, erinnerte sich der französische Veteran Maurice Guilloteau. Danach ging es um Sekunden. Wer unversehrt bleiben wollte, musste blitzschnell die Gasmaske aufsetzen. Roch man das Gas, war es längst zu spät, dann hatte das Gift bereits die Lungen erreicht. »Ich hatte einen Freund, der wurde von einer Granate leicht verletzt, aber er hat das Gas eingeatmet, das ging ganz schnell«, so Guilloteau. »Er wurde ins Krankenhaus gebracht, er war im Krankenhaus und er konnte nicht atmen, er bekam einfach keine Luft mehr. Es tat weh, ihn so zu sehen. Zwei Tage später erfuhren wir, dass er tot war. Vergiftet, aufgefressen vom Gas.«

Den Höhepunkt des Grauens stellten Gifte wie Phosgen oder Lost dar, wegen seines typischen Geruchs auch als Senfgas bezeichnet. Entwickelt von Chemikern des deutschen Kaiser-Wilhelm-Instituts, wurde Lost im Juli 1917 ebenfalls in der Nähe von Ypern erstmals von deutschen Truppen eingesetzt. Es durchdrang die Kleidung, wirkte erst mit einigen Stunden Verzögerung und hatte innere und äußere Verätzungen zur Folge. Das 1917 zuerst von den Franzosen eingesetzte Phosgen verätzte die Lungen der Betroffenen. Die hilflosen Opfer starben zumeist einen qualvollen Tod.

Blaukreuz, Gelbkreuz, Grünkreuz, Weißkreuz – die harmlos klingenden Tarnbezeichnungen der verschiedenartigen Gasgranaten standen für immer perfektere chemische Kampfstoffe, die zuletzt sogar kombiniert verwendet wurden, beim sogenannten »Buntschießen«: Blaukreuz machte zunächst die Atemmasken unschädlich, ehe die anderen Giftstoffe ihr grausames Werk an Haut, Lungen oder Augen vollbringen konnten.

Insgesamt wurden im Ersten Weltkrieg etwa 112 000 Tonnen Giftgas verwendet – fast die Hälfte davon durch das Deutsche Reich. An der Westfront forderte es Schätzungen zufolge mindestens 20 000 Tote und eine halbe Million Verwundete. Noch schlimmer sah es an der Ost- und Südfront aus. Dort fehlen zwar verlässliche Zahlen, jedoch kann gemutmaßt werden, dass die Verlustrate bei russischen und auch italienischen Soldaten aufgrund unzureichender Schutzmaßnahmen noch weitaus höher lag. Obwohl höchstens fünf Prozent aller Kriegsopfer auf chemische Kampfstoffe zurückzuführen waren, wurde das teuflische Gas doch zum Symbol der Erbarmungslosigkeit dieses Kriegs.

10301

FLIEGER GÖRING
Unbekannter Fotograf
Unbekannter Ort
1918

FLIEGER GÖRING

Da steht er nun, die Hände in den Taschen seines Uniform-rocks, der Blick eher abweisend als skeptisch, um den Hals der höchste deutsche Orden »Pour le Mérite«, den ihm der Kaiser selbst verliehen hatte. Ein Kriegsheld augenscheinlich, dessen Selbstbewusstsein längst ins Unermessliche gestiegen war.

Als Infanterist in den Krieg gezogen, erkrankte Göring schon bald an Gelenkrheumatismus. Es war der Startpunkt einer steilen Karriere, denn im Lazarett lernte Göring den gleichaltrigen Leutnant Bruno Loerzer kennen, der gerade ei-ne Ausbildung zum Piloten bei der jungen Fliegertruppe absolvierte – und Göring für das Abenteuer Luftkrieg zu be-geistern wusste. Ab Oktober 1914 unternahm er an der Seite Loerzers erste Erkundungsflüge an der Westfront.

Die Aufgabe in den primitiven Maschinen erforderte Mut und Schwindelfreiheit. Die Beine gegen die Seitenwand seines Sitzes geklemmt, musste er sich weit hinauslehnen, um mit einem schweren Fotoapparat Bilder von feindlichen Stellun-gen am Boden zu machen. Im März 1915 empfing er für eine wichtige Meldung aus der Hand des preußischen Kronprinzen Wilhelm das Eiserne Kreuz erster Klasse. Der schneidige Leut-nant machte Eindruck im Offizierskasino, wo er alsbald ein gern gesehener Gast war. Doch dem jungen Krieger war be-wusst, dass dem Ruhm eines bloßen Beobachters Grenzen gesetzt waren. Als die ersten Fokker-Kampfeinsitzer für die Front geliefert wurden, bewarb sich Göring prompt als Pilot. Ab Juli 1915 im Schnellverfahren ausgebildet, flog er schon im Oktober seinen ersten Kampfeinsatz.

Fliegerasse wie Manfred von Richthofen, der legendäre »Rote Baron«, wurden gefeiert wie heute Fußballstars. In die-sem Kreis machte Göring sich als Draufgänger einen Namen. Als er im Mai 1917 zum Führer der Jagdstaffel 27 ernannt wur-de, hatte er acht offizielle Abschüsse auf seinem Konto; im No-

DER JUNGE GÖRING

Begonnen hatte seine Militärkarrie-re als Kadett im Jahre 1907. Robust und selbstbewusst, machten ihm die üblichen Rohheiten des Kadetten-lebens, mit denen ältere Schüler die Jüngeren zu quälen pflegten, ebenso wenig aus wie der stramme Kaser-nenhofdrill. Im Sommer 1914 erklär-te der frischgebackene Leutnant: »Wenn ein Krieg ausbricht, so werde ich dem Namen Göring bestimmt Ehre machen.« Seine Mutter hatte ahnungsvoll schon Jahre vorher prophezeit: »Hermann wird entwe-der ein großer Mann oder ein großer Verbrecher.« Sie behielt mit beidem Recht.

vember dieses Jahres waren es schon 15. Nicht alle Abschüsse, die Göring meldete, wurden freilich anerkannt. In der Hektik der Luftkämpfe, in die meist mehrere Flieger verwickelt waren, war es oft schwierig auszumachen, wer welchen Gegner getroffen hatte und ob dieser auch wirklich abstürzte. Sein Fliegerkamerad und Freund Bruno Loerzer erzählte viele Jahre später, Göring habe seine Erfolge bewusst übertrieben und ihm, Loerzer, zu Gleichem geraten, »weil man sonst nicht weiterkomme«. Doch selbst wenn Göring sich zuweilen mit fremden Federn schmückte – er war ein erfolgreicher Jagdflieger.

Am 2. Juni 1918 erhielt er den höchsten deutschen Orden für besondere Tapferkeit, den **»Pour le Mérite«**. Zum Helden geadelt, trug Göring den sogenannten »Blauen Max« von nun an ebenso stolz zur Schau wie ein anderes Statussymbol: den Spazierstock des legendären »Roten Barons«. Nachdem Manfred von Richthofen bei einem Luftkampf ums Leben gekommen war, übernahm Göring im Juli 1918 das Kommando über Richthofens Geschwader – vielleicht die berühmteste Einheit des Ersten Weltkriegs.

Bis zuletzt kämpften deutsche Piloten unter hohen Verlusten gegen die feindliche Übermacht am Himmel an. Umso schwerer traf viele die plötzliche Nachricht vom Waffenstillstand im November 1918. Nie wollte Göring sich damit abfinden, dass der Krieg schon längst verloren war. Im Ratskeller von Aschaffenburg versammelte er die Offiziere seines Geschwaders ein letztes Mal um sich: »Wir werden gegen die Mächte kämpfen, die uns versklaven wollen, und wir werden siegen.« Dann warf er sein Glas zu Boden, und alle folgten seinem Beispiel. Zweieinhalb Jahrzehnte später brannte ebenjener Ratskeller bis auf die Grundmauern nieder: in einem Krieg, den Göring mit entfesselt hatte.

»POUR LE MÉRITE«

Der 1740 von Friedrich dem Großen gestiftete Orden »Pour le Mérite (»Für das Verdienst«) war eine der höchsten zivilen und militärischen Auszeichnungen, die in Preußen vergeben wurden. Seit 1810 wurde er nur noch für außerordentliche Verdienste auf dem Schlachtfeld verliehen. Im Ersten Weltkrieg stieg die Zahl der Ordensträger stark an – besonders häufig wurden Jagdflieger mit der Tapferkeitsauszeichnung bedacht. Nach dem Jagdpiloten Max Immelmann erhielt der dunkelblaue Orden auch seinen Beinamen »Blauer Max«.

WILHELM
BEI KRUPP

Der Kaiser als guter Hirte: Aufmunternd klopft Wilhelm II. einem Arbeiter der Essener Kruppwerke auf die Schulter, spricht beruhigend auf ihn ein, so als wollte er sagen: »Kopf hoch, Junge! Das wird schon wieder, nicht verzagen!« Wir schreiben den September 1918, und so oft der Kaiser die Villa Hügel der Familie Krupp bis dahin auch schon mit seinem Besuch beehrt hat – zum ersten Mal ist er gekommen, um mit den Männern und Frauen an den Werkbänken des Stahlmagnaten zu sprechen.

Dass der Kaiser gerade jetzt sein Herz für die einfachen Arbeiter entdeckte, hatte seinen Grund. Denn in diesem Sommer 1918 war sein Image in der deutschen Öffentlichkeit am Boden. So häufig er sich in der Friedenszeit seinem Volk bei Paraden, Reden, Feiern und Empfängen gezeigt hatte, so unsichtbar war er in der Kriegszeit geblieben. »Das Volk sucht seinen Kaiser und muss ihn finden, soll schwerer Schaden nicht entstehen«, schrieb der spätere Kanzler Max von Baden Mitte August an den Monarchen. »Ob mit Recht oder Unrecht, Tatsache ist, dass es fürchtet, Ihm entfremdet zu werden, während es bereit ist, Seiner Führerschaft zu folgen, wenn es die Gewissheit haben darf, von Ihm verstanden zu werden.«

Eine kaiserliche Propagandaoffensive in eigener Sache musste her – und in alter Verbundenheit zur Familie Krupp fiel die Wahl auf die Waffenschmiede des Reichs im Ruhrgebiet. Hier hoffte Wilhelm auf ein Heimspiel. Doch die Kruppwerke von 1918 waren nicht mehr vergleichbar mit dem Musterbetrieb der Vorkriegszeit. Zwar meldete die Rüstungsindustrie noch immer Produktionsrekorde. Gleichzeitig nahmen Streiks und Proteste immer mehr zu – auch bei Krupp, wo aus Protest gegen die miserablen Lebensbedingungen schon 1917 40 000 Rüstungsarbeiter in einen wochenlangen Ausstand getreten waren.

Zwei Tage lang weilten Seine Majestät bei Krupp. Am ersten Tag bemühte sich Wilhelm, in Diskussionen mit einzelnen Arbeitern Punkte zu sammeln. Eine Arbeiterin immerhin konnte er für sich gewinnen – überliefert sind die Worte: »Unser Kaiser ist doch ein lieber Kerl.« Nicht selten jedoch musste er auch offenen Widerspruch und unverhohlenen Protest ertragen.

Tags darauf dann hielt Wilhelm eine Rede vor etwa tausend Arbeitern, die als Fanal für das ganze Reich gedacht war. Mit bekümmerter Stimme sprach der Kaiser zunächst von den Versorgungsschwierigkeiten im Reich, vom Vernichtungswillen der Feinde, von seinem Friedenswillen und der Pflicht zum Durchhalten, legte dann jedoch zum Entsetzen seiner Kabinettsmitglieder das vorbereitete Redemanuskript beiseite und steigerte sich in eine furiose Kanzelrede hinein. Er sprach von der Krankheit seiner Gattin, erklärte den Arbeitern, »Jeder hat seine Pflicht und seine Last, Du an Deiner Drehbank und ich auf meinem Thron!«, und rief zum Schluss aus: »Wer die Treue halten will, der stehe jetzt auf und verspreche mir, an Stelle der gesamten deutschen Arbeiterschaft: Wir wollen kämpfen und durchhalten bis zum letzten. Dazu helfe uns Gott. Und wer das will, der antworte mit Ja!«

Zwar vermerkte das offizielle **Protokoll** an dieser Stelle ein lautes »Ja« der Arbeiter, tatsächlich jedoch blieben die Kruppianer Augenzeugen zufolge stumm. Auch Alfred Niemann, Vertreter der OHL beim Kaiser, bekannte: »Der innere Kontakt, den der Beginn der Ansprache hergestellt hatte, ging mehr und mehr verloren. Die Mienen erstarrten, und je mehr der Kaiser sich steigerte, umso offenkundiger wurde die Ablehnung … Wir hatten alle das Gefühl, dass der Wurf misslungen war.«

REDEPROTOKOLL

Friedrich von Berg, Chef des Geheimen Zivilkabinetts des Kaisers, ließ die während des Vortrags mehrfach durch Rufe wie »Hunger!« oder »Wann wird endlich Frieden?« unterbrochene Rede stark umarbeiten, ehe sie ihm veröffentlichungsfähig erschien. Bürgerliche Blätter wie die *Kölnische Volkszeitung* schrieben pflichtgemäß, Wilhelm habe »in entscheidenden Augenblicken bewiesen, dass das Fühlen und Sehnen unseres Volkes in seinem Herzen wiederklingt«. Doch die Arbeiterschaft, eigentlicher Adressat des Appells, reagierte durchweg mit scharfer Ablehnung.

DAS ENDE IM WESTEN

David McLellan
Westfront
2. Oktober 1918

DAS ENDE
IM WESTEN

Deutsche Kriegsgefangene in einem britischen Sammellager –
so viele, dass die Kamera gar nicht alle einzufangen vermag.
Tausende Gesichter: abgekämpft, verzweifelt, sorgenvoll – »Sie
gingen, den Kopf gesenkt, mit düsterem Blick, von ihrem Ge-
päck niedergedrückt, und trugen ihre mit Blut und Dreck be-
spritzten Gewehre am Riemen. Ihre Gesichtsfarbe hob sich
kaum von der ihrer Mäntel ab«, beschrieb ein französischer
Leutnant die deutschen Gefangenen. »Sie sagten nichts, sie
schimpften nicht einmal. Sie waren so kraftlos, dass sie sich
nicht einmal mehr beschwerten. In ihren Blicken lag ein un-
geheurer Abgrund von Schmerzen. Diese stummen Gesichter
schienen den unglaublichen Schrecken ihres Martyriums her-
ausschreien zu wollen.«

Der Krieg war längst verloren. Ludendorffs letzte Offensiven im Jahr 1918 hatten die Entscheidung nicht erzwingen
können, sondern das Sterben an den Fronten nur verlängert.
Doch die deutsche Militärführung begegnete dem militärischen Debakel an der Westfront mit einer seltsam anmutenden Mischung aus Erstarrung und Wirklichkeitsverlust. Vor
allem Ludendorff rettete sich mit Zweckoptimismus und
Selbsttäuschung über die Einsicht in sein Scheitern hinweg.
»Die meisten Generale«, beschrieb der spätere Reichswehrmi-
nister Wilhelm Groener nach dem Krieg seine Generalstabs-
kollegen, »blieben hängen mit ihren Gedanken an den schönen Erfolgen auf den Kampffeldern, sie waren stolz auf die
Haltung und die Waffentaten ihrer Truppen und waren zum
Teil geneigt, selbst schwere Rückschläge leicht zu nehmen.
Welche Gefahren aber in dem Nichterreichen strategischer Ziele bei den Kampfhandlungen lagen, kam ihnen fast gar nicht
zum Bewusstsein.«

Mitte Juli 1918 gingen die Alliierten zum Gegenangriff
über. Am 8. August überrannten britische Truppen die deut-

schen Stellungen südlich von Amiens. Dieser »**schwarze Tag des deutschen Heeres**«, wie er später genannt wurde, ließ erkennen, wie ausgelaugt und geschwächt die kaiserliche Armee in diesem Sommer bereits war, da sie auf immer jüngere Jahrgänge zurückgreifen und die älteren Soldaten zugleich an der Front belassen musste. In einem internen Bericht räumte die Oberste Heeresleitung schon am 14. August die aussichtslose Lage ein.

Die Westmächte indes ließen die Gelegenheit zum kriegsentscheidenden Durchbruch verstreichen. Um weitergehende Verluste zu vermeiden, scheuten sie vor einer massierten Großoffensive zurück, die die Niederlage ihrer Gegner hätte besiegeln können. Noch ging das alliierte Oberkommando davon aus, dass sich das militärische Ringen bis weit in das Jahr 1919 hinziehen würde, zumal sich die Deutschen weiterhin äußerst erbittert zur Wehr setzten.

Die Wende löste schließlich auch nicht ein militärischer Zusammenbruch aus, sondern ein zunächst eher symbolhafter Einbruch. Ende September stießen britische Einheiten bei St. Quentin auf einer Breite von 17 Kilometern durch die besonders gesicherte »Siegfried«-Linie, deren Besatzungen sich auch hier bereitwillig in Gefangenschaft begaben. Erstmals hatte der Abwehrriegel, der das Reichsgebiet abschirmen sollte, ein Leck. Die deutsche Führung, die zudem mit der Niederlage Bulgariens an der Südfront einen Bündnispartner und damit auch die Vorherrschaft auf dem Balkan verlor, musste mit dem drohenden Zerfall ihres Westwalls rechnen.

In dieser Lage vollzogen Ludendorff und Hindenburg eine bemerkenswerte Kehrtwende. Plötzlich gestanden sie das militärische Debakel offen ein und drängten die kaiserliche Regierung, einen Waffenstillstand mit den Kriegsgegnern anzustreben. Das Eingeständnis der Niederlage kam für viele

DER SCHWARZE TAG DES DEUTSCHEN HEERES

»Der 8. August ist der schwarze Tag des deutschen Heeres in der Geschichte dieses Krieges«, schrieb Ludendorff in seinen 1919 erstmals erschienenen *Kriegserinnerungen*. Mit mehr als 400 Tanks durchbrachen die Briten die deutsche Frontlinie. Die deutschen Tagesverluste betrugen 48 000 Mann, allein 30 000 davon gerieten in Kriegsgefangenschaft.

überraschend. Als ein Offizier der OHL den Politikern in Berlin erstmals die militärische Lage ungeschminkt schilderte, notierte ein Augenzeuge die Reaktion der Zuhörer: »Ich höre die halberstickten Aufschreie, ich bemerke die hervorquellenden Tränen. Erwachen aus der Narkose, Zorn, Wut, Scham, Anklage: Wir sind jahrelang von den Militärs belogen worden, und wir haben daran geglaubt wie an ein Evangelium!«

Aus dem Kalkül, dass ein demokratisches Deutschland mit einem milderen Frieden rechnen konnte, forderte Ludendorff die sofortige Parlamentarisierung der Regierung. Was der Reichstag seit Jahren angestrebt hatte, im Namen der kaiserlichen OHL wurde es möglich: Vertreter der sozialdemokratischen Parlamentsmehrheit traten in die Regierung des neuen liberalen Reichskanzlers Prinz Max von Baden ein. Sie übernahmen damit Verantwortung für eine Entwicklung, die die Militärs und der Kaiser in Gang gesetzt hatten.

Doch Ludendorff war viel zu sehr Stratege, um nicht von Anfang an zu versuchen, seine Armee vom Makel der Niederlage weißzuwaschen. Wider besseres Wissen lancierte er jene **»Dolchstoßlegende«**, an der die Weimarer Republik von Anfang an schwer tragen sollte. Damit wies der Feldherr die Schuld am verlorenen Krieg denjenigen zu, denen bis dahin jegliche Einflussnahme auf die Entwicklung in Deutschland versagt blieb: »Ich habe aber Seine Majestät gebeten, jetzt auch diejenigen Kreise an die Regierung zu bringen, denen wir es in der Hauptsache zu danken haben, dass wir so weit gekommen sind. Wir werden also diese Herren jetzt in die Ministerien einziehen sehen. Die sollen nun den Frieden schließen, der jetzt geschlossen werden muss. Sie sollen die Suppe jetzt essen, die sie uns eingebrockt haben!« – »Diese Herren«, damit meinte Ludendorff Männer wie die Sozialdemokraten Friedrich Ebert und Philipp Scheidemann oder den Zentrumsabgeord-

»DOLCHSTOSSLEGENDE«

Nicht die Truppe im Felde sei an der Niederlage im Krieg schuld, sondern die Heimat sei unter den Belastungen des Kriegs eingeknickt, habe den verräterischen Dolchstoß in den Rücken des siegenden Heeres geführt, so Hindenburg und Ludendorff nach dem Krieg. »Wir waren am Ende! Wie Siegfried unter dem Speerwurf des grimmen Hagen, so stürzte unsere ermattete Front«, schrieb Hindenburg 1920. Tatsächlich hatten die beiden Heerführer für diese »Ermattung« selbst gesorgt – mit immer neuen Offensiven, die doch keinen Durchbruch brachten, und Durchhalteparolen, die das geschwächte Heer nicht mehr erreichten.

neten Matthias Erzberger. »Miesmacher« und »Jammergestalten«, die 1917 eine »Friedensresolution« des Deutschen Reichstags initiiert hatten.

Schon bald nach seinem Amtsantritt schickte Prinz Max von Baden auf wiederholtes Drängen der OHL am 3. Oktober ein Friedens- und Waffenstillstandsgesuch an den amerikanischen Präsidenten Wilson. In seinem Tagebuch verteidigte er diesen Schritt, der einer deutschen Kapitulation gleichkam: »Die militärische Lage hat uns auf Verlangen der Obersten Heeresleitung unerwartet genötigt, ein hastiges Ersuchen um Waffenstillstand an den Präsidenten der Vereinigten Staaten zu richten. Die Oberste Heeresleitung [trägt dafür] die Verantwortung: sie hat die militärische Lage als aussichtslos bezeichnet; der politischen Leitung bleibt daher nur übrig, die Konsequenzen zu ziehen.«

In den Antwortnoten Wilsons zeichnete sich schnell ab, dass die Alliierten nicht gewillt waren, mit Vertretern des alten Regimes zu verhandeln. Das hieß nichts anderes, als dass die Person des Kaisers einem Friedensschluss im Weg stand. Ludendorff war entsetzt über die Forderung der Kriegsgegner. Als »unannehmbar« bezeichnete er Wilsons Ansinnen und forderte ohne Wissen der Reichsregierung seine Soldaten zur Fortsetzung des Widerstands »mit äußersten Kräften« auf. Doch die Zeiten hatten sich geändert. Diesmal kostete Ludendorff seine Eigenmächtigkeit Kopf und Kragen. Der Kaiser persönlich enthob ihn seines Postens. Die alten Mächte hatten ihren Einfluss verloren.

UMSTURZ IN BAYERN
Heinrich Hoffmann
München
7. November 1918

UMSTURZ IN BAYERN

München, 7. November 1918: Soldaten laufen durch die Stadt, nicht in Marschformation wie mehr als vier Kriegsjahre lang, sondern völlig »unmilitärisch« – wie Fußballfans nach einem Sieg ziehen sie durch die Innenstadt, reißen die Arme in die Luft, schwenken ihre Mützen und jubeln aus ganzem Herzen.

Gut eine Woche zuvor hatten sich in Deutschland die Ereignisse überstürzt. Am 29. Oktober hatte die Hochseeflotte in Kiel und Wilhelmshaven den Befehl zum Auslaufen erhalten. Man habe die Landtruppen in Flandern entlasten wollen, wird es später aus Marinekreisen heißen. Tatsache ist, dass der Auslaufbefehl weder mit der OHL noch mit der Regierung in Berlin abgesprochen war. Unter den Mannschaften der betroffenen Geschwader verbreitete sich das Gerücht, die Marineleitung plane einen heroischen Untergang. Der Kommandant der »Thüringen« wurde zitiert mit: »Wir verfeuern unsere letzten 2 000 Schuss und wollen mit wehender Fahne untergehen.« Jetzt, so kurz vor dem sich abzeichnenden Kriegsende, lag den Matrosen aber wenig an ehrenvollem Sterben. Die Mannschaften streikten, die Heizer löschten die Feuer unter den Kesseln.

Noch dachte niemand an eine Revolution. Erst als die meuternden Matrosen verhaftet wurden, ihnen Kriegsgericht und Erschießung drohten, radikalisierte sich die Bewegung. Tausende demonstrierten in Kiel für die Freilassung ihrer Kameraden. Eine Militärpatrouille schoss in die Menge – neun Menschen starben. Jetzt wollten die Matrosen die Macht. Rote Fahnen wurden auf allen Schiffen gehisst. Nur ein Kapitän verteidigte die königliche Fahne mit der Waffe, er wurde erschossen.

Die Matrosen wählten den ersten Soldatenrat in Deutschland, entwaffneten ihre Offiziere – nun breitete sich ein Flächenbrand in Deutschland aus: Mit roten Armbinden marschierten Soldaten und Matrosen durch die Straßen, besetzten Rathäuser und Bahnhöfe und befreiten politische Gefangene. Überall schlossen sich Arbeiter der Bewegung an. Das Volk wollte Frieden. Die Kräfte des alten Regimes waren wie gelähmt. Doch die Revolution war nicht gewalttätig. Es gab keine Racheakte oder Lynchjustiz an den bisherigen Machthabern. Der revolutionäre Akt erschöpfte sich im Hissen von roten Fahnen und in Demütigungen der Offiziere. Man riss ihnen ihre Epauletten von den Schultern, nahm ihnen die Kokarde ab – Symbole ihrer Verbundenheit mit der Monarchie.

In München fand am 7. November zum Jahrestag der russischen Revolution eine große Friedensdemonstration auf der Theresienwiese statt. Der USPD-Politiker **Kurt Eisner** forderte die Revolution in Bayern – und fand rasch zahlreiche Unterstützer vor allem unter den Soldaten verschiedener Münchner Garnisonen. Als Eisner am Abend mit seinen Anhängern vor der königlichen Residenz eintraf, entschloss sich König Ludwig III. auf Anraten seiner Minister zur Flucht. Kurz nach Mitternacht rief Eisner dann den »Freien Volksstaat« aus – Bayern war als erstes deutsches Land Republik.

Doch während sich viele Soldaten von der revolutionären Aufbruchsstimmung mitreißen ließen, wurde Eisners aus USPD- und SPD-Politikern gebildete neue bayerische Regierung vor allem im Bürgertum und auf dem Land vehement abgelehnt. Bei den ersten freien Wahlen im Januar 1919 fand sich Eisners Partei mit gerade einmal 2,5 Prozent der Stimmen als Splittergruppe wieder. Ende Februar 1919 wurde der Politiker auf dem Weg in den Landtag von einem Rechtsradikalen ermordet. Danach versank Bayern im politischen Chaos.

KURT EISNER

Der als Sohn eines jüdischen Textilfabrikanten in Berlin geborene Eisner (1867–1919) arbeitete als Journalist für renommierte Blätter wie die Frankfurter Zeitung, ehe er wegen Majestätsbeleidigung zu einer Gefängnisstrafe verurteilt wurde. Nach seiner Entlassung trat er in die SPD ein, obwohl er dem Marxismus der Parteiführung stets reserviert gegenüberstand. Im Verlauf des Krieges wandelte sich der eher gemäßigte Politiker zum radikalen Pazifisten und wurde nach der Spaltung der deutschen Sozialdemokratie Leitfigur der Münchner USPD.

**REVOLUTION
IN BERLIN**
Gebrüder Haeckel
Berlin, Unter den Linden
9. November 1918

REVOLUTION
IN BERLIN

Ein Matrose mit einer roten Fahne in der Hand hat sich an die Spitze eines Demonstrationszugs im Zentrum Berlins gesetzt. Auch auf dem Brandenburger Tor weht das rote Banner. Soldaten, Gewehre im Anschlag, patrouillieren in offenen Fahrzeugen durch die Stadt. Die kaiserliche Residenz, das Stadtschloss, ist belagert von revolutionären Spartakisten. Im benachbarten Marstall verbarrikadieren sich kaisertreue Offiziere: Revolution in Deutschland!

»Brüder – nicht schießen!« stand auf Plakaten, die den Demonstrationszügen der Berliner Arbeiterschaft vorangetragen wurden. An diesem 9. November 1918, einem Samstag, hatten in allen Berliner Fabriken und Werkstätten Betriebsversammlungen stattgefunden. Gegen neun Uhr, sonst die Zeit für eine Frühstückspause, formierten sich die Belegschaften zu Marschkolonnen. Sie folgten dem Aufruf zum Generalstreik, den zwei Tage zuvor die Berliner **USPD**, die linksgerichtete »Unabhängige Sozialdemokratie«, formuliert hatte. Man streikte, weil ein Ultimatum der USPD abgelaufen war: Bis zum Freitagnachmittag hätte der Kaiser seine Abdankung erklären sollen. Aber dieser Schritt war nicht erfolgt. Die Konsequenz: Generalstreik am Samstag, dem 9. November – damals ein ganz normaler Arbeitstag. Die Arbeiter, die jetzt auf die Straßen gingen, hatten keine leichte Entscheidung gefällt – viele fürchteten, dass ihre Demonstration in einem Blutbad enden würde. Doch das änderte wenig an der Entschlossenheit der Männer – sie waren nach vier Jahren Krieg und Entbehrungen bereit, für die Revolution Opfer zu bringen.

Aber das befürchtete Massaker blieb aus – die Soldaten der Berliner Garnisonen schossen nicht, obwohl sie noch am Vorabend verstärkt worden waren. Der der USPD angehörende Arbeiterführer Richard Müller hatte am Freitagabend den bedrohlichen Einmarsch des 4. Jägerregiments beobachtet, einer

DIE USPD

Nachdem die SPD im August 1914 den Kriegskrediten zugestimmt hatte und offiziell eine Politik des »Burgfriedens« verfolgte, gab es starke innerparteiliche Strömungen gegen diesen Kurs, die sich im Lauf des Krieges weiter verstärkten. Als Ende 1915 20 Abgeordnete der SPD im Reichstag eine Verlängerung der Kredite ablehnte, wurden sie erst aus der Fraktion, dann aus der Partei ausgeschlossen. Unter Führung des einstigen SPD-Vorsitzenden Hugo Haase konstituierte sich im April 1917 die USPD als eigenständige Partei links von der Mehrheits-SPD. Die Spaltung der deutschen Sozialdemokratie war besiegelt.

Truppe, die schon an der Ostfront gegen russische Revolutionäre vorgegan-
gen war. Er notierte: »Schwerbewaffnete
Infanteriekolonnen, Maschinengewehr-
Kompagnien und leichte Feldartillerie zogen in endlosen Zügen an mir vorüber,
dem Inneren der Stadt zu. Das Menschen-
material sah recht verwegen aus. Mich
erfasste ein beklemmendes Gefühl.«

Revolutionäre Soldaten vor der Garde-Ulanen-Kaserne
in Berlin, 9. November 1918

Aber als an diesem Abend in Berlin Handgranaten an die
Soldaten ausgegeben wurden, forderten sie von ihren Offizieren Aufklärung über den bevorstehenden Einsatz. Am frühen
Samstagmorgen verlor die gereizte Truppe die Geduld mit ihren Vorgesetzten. Die Soldaten beschlossen, selbst herauszu-
finden, was ihnen an diesem Tag in den Straßen Berlins bevorstand. Auf Lastwagen fuhren sie zum Redaktionsgebäude
der SPD-Zeitung *Vorwärts*. Dort nahm gerade der SPD-Ab-
geordnete Otto Wels an einer Betriebsversammlung der Belegschaft teil. Als die Soldaten eintrafen, entschloss er sich zu
handeln. Er begleitete die schwerbewaffneten, aber orientie-
rungslosen Soldaten zu ihrer Kaserne. Vor der komplett ange-
tretenen Truppe traf er den richtigen Ton – er schilderte ihnen
die hoffnungslose militärische Lage des Reiches, die undurch-
sichtige Haltung des Kaisers und die angespannte politische
Situation in Berlin. Seine Offenheit überzeugte die Männer.
Schließlich appellierte er an ihre Verantwortung: »Es ist eure
Pflicht, den Bürgerkrieg zu verhindern! Ich rufe euch zu: Ein
Hoch auf den freien Volksstaat!«

Und tatsächlich – die Soldaten folgten ihm. Mit einer
Delegation von Soldaten besuchte er nun die anderen Kaser-
nen der Berliner Garnison, hielt seine schon bewährte Rede
und schaffte es, an diesem Samstagmorgen die bewaffnete

Macht in Berlin von der vernunftbetonten Haltung der SPD zu überzeugen.

Der Tag sollte aber noch andere Umwälzungen bringen: Einsame Entschlüsse verhinderten, dass die Revolution, die sich seit zehn Tagen ihren Weg durch das Deutsche Reich bahnte, am 9. November 1918 in Berlin in einem blutigen Chaos gipfelte. Den USPD-Aufruf zum Generalstreik hielten die Vertreter der gemäßigten SPD für gefährlich. Deshalb setzten sie alles daran, ein Überlaufen der erregten Masse zu den unberechenbaren Linken zu verhindern.

Friedrich Ebert, SPD-Fraktionsvorsitzender und somit der Führer der stärksten Partei im Reichstag, stellte an diesem Vormittag ein demonstratives Ultimatum: »Der Kaiser muss sofort abdanken, sonst haben wir die Revolution.« Prinz Max von Baden, der letzte kaiserliche Reichskanzler, stimmte zu – er wusste, dass die Zeit der Monarchie in Deutschland endgültig abgelaufen war. Er versetzte ihr den Todesstoß, indem er ohne Einwilligung des Kaisers dessen Abdankung erklärte: »Der Kaiser und König hat sich entschlossen, dem Thron zu entsagen. Der Reichskanzler bleibt noch so lange im Amt, bis die mit der Abdankung des Kaisers und der Einsetzung der Regentschaft verbundenen Fragen geregelt sind. Er beabsichtigt, dem Regenten die Ernennung des Abgeordneten Ebert zum Reichskanzler und die Vorlage eines Gesetzentwurfs wegen der sofortigen Ausschreibung allgemeiner Wahlen für eine verfassunggebende deutsche Nationalversammlung vorzuschlagen, der es obliegen würde, die künftige Staatsform des deutschen Volkes endgültig festzustellen.« Es war eine Ironie der Geschichte, dass in dem Moment, als sich der Kaiser im fernen Spa endlich zur Abdankung durchgerungen hatte, die Ereignisse des Tages schon über ihn hinweggegangen waren.

FRIEDRICH EBERT

Der in Heidelberg geborene Ebert (1871–1925) hatte das Sattlerhandwerk gelernt und in der SPD schnell als Redner und Organisator Karriere gemacht. Nach dem Tod des Parteigründers August Bebel 1913 wurde er gemeinsam mit Hugo Haase zum Vorsitzenden der SPD gewählt. Zu Kriegsbeginn trugen beide die sozialdemokratische »Burgfriedens«-Politik mit. Während Haase zunehmend zum Kriegsgegner mutierte und 1917 zum Mitbegründer der linken Parteiabspaltung USPD wurde, blieb Ebert bis zuletzt Verfechter der »Vaterlandsverteidigung« und des innenpolitischen Stillhaltens der deutschen Sozialdemokratie.

Doch als Ebert gegen zwölf Uhr in der Reichskanzlei eintraf, forderte er unter dem Eindruck der angespannten Situation in den Straßen Berlins die sofortige Übernahme der Regierungsgewalt durch die SPD. Er selbst, Friedrich Ebert, sollte der neue Reichskanzler sein. Wie die eigenmächtige Abdankungsklärung durch Max von Baden war auch dieser Schritt nicht verfassungskonform und somit wirklich revolutionär. Damit wollte Ebert den Revolutionären noch an diesem Tage zeigen, dass ein Umsturz in den Straßen Berlins überhaupt nicht mehr nötig sei. Und tatsächlich: Reichskanzler Prinz Max von Baden trat zurück. »Ich lege Ihnen das Deutsche Reich ans Herz«, mahnte er Friedrich Ebert, worauf dieser antwortete: »Ich habe zwei Söhne für dieses Reich verloren.«

Die Revolution war das Resultat einer unorganisierten Massenbewegung, an deren Spitze sich Friedrich Ebert gesetzt hatte. Doch er war kein Revolutionär, er hasste die soziale Revolution, wie er selbst bekundete, »wie die Sünde«. Ebert befürchtete einen Bürgerkrieg, sollten sich die Kräfte des deutschen Novembers 1918 gegen Generalität und Offiziere richten oder die kaiserliche Ministerialbürokratie antasten. Die Ereignisse im bolschewistischen Russland wirkten abschreckend. In seinem ersten Aufruf als Reichskanzler wandte er sich deshalb an die alten Kräfte des Kaiserreichs: »Ich weiß, dass es vielen schwer werden wird, mit den neuen Männern zu arbeiten, die das Reich zu leiten unternommen haben, aber ich appelliere an ihre Liebe zu unserem Volke. Ein Versagen der Organisation in dieser schweren Stunde würde Deutschland der Anarchie und dem schrecklichen Elend ausliefern.« Die Revolution war für ihn mit dem 9. November abgeschlossen. Konkursverwaltung, »Ruhe und Ordnung« – das waren für Ebert jetzt die Gebote der Stunde.

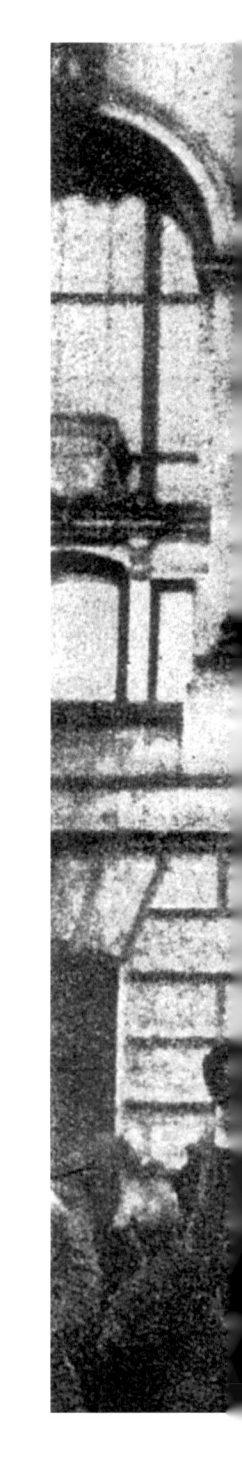

DIE AUSRUFUNG
DER REPUBLIK
Erich Greiser
Berlin, Reichstag
9. November 1918

DIE AUSRUFUNG DER REPUBLIK

»Das deutsche Volk hat auf der ganzen Linie gesiegt. Das Alte und Morsche, die Monarchie, ist zusammengebrochen. Es lebe das Neue! Es lebe die deutsche Republik!« Die riesige Menschenmasse, das unüberschaubare Heer revolutionärer Arbeiter, die sich an diesem Samstag um die Mittagszeit des 9. November 1918 vor dem Berliner Reichstag versammelt haben, trauen ihren Ohren nicht: Der SPD-Reichstagsabgeordnete Philipp Scheidemann, der dort, auf einem Balkonvorsprung des Reichstags stehend, zu ihnen spricht, hat ihnen soeben erklärt, dass ihre Hauptforderungen erfüllt sind! Der Überraschung folgte tosender Jubel.

Scheidemann hielt an diesem Tag mehrere Reden, hier an der Reichskanzlei

Die Begeisterung über den Triumph mischte sich mit einem befreienden Gefühl der Erleichterung – schließlich hatten die Menschen an diesem 9. November 1918 schon mit dem Schlimmsten gerechnet. »Generalstreik« hatte die Parole gelautet, immer mehr Menschen waren vom Morgen an in die Innenstadt geströmt. Die Forderung der Arbeiter: Kaiser Wilhelm II. solle auf den Thron verzichten, endlich ein Waffenstillstandsabkommen unterzeichnet werden. Obwohl mit der Abdankungserklärung Wilhelms durch Max von Baden am Morgen und der Übernahme des Reichskanzlerpostens durch Friedrich Ebert gegen Mittag dieses Tages die Hauptforderungen der Arbeiter erfüllt waren und weiteren revolutionären Aktionen damit eigentlich die Spitze genommen war, zerstreuten sich die euphorisierten Massen, die zwischen Stadtschloss, Wilhelmstraße und Reichstag auf- und abströmten, nicht.

Als SPD-Fraktionschef Scheidemann beim Mittagessen im Parlamentsrestaurant erfuhr, dass der Spartakistenführer

PHILIPP SCHEIDEMANN

Der Sozialdemokrat Philipp Scheidemann (1865–1939) wurde von Zeitzeugen als »glänzender Rhetoriker mit ein wenig burschikosen Manieren« beschrieben. Ab 1913 war er mit Hugo Haase Vorsitzender der SPD-Reichstagsfraktion. Sein Amt als Vizepräsident des Parlaments trat er nicht an, weil er den obligatorischen Antrittsbesuch bei Kaiser Wilhelm II. verweigerte. Anfang Oktober 1918 trat er als Staatssekretär in die Regierung von Reichskanzler Max von Baden ein, war nach der Revolution Mitglied des »Rats der Volksbeauftragten« und amtierte 1919 für einige Monate als Reichskanzler.

Karl Liebknecht plante, in den nächsten Stunden eine deutsche Räterepublik nach sowjetrussischem Vorbild auszurufen, entschloss er sich, umgehend zu handeln. Ohne Rücksprache mit Ebert ergriff er die Initiative: Scheidemann sei »sehr aufgeregt« zu ihm gekommen, habe ihn am Arm gepackt und mit sich zu einem Lesezimmer gezogen, erinnerte sich der Augenzeuge Curt Vogel. »Wir rissen die Tür zum Balkon auf, ich sah unten eine riesige Menge mit roten Fahnen, die immer mehr wuchs, und schrie, ohne Scheidemann zu fragen, hinunter: Arbeiter und Soldaten! Scheidemann wird sprechen! … Wir hoben Scheidemann auf die Balustrade, und nun rief Scheidemann, es war gegen 2 Uhr, die Republik aus.« Tatsächlich war damit Liebknechts Proklamation einer »freien sozialistischen Republik« gut zwei Stunden später vor dem Berliner Stadtschloss die Spitze genommen – Liebknechts Vorstoß blieb weitgehend folgenlos.

Von der »Stunde Null« der deutschen Republik gebe es kein authentisches Bildmaterial, das war jahrzehntelang vorherrschende Meinung in der Geschichtswissenschaft. Das bekannte Bild, das Scheidemann auf einem Balkon des Reichstags zeigte, sei nachträglich entstanden, möglicherweise 1928, anlässlich des zehnten Jubiläums der Revolution. Tatsächlich aber wurde das Foto bereits wenige Tage nach der Revolution zum ersten Mal in der Berliner Presse veröffentlicht, ist also authentisch. Auch ein weiteres Bild, das Scheidemann im Fenster der Reichskanzlei zeigt, stammt von 9. November, doch zeigt es nicht die Ausrufung der Republik, sondern eine weitere Rede Scheidemanns in der aufgeheizten politischen Atmosphäre dieses Tages, als die Monarchie wie ein Kartenhaus in sich zusammenfiel.

DER KAISER GEHT INS EXIL
Alfred Groß
Eijsden/Niederlande
10. November 1918

DER KAISER GEHT INS EXIL

Es ist kalt an diesem 10. November 1918, der Kaiser trägt Pelz. Doch den Monarchen fröstelt nicht nur wegen der herbstlich-kühlen Temperaturen. Denn, hier auf dem schäbigen Bahnhof des holländischen Grenzkaffs Eijsden, wird an diesem Tag ein tausend Jahre während Zeitalter zu Grabe getragen. Wilhelm II., deutscher Kaiser und preußischer König, nominell einer der mächtigsten Männer Europas, geht ins Exil. Die **Monarchie** in Deutschland ist Geschichte.

Mit dem Kaiser war der vom Volk so ersehnte Frieden nicht zu haben – das hatte sich an der Front und in der Heimat längst herumgesprochen. Wilhelm, der am 29. Oktober wieder ins Hauptquartier nach Spa gereist war, plante dennoch in völliger Verkennung der Lage, an der Spitze des Heeres die Ordnung in der Heimat wiederherzustellen. Es blieb Ludendorffs Nachfolger Wilhelm Groener überlassen, dem Kaiser schonungslos die neuen Verhältnisse darzustellen: »Unter seinen Führern und Generälen wird das Heer in Ruhe und Ordnung in die Heimat zurückmarschieren, nicht aber unter dem Befehl Eurer Majestät! Es steht nicht mehr hinter Eurer Majestät!« Der Kaiser fühlte sich brüskiert.

Bis zuletzt weigerte sich Wilhelm, auf den Thron zu verzichten. Dann rang er sich zwar zur Abdankung als deutscher Kaiser durch, plante aber, weiter preußischer König zu bleiben. Gerade, als er am Nachmittag des 9. November eine dahin lautende Erklärung unterschreiben wollte, traf die Meldung aus Berlin ein, dass Kanzler Max von Baden bereits den Verzicht Wilhelms auf beide Throne verkündet hatte.

Der so unsanft abservierte nunmehrige Ex-Kaiser brauchte einige Stunden, um diesen Schock zu verdauen; dann gab er auf. In den frühen Morgenstunden des 10. November verließ er das Hauptquartier, nachdem auch Hindenburg erklärt hatte, nicht mehr für seine Sicherheit garantieren zu können, und

MONARCHIE

Mit Heinrich I. hatte 919, knapp tausend Jahre zuvor, der erste »deutsche« König den Thron des damaligen Ostfränkischen Reichs bestiegen. Gut 500 Jahre später, 1415, erhielt der aus dem Haus Hohenzollern stammende Burggraf Friedrich VI. von Nürnberg das Kurfürstentum Brandenburg – Grundlage für den Aufstieg Preußens, das im Lauf des 18. Jahrhunderts zur europäischen Großmacht wurde. Als 1871 das Kleindeutsche Reich gegründet wurde, wurde dem preußischen König Wilhelm I., dem Großvater von Wilhelm II., die Kaiserwürde angetragen.

begab sich an die nahe holländische Grenze. Die Reise verlief unter konspirativen Umständen: Der Hofzug wurde nach Holland geleitet, Kaiser Wilhelm fuhr jedoch von wenigen Begleitern eskortiert streckenweise im Auto. Man rechnete mit Überfällen aufständischer Soldaten, jedoch verlief alles glimpflich.

Am holländischen Grenzbahnhof Eijsden bat Wilhelm II. die überraschte Königin Wilhelmina um Asyl. Seit der Hinrichtung seines Vetters Zar Nikolaus II. durch Rotarmisten war erst ein knappes halbes Jahr vergangen. Nach 24 Stunden die Erlösung – der deutsche Kaiser durfte einreisen. In Amerongen fand er seine erste Unterkunft. »Jetzt müssen Sie mir eine Tasse heißen, guten englischen Tee geben lassen«, bat er den Majordomus seines Domizils bei der Begrüßung. Im Haus Doorn bei Utrecht verbrachte Wilhelm II. dann den Rest seines Lebens. Eisenbahnwaggons mit Möbeln und Kleidung wurden ihm 1919 aus dem Reich nachgesandt und verwandelten sein Exil in einen Mikrokosmos früherer Hofhaltung.

»Wir hatten erwartet, dass der Kaiser auf den Stufen des Thrones fallen würde«, kommentierte ein Veteran der kaiserlichen Armee diese Flucht, »doch der Kaiser war nicht mutig genug, um nicht zu sagen: feige.« Hindenburg sollte später eine Ehrenerklärung für ihn abgeben: »Seine Majestät der Kaiser und König ist nicht fahnenflüchtig geworden! Diese Verleumdung weise ich mit Entrüstung zurück! Der Kaiser ist von uns gegangen, weil ihn sein Volk verlassen hatte. Der Heldentod an der Spitze des Heeres war unmöglich, weil gerade der Waffenstillstand abgeschlossen wurde!«

Unfähig, die wahren Gründe für die deutsche Niederlage zu akzeptieren, suchte auch Wilhelm II. die Schuld am Zusammenbruch des Kaiserreichs bei den Juden. In fataler Weise schwamm er damit auf den trübsten Strömungen seiner Zeit.

»Wenn zu Hause der Bolschewismus kommt, stelle ich mich an die Spitze einiger Divisionen, rücke nach Berlin und hänge alle auf, die Verrat üben. Da wollen wir mal sehen, ob die Masse nicht doch zu Kaiser und Reich hält.«
WILHELM II., 1. NOVEMBER 1918

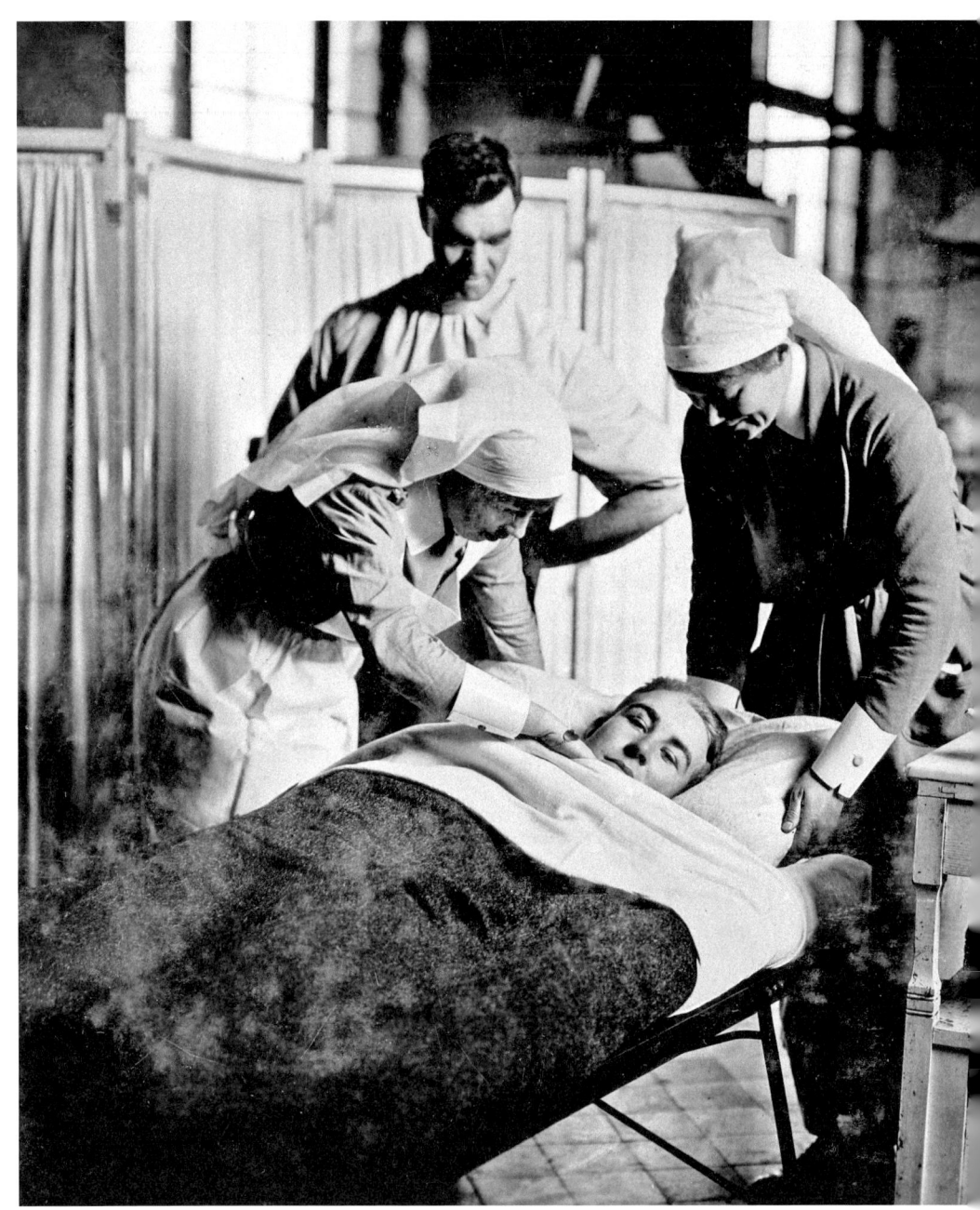

DER LETZTE
TAG DES KRIEGS

Ein jugendlicher kanadischer Soldat liegt auf einem Feldbett in einem Lazarett, zwei Krankenschwestern kümmern sich liebevoll um ihn. Es ist der 11. November 1918, der letzte Tag des Kriegs. Erst 17 Jahre ist dieser Junge alt, eigentlich viel zu jung für die Front. Er hat seine Papiere gefälscht, um dennoch für sein Land in den Kampf ziehen zu können. Und nun, kaum eine Viertelstunde vor der Verkündung des Waffenstillstands, ist er noch verwundet worden.

Dabei hatte er noch Glück im Unglück, denn Tausende andere Soldaten überlebten diesen Tag nicht. Bis in den letzten Minuten des Weltenbrands wurde erbittert gekämpft, zum Beispiel in der Nähe des belgischen Mons, wo 1914 auch eine der ersten Schlachten zwischen Deutschen und Briten stattgefunden hatte. Neun britische Soldatengräber beherbergt der kleine Friedhof von Nouvelle – fünf aus dem August 1914 und vier vom 11. November 1918. Insgesamt starben an diesem Tag noch fast 900 Männer der britischen Commonwealth-Truppen.

Auch die Franzosen hatten am Tag des Waffenstillstands noch 75 Gefallene zu beklagen. Zehn Minuten vor dem Ende des Kriegs starb der 40 Jahre alte Melder Augustin Trébuchon vom 415. Infanterieregiment. Eine deutsche Kugel traf ihn in dem Moment, da er seinen Kameraden im Schützengraben die Nachricht von der Einstellung der Feindseligkeiten überbringen wollte. Wie bei allen anderen französischen Toten dieses Tages wurde das Todesdatum auf seinem Grabstein um einen Tag zurückdatiert, wohl um unangenehme Nachfragen zu vermeiden, warum die »Poilus« trotz des unmittelbar bevorstehenden Waffenstillstands nochmals in die Schlacht geschickt worden waren.

Besonders verlustreich war der trübe Novembertag auch für die US-Soldaten. Der amerikanische Oberkommandierende, General John Pershing, meinte, den Deutschen weiter

Lektionen erteilen zu müssen, indem er ihnen bis zuletzt empfindliche Niederlagen beibrachte. Deshalb griffen seine Soldaten weiter an – und verloren allein beim Übergang der Marines über die Maas 1100 Mann. Wenige Stunden später hätten sie den Fluss vollkommen unbehelligt überqueren können. Die Einnahme der Stadt Stenay durch die 89. US-Infanteriedivision in letzter Minute kostete noch einmal 300 Mann Verluste.

Auch der letzte Tote dieses Kriegs war ein Amerikaner. Bei Ville-devant-Chaumont wenige Kilometer nördlich von Verdun waren die vorrückenden US-Truppen auf ein deutsches MG-Nest getroffen. Die Deutschen hatten zunächst auf die anrückenden GIs geschossen, dann jedoch das Feuer eingestellt. Nach dem Zeugnis seiner Kameraden sprang der aus einer deutschstämmigen Familie aus Baltimore kommende Henry Gunther plötzlich auf und lief mit aufgepflanztem Bajonett auf die feindliche Stellung zu. Weder Zurufe der eigenen Leute noch Handzeichen der überraschten Deutschen konnten ihn aufhalten. Kurz bevor er die deutsche Stellung erreichte, eröffnete das Maschinengewehr das Feuer.

Gunther starb 10:59 Uhr – eine Minute vor Inkrafttreten des Waffenstillstands. In der offiziellen Regimentsgeschichte seiner Einheit hieß es: »In dem Moment, da er fiel, erstarb das Feuer und eine entsetzliche Stille obsiegte.« Vermutlich hatte Gunther, der wegen defätistischer Äußerungen im August 1918 vom Unteroffizier zum einfachen Soldaten degradiert worden war, in letzter Sekunde noch einmal seine Tapferkeit beweisen wollen. Doch statt seiner Rehabilitierung erwartete ihn der Tod. Wie viele deutsche Soldaten noch am letzten Tag des Kriegs getötet wurden, ist unbekannt. Die Gesamtverluste aller Kriegsparteien an Toten, Vermissten, Verwundeten betrugen 11 000 Mann, viel mehr als an einem »normalen« Kriegstag.

DER WAFFEN-STILLSTAND
Unbekannter Fotograf
Compiègne/Frankreich
11. November 1918

DER WAFFEN-STILLSTAND

Einen Händedruck zwischen den Gegnern gibt es nicht, als die Unterschriften geleistet sind, die den Ersten Weltkrieg beenden. Ohne Gruß gehen die Delegationen auseinander, die in einem Eisenbahn-Salonwagen im französischen Hauptquartier im Wald von Compiègne die Verhandlungen über einen Waffenstillstand zwischen dem Deutschen Reich und der Entente geführt haben. Noch einmal nimmt der deutsche Verhandlungsführer Matthias Erzberger das Wort, spricht von den harten, wenn nicht unerfüllbaren Bedingungen der Alliierten, und beendet seine Rede mit dem Satz: »Ein Volk von siebzig Millionen leidet, aber es stirbt nicht.« Der französische Marschall Ferdinand Foch, Oberbefehlshaber über die alliierten Truppen, winkt ab: »Très bien.«

Nach dem Eingeständnis der deutschen Niederlage und einem wochenlangen Notenwechsel war die hauptsächlich aus Zivilisten bestehende deutsche Delegation am 8. November in Compiègne eingetroffen. Im Auftrag der Reichsregierung sollte der Zentrumspolitiker Erzberger von Foch die Waffenstillstandsbedingungen der Alliierten entgegennehmen. Die Deutschen hofften auf einen milden Frieden auf Grundlage des **14-Punkte-Plans**, das US-Präsident Woodrow Wilson im Januar 1918 verkündet hatte. Doch vor allem die Franzosen, auf deren Boden der Krieg vier Jahre lang gewütet und immense Zerstörungen zurückgelassen hatte, forderten eine drakonische Bestrafung Deutschlands – und konnten sich letztlich mit dieser Linie durchsetzen.

So waren die Forderungen der Sieger äußerst hart: Abzug aus allen besetzten Gebieten außer dem Baltikum, Besetzung des linksrheinischen Gebietes, Internierung der Hochseeflotte, Fortdauer der Blockade über das Kriegsende hinaus, Ablieferung von Militärgut, vorerst keine Freilassung deutscher Kriegsgefangener. Verhandlungen auf gleichberechtigter Ebe-

14-PUNKTE-PLAN

Wilsons Plan versprach einen Friedensschluss auf der Basis des Selbstbestimmungsrechts der Völker. Offensichtliches Unrecht sollte wiedergutgemacht, die Freiheit der Meere und des Handels gewährleistet werden. An deutschen Vorleistungen für einen Friedensschluss forderte Wilson unter anderem eine Räumung des besetzten Belgiens sowie eine Rückgabe des 1871 dem Reich angegliederten Elsass-Lothringens. Außerdem sollte sich Deutschland am Wiederaufbau der im Krieg zerstörten Gebiete Frankreichs beteiligen. Von Reparationszahlungen war dagegen nicht die Rede.

ne mit der deutschen Delegation lehnten die Alliierten kategorisch ab. Den Deutschen blieb nur die Wahl anzunehmen – anderenfalls drohten die Sieger mit einem Einmarsch ins Reich.

Um 5:20 Uhr früh am 11. November unterschrieb Erzberger den Waffenstillstandsvertrag. Immerhin hatte er für Deutschland noch einige kleinere Abmilderungen der alliierten Forderungen erreichen können. In Spa bemerkte Feldmarschall Hindenburg gleichwohl süffisant, es sei wohl das »erste Mal in der Weltgeschichte, dass nicht Militärs den Waffenstillstand abschließen, sondern die Politiker.«

Dabei hatten die Konkursverwalter des Kaiserreichs auf die harschen Bedingungen ebenso wenig Einfluss wie zuvor auf die Kriegsführung, deren Folgen sie nun zu tragen hatten. Die große Mehrheit der kriegsmüden Frontsoldaten wäre in diesem Herbst 1918 kaum noch zum Weiterkämpfen zu bewegen gewesen. Sie hatten die Aussichtslosigkeit der Schlachten am eigenen Leib erfahren. Auch in der Heimat gab es kaum noch Familien, die nicht den Verlust eines Angehörigen zu beklagen hatten. Die Einsicht in die Niederlage war in diesen Tagen durchaus verbreitet. Erst im Rückblick verschob sich das Bild des Kriegs in der Sichtweise zahlreicher Zeitgenossen – besonders aus jener Generation, die für den Fronteinsatz noch zu jung gewesen war.

In den Köpfen vieler Deutschen hinterließ der Weltkrieg seelische und geistige Schäden, die noch lange nachwirken sollten. Wie alle, die sich in diesen Tagen für die Beendigung der Kampfhandlungen einsetzten, wurde Erzberger als »Novemberverbrecher« verfemt. 1921 fiel er dem Mordanschlag eines rechtsextremistischen Offiziers zum Opfer.

Das Waffenstillstandsabkommen vom 11. November 1918

DER KRIEG
IST AUS
Unbekannter Fotograf
London
11. November 1918

DER KRIEG
IST AUS

London am 11. November 1918: Jubelnde Männer sind auf einen Doppelstockbus geklettert und schwenken den Union Jack und die französische Trikolore. Freude und Erleichterung stehen ihnen ins Gesicht geschrieben: Nach 1 560 Tagen hat das Morden ein Ende, ist der Weltenbrand endlich vorbei.

Im Morgengrauen dieses Montags war der Waffenstillstand zwischen Deutschland und der Entente abgeschlossen worden; um elf Uhr vormittags trat er in Kraft. Doch das wussten die Londoner noch nicht, als in der britischen Hauptstadt plötzlich Flakgeschütze zu feuern begannen. Die Menschen waren beunruhigt: Was hatten die Schüsse zu bedeuten? Sollten doch noch einmal deutsche Bomber im Anflug sein, um ihre tödliche Last über der Metropole abzuwerfen?

Bald jedoch war klar, dass die Deutschen nicht mehr kommen würden – nein, der Krieg war zu Ende! Jetzt begannen die Kirchenglocken zu läuten, die Menschen strömten auf die Straßen und feierten den Frieden, dem trüben und nebligen Londoner Novemberwetter zum Trotz. Hunderttausende wogten ausgelassen jubelnd durch die Stadt – hin zum Buckingham Palace, wo König Georg V. auf den Balkon trat und die Huldigungen seiner Untertanen entgegennahm. »Gemeinsam mit euch danke ich Gott und bin glücklich«, rief er aus. »Ganz egal, ob sie seine Worte hören konnten oder nicht, sie jubelten und jubelten und jubelten«, erinnerte sich eine Augenzeugin. »Auf dem Trafalgar Square tanzte die Menge und sang Kriegslieder. ›Haben wir den Krieg gewonnen?‹, riefen sie einander zu und als Antwort schallte es zurück: ›Ja, wir haben den Krieg gewonnen‹.«

Auch in Paris hatten zur Stunde, da der Waffenstillstand in Kraft trat, alle Glocken begonnen zu läuten. Den Schulkindern gab man zur Feier des Tages frei, ebenso den Arbeitern, Angestellten und Beamten. Filmaufnahmen zeigen begeisterte

Menschenmassen zwischen Place de la Concorde, Champs-Élysées und Place de l'Opéra: Zahlreiche französische Zivilisten sind zu sehen, viele »Poilus«, auch etliche amerikanische Soldaten. Hüte werden vor Freude in die Luft geworfen und die Flaggen der alliierten Staaten geschwenkt. Stoffpuppen mit dem Konterfei des verhassten deutschen Kaisers Wilhelm gehen in Flammen auf.

Bis tief in die Nacht hinein tanzten die Pariser auf den Straßen. Polizeiberichten zufolge floss der Alkohol in Strömen. »Nie wieder in meinem Leben würde ich wieder dieses Gefühl erleben: Körper, die durch noch mehr Körper an mich gepresst wurden, mich erdrückten. Diese Heiterkeit, Küsse auf meine Haare, meine Nase, meine Ohren. Hände, die meine Schultern schüttelten. Stimmen schrien ›Bravo, Amerika!‹ und ›Lang leben die Teddies!‹.«, erinnert sich Lieutenant Cabeem von der US Army, der den 11. November in Paris erlebte. »Ich dachte, ich müsste sterben – aber was für ein angenehmer Tod!«

Weniger enthusiastisch wurde der Waffenstillstand dagegen von den Soldaten an der Front begangen – sie waren oft einfach nur froh, davongekommen zu sein. »Wenn man erwartet hatte, ekstatisch jubelnde Männer vorzufinden, dann war dem nicht so«, erinnerte sich der australische Offizier Oliver Woodward an den 11. November 1918. »Stattdessen gingen die Offiziere ruhig von einer Gruppe zur anderen, die meisten Kameraden gaben einander die Hand. Der Moment war zu groß für Worte. Die künstlichen Grenzen durch den Rang waren eine Zeit lang außer Kraft gesetzt, wir fühlten ganz tief die wahre Kameradschaft im Krieg und realisierten, dass die gewaltige Aufgabe vollbracht war.«

KRIEGSENDE IN DEN USA

Typisch amerikanisch verliefen die Jubelfeiern in Übersee: In den Straßenschluchten New Yorks ging auf die begeisterte Menschenmenge ein Konfettiregen nieder – aus den Fenstern der Hochhäuser wurden derart viele Papierschnipsel geworfen, das die Stadt in den folgenden Wochen mit einem ernsthaften Engpass an Schreibpapier und Formularen zu kämpfen hatte.

**LIEBKNECHT
SPRICHT**
Robert Sennecke
Berlin
7. Dezember 1918

LIEBKNECHT SPRICHT

Er ist bis heute einer der markantesten, aber auch umstrittensten Köpfe in der Geschichte der deutschen Linken: Karl Liebknecht – Sozialdemokrat, Kriegsgegner, Kommunist, Opfer eines brutalen politischen Mords. Gemeinsam mit seiner Mitstreiterin Rosa Luxemburg will er eine deutsche Revolution nach sowjetrussischem Muster und sammelt in diesen Tagen auf den Straßen Berlins unermüdlich seine Anhänger.

Den **Spartakisten** erschien die Revolution zum Greifen nah. »Es ist der gegebene Augenblick, das ganze kapitalistische Gebäude zu zerstören und eine neue Welt aufzubauen«, so Liebknecht. Ziel war keine bürgerliche, sondern eine sozialistische Demokratie, eine rasche Umwälzung von Staat und Gesellschaft, »die Fortsetzung der Revolution als Teil der Weltrevolution gegen Kapitalismus und Krieg, für Sozialismus und Frieden«, so die Luxemburg-Biografin Annelies Laschitza. Doch den Führern des »Spartakusbunds«, wie er sich jetzt nannte, gelang es in den entscheidenden Tagen um den 9. November nicht, das Heft des Handelns in die Hand zu bekommen.

Der Machtkampf in der deutschen Linken verlagerte sich danach zunehmend auf die Straße, wobei die Grenzen, wer eigentlich auf wessen Seite stand, immer undurchsichtiger wurden. Kurz vor dem Jahreswechsel kappten Liebknecht und Luxemburg endgültig alle Verbindungen zur Sozialdemokratie und gründeten eine eigene Partei, die KPD. Als linke USPD-Führer kurze Zeit später zum Generalstreik aufriefen, beschloss Liebknecht, die Gunst der Stunde zu nutzen, und rief zum Generalstreik auf. Ihr Ziel war nun der Sturz der Ebert-Regierung. Doch der Beginn der »sozialistischen Revolution«, den Liebknecht verkündete, geriet einmal mehr ins Stocken. Nun schlug die Stunde der Abrechnung.

Bereits seit Ende Dezember hatten sich in und um Berlin rechte Freikorps gebildet – Freiwilligenverbände aus ehemali-

SPARTAKUSBUND

Liebknecht und Luxemburg hatten schon zu Kriegsbeginn zu den entschiedenen Gegnern der sozialdemokratischen Beteiligung am innenpolitischen »Burgfrieden« gehört. Anfang 1916 gründeten sie mit weiteren Parteilinken die »Spartakusgruppe«, die vehement gegen den »imperialistischen« Krieg agitierte. Ihre Anführer verbrachten große Teile der Kriegszeit im Zuchthaus. Erst kurz vor den Umwälzungen des Novembers 1918 wurden sie aus der Haft entlassen und stürzten sich sofort wieder in die politische Arbeit.

gen Frontsoldaten und Berufsoffizieren. Zusammen mit republikanischen Einheiten und Heeresverbänden wurden sie nun gegen die linksrevolutionäre Gefahr mobilisiert. »Hoffentlich hängen die Bluthetzer schon an der Laterne«, schrieb die *Deutsche Tageszeitung* nach der Niederschlagung des Januaraufstands am 13. Januar und meinte damit Rosa Luxemburg und Karl Liebknecht. Schon im Dezember hatte ein Flugblatt gefordert: »Das Vaterland ist dem Untergang nahe. Rettet es! Es wird nicht von außen bedroht, sondern von innen: Von der Spartakusgruppe. Schlagt ihre Führer tot! Tötet Liebknecht!«

Am 15. Januar wurden die beiden Kommunistenführer verhaftet und ins Hotel Eden gebracht, in dem die Garde-Kavallerie-Schützen-Division ihr Stabsquartier aufgeschlagen hatte. Eine Woge des Hasses schlug ihnen entgegen, als sie die Hotelhalle betraten, in der sich eine Menge Soldaten und Offiziere befanden.

Liebknecht wurde am Abend nach schweren Misshandlungen in den Tiergarten gefahren und von hinten erschossen. Rosa Luxemburg wurde aus dem Hotel geschleift, niedergeschlagen und in ein Auto gestoßen. Während der Fahrt jagte ihr einer der Soldaten eine Kugel in den Kopf. Ihre Leiche warfen die Mordschützen in den Landwehrkanal. Erst Ende Mai wurde im Landwehrkanal eine Leiche entdeckt, die Freunde anhand von Kleidungsresten und eines Medaillons, die man ihnen vorlegte, als Rosa Luxemburg identifizierten. Sie wurde am 13. Juni 1919 neben dem Grab von Karl Liebknecht in Berlin-Friedrichsfelde beigesetzt.

Rosa Luxemburg, Aufnahme aus dem Jahr 1915

DIE HEIMKEHR
DER KRIEGER
Unbekannter Fotograf
Berlin, Pariser Platz
10. Dezember 1918

DIE HEIMKEHR
DER KRIEGER

Der sozialdemokratische Reichskanzler lüpft den Hut und jubelt inmitten einer vielköpfigen Menschenmenge den Soldaten zu. Gut einen Monat ist es her, dass der Kaiser abgedankt hat, die deutsche Republik ausgerufen und der Waffenstillstand mit den Allliierten abgeschlossen wurde. Nun treffen die Regimenter, die bei Kriegsende noch immer tief im Feindesland standen, wieder in der Heimat ein. Die Zeiten der prachtvollen Kaiserparaden in der Hauptstadt sind zwar ein für alle Mal vorbei, aber dennoch ist der Bereich um das Brandenburger Tor und die »Linden« festlich geschmückt, um die heimkehrenden Kämpfer feierlich willkommen zu heißen.

Friedrich Ebert hatte sich an die Spitze der revolutionären Bewegung in Berlin gesetzt, um nicht von ihr überrollt zu werden. Sein Motto lautete »Ruhe und Ordnung«, bis möglichst rasch eine verfassunggebende Nationalversammlung zusammentreten würde. Auf dem Weg dorthin waren für ihn die nächstliegenden Aufgaben, das Heer zurückzuführen und die Volksernährung zu sichern. Um das gewährleisten zu können, ließ er den bestehenden Verwaltungsapparat weitgehend unangetastet und ging ein Bündnis mit dem Militär ein.

General Wilhelm Groener, der Nachfolger Ludendorffs in der Obersten Heeresleitung, gab am 10. November eine Loyalitätserklärung gegenüber Eberts Regierung ab und sicherte ihr die militärische Unterstützung gegen linksradikale Revolutionäre zu. Als Gegenleistung garantierte der SPD-Reichskanzler, dass die alleinige Befehlsgewalt über die Truppen weiterhin beim Offizierskorps liegen werde. Für Ebert war diese Übereinkunft ein wichtiger Markstein bei der Konsolidierung seiner Macht. Doch damit stärkte er zugleich die Position des Militärs, dem einstigen »Kernstück des wilhelminischen Machtstaates«. Zehn voll bewaffnete Gardedivisionen marschierten ab dem 10. Dezember in der Hauptstadt ein.

Nach dem Willen der Militärs sollten sie die Position Eberts gegenüber den radikaleren, der USPD angehörenden Volksbeauftragten und den Spartakisten stärken.

Schlagzeilen machte die Rede, die der Reichskanzler an diesem Tag hielt: »Seid willkommen von ganzem Herzen, Kameraden, Genossen, Bürger«, rief Ebert den Soldaten vor dem Brandenburger Tor zu. »Eure Opfer und Taten sind ohne Beispiel. Kein Feind hat Euch überwunden. Erst als die Übermacht der Gegner an Menschen und Material immer drückender wurde, haben wir den Kampf aufgegeben … Erhobenen Hauptes dürft Ihr zurückkehren. Nie haben Menschen Größeres geleistet und gelitten als Ihr.«

Der Topos des »im Felde unbesiegten« Heers ausgerechnet aus dem Munde eines Sozialdemokraten, das ließ aufhorchen. Sicherlich: Eberts Sätze trafen den Nerv einer Zeit, in der vielen Deutschen nach den bis zuletzt hinausposaunten Siegesmeldungen ein wirkliches Bewusstsein für die erlittene Niederlage fehlte. Kaum jemand wollte akzeptieren, dass all die Opfer des Kriegs umsonst gewesen sein sollten. Und dennoch: Letztlich trug damit auch Ebert zu einem gesellschaftlichen Klima bei, in dem Legenden wie die vom hinterrücks gegen das Heer geführten »Dolchstoß« gedeihen konnten – ganz gleich, ob seine Worte als eigentlich unpolitische Geste an die Soldaten gemeint waren oder aber ganz persönliche Gründe eine Rolle spielten, denn zwei Söhne Eberts waren im Krieg gefallen.

Die ihnen zugedachte Rolle als »Retter vor dem Bolschewismus« wollten die allermeisten der zurückgekehrten Soldaten übrigens nicht spielen, wie sich Philipp Scheidemann erinnerte: »Über Nacht schon verschwanden die Soldaten spurlos, sie waren nicht mehr zu halten, sie wollten heim.«

1919

**DER VERTRAG
VON VERSAILLES**
Albert Harlingue
Versailles/Frankreich
28. Juni 1919

DER VERTRAG
VON VERSAILLES

Da schreiten sie vereint voran: Georges Clemenceau, der französische Ministerpräsident mit dem kräftigen Schnauzbart, den sie in Paris den »Tiger« nennen. Der hagere US-Präsident Woodrow Wilson, wie immer elegant mit Kneifer. David Lloyd George, der britische Premierminister, auch bekannt als »Welsh Wizard«, der »Hexer aus Wales«. In Gehrock und Zylinder sind sie auf dem Weg, um mit ihrer Unterschrift unter den Friedensvertrag von Versailles das Ende des Ersten Weltkriegs zu besiegeln.

Doch die öffentlich demonstrierte Einigkeit täuschte. Seit Januar 1919 hatten Vertreter der Siegermächte im Schloss von Versailles getagt, um über die europäische Nachkriegsordnung zu entscheiden. Die Verhandlungen zogen sich über Monate hin, zu unterschiedlich waren die Vorstellungen, was mit dem besiegten Deutschen Reich zu geschehen habe. Mitunter kam es sogar zu lautstarken Auseinandersetzungen. »Wie in einem kreischenden Papageienhaus« habe er sich manchmal gefühlt, berichtete der britische Diplomat Harold Nicholson.

Frankreich hatte allein mehr als zwei der insgesamt zehn Millionen Toten dieses Kriegs zu beklagen, große Teile des Landes waren vollkommen verwüstet. Aus der Sicht der Franzosen konnte deshalb allein die strikte Niederhaltung und Kontrolle Deutschlands künftigen Schutz vor dem Nachbarn bieten. Zudem sollten dem Reich die eminenten Kriegskosten der Alliierten aufgebürdet werden. Das forderten auch die Briten, wollten Deutschland jedoch nicht zu sehr schwächen, um es als Bollwerk gegen den russischen Bolschewismus zu erhalten. Die Amerikaner wiederum beriefen sich auf die Grundsätze, wie sie Wilson in seinem 14-Punkte-Plan von Januar 1918 verkündet hatte.

»Im Vertrauen auf die Grundsätze des Präsidenten Wilson hat Deutschland die Waffen niedergelegt. Jetzt gebe man uns den Wilson-Frieden, auf den wir Anspruch haben«, forderte Reichspräsident Ebert am 6. Februar 1919 bei der Eröffnung der Nationalversammlung in Weimar. »Unsere freie Volksrepublik, das ganze deutsche Volk erstrebt nichts anderes, als gleichberechtigt in den Bund der Völker einzutreten und sich dort durch Fleiß und Tüchtigkeit eine geachtete Stellung zu erwerben«, so Ebert.

Ende April 1919 reisten die Verlierer mit einem Sonderzug nach Frankreich. Im Schritttempo ging es durch die einstige Kampfzone, in der die deutsche Armee auf ihrem Rückzug verbrannte Erde hinterlassen hatte. Clemenceau wollte, dass die »Boches« die Verwüstungen mit eigenen Augen sahen. Der deutsche Außenminister Ulrich Graf Brockdorff-Rantzau, ein Karrierediplomat aus der Kaiserzeit, führte die 160 Mann starke Delegation aus Juristen, Wirtschaftsfachleuten, Bankdirektoren und Militärexperten. Man glaubte sich für die Verhandlungen bestens gewappnet. Doch es sollte anders kommen.

»Es ist hier weder der Ort noch die Stunde für überflüssige Worte«, erklärte Clemenceau am 7. Mai 1919 den überraschten deutschen Delegierten bei der offiziellen Übergabe der 440 Friedensbedingungen. »Die Stunde der Abrechnung ist da. Sie haben uns um Frieden gebeten. Wir sind geneigt, ihn Ihnen zu gewähren.« Die Sieger gaben den Deutschen zwei Wochen Zeit, schriftlich Stellung zu nehmen. Brockdorff-Rantzau war entsetzt und erwiderte die Demütigung, indem er bei seiner Antwortnote an den französischen Ministerpräsidenten demonstrativ sitzen blieb. Schwarze Handschuhe habe er angelegt, als man ihn um die schriftliche Empfangsbestätigung des Vertragswerks bat, so die Legende.

Die Bekanntgabe der Friedensbedingungen löste in Deutschland eine heftige Protestwelle aus. Das französische Bedürfnis nach Rache und Sicherheit hatte über den amerikanischen Idealismus gesiegt. Das Reich sollte ein Siebtel seines Gebiets verlieren: Im Osten musste es Westpreußen und Posen dem neu gegründeten Polen überlassen, ebenso einen Teil Oberschlesiens. Im Westen erhielt Frankreich das im Krieg von 1871 verlorene Elsass-Lothringen zurück. Das Saarland wurde zunächst unter internationale Kontrolle gestellt, französische, britische und belgische Truppen sollten auf Jahre das deutsche Rheinland besetzen. Die geschlagene deutsche Armee wurde auf ein Berufsheer von 100 000 Soldaten reduziert, die Rüstung auf ein Minimum beschränkt und internationaler Kontrolle unterstellt. Zudem verlor das Reich seine Kolonien, hatte für die Kosten des Kriegs aufzukommen, sollte hohe Reparationen zahlen, deren Summe es noch festzulegen galt. Die Auslieferung von Handelsflotte und Industriegütern wurde ebenfalls verfügt.

Die Bekanntmachung der Versailler Bestimmungen im Mai 1919 machte den Deutschen erstmals die Totalität ihrer Kriegsniederlage bewusst. Besondere Empörung aber rief die Zuweisung der alleinigen Kriegsschuld an das Deutsche Reich und seine Verbündeten hervor. »Welche Hand müsste nicht verdorren, die sich und uns in solche Fesseln legt?«, rief Philipp Scheidemann, der erste Reichskanzler (damals noch »Reichsministerpräsident«), in die Nationalversammlung. Der Versailler Vertrag war nach Auffassung der Reichsregierung unannehmbar. Scheidemann, jener SPD-Politiker, der am 9. November 1918 die Republik ausgerufen hatte, trat von seinem Regierungsamt zurück.

Nichts einte die Republikaner aller Parteien so sehr wie die Ablehnung des »Schandvertrags« von Versailles. Doch was war die Alternative? In Deutschland wurde gehungert. Tausende starben noch nach Kriegsende, weil die Alliierten die Seeblockade aufrechterhielten. Das Reich stand vor einer Zerreißprobe. Deutschland hatte den Vertrag zu unterzeichnen, ansonsten drohte der Einmarsch ins Reich – über die schon festgelegten Besatzungszonen hinaus. Der neue Reichskanzler Gustav Bauer (SPD) erklärte: »Unterschreiben wir! … Einen neuen Krieg können wir nicht verantworten. Selbst wenn wir Waffen hätten, wir sind wehrlos. Wehrlos ist aber nicht ehrlos.«

Erneut reiste eine Delegation nach Versailles, diesmal ohne Illusionen. Im Spiegelsaal des Versailler Schlosses, wo 1871 das Deutsche Reich ausgerufen worden war, drängten sich am 28. Juni 1919 Politiker, Diplomaten und Pressevertreter. In der Mitte stand ein hufeisenförmiger Tisch mit dem Vertrag – »wie eine Guillotine«, notierte ein Augenzeuge. Dann wurden die Deutschen hereingeführt, Außenminister Hermann Müller (SPD) und Verkehrsminister Johannes Bell (Zentrum). »Sie sind todblass. Sie sehen nicht aus wie Repräsentanten eines brutalen Militarismus«, notierte ein britischer Diplomat. Müller und Bell unterschrieben als Erste, dann die Vertreter der übrigen 27 Staaten, gegen die das Deutsche Reich Krieg geführt hatte.

Der amerikanische Außenminister Robert Lansing hatte bereits zuvor mit Blick auf den Versailler Vertrag geäußert: »Hass und Erbitterung, wenn nicht Verzweiflung, müssen die Folgen derartiger Bestimmungen sein. Es mag Jahre dauern, bis diese unterdrückten Völker imstande sind, ihr Joch abzuschütteln, aber so gewiss, wie die Nacht auf den Tag folgt, wird die Zeit kommen, da sie den Versuch wagen … Wir haben einen Friedensvertrag – aber er wird keinen dauernden Frieden bringen, weil er auf dem Treibsand des Eigennutzes gegründet ist«.

»De oorlog bekomt mij als een kuur.« (Hindenburg.)

»War agrees with me like a stay at a health resort.« (Hindenburg.)

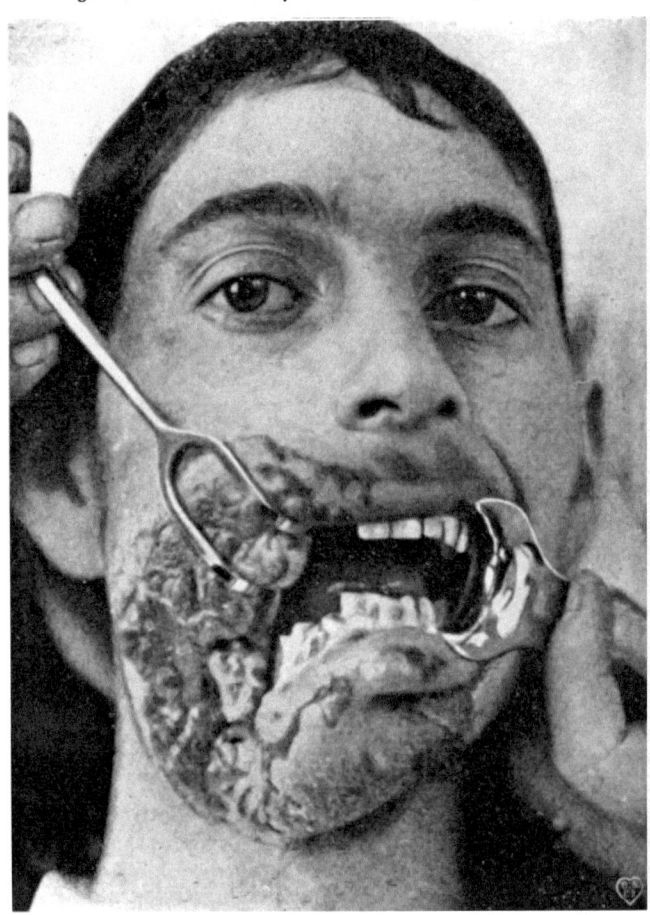

»Der Krieg bekommt mir wie eine Badekur.« (Hindenburg.)

»La guerre est pour moi un traitement d'eux minérales.« (Hindenburg.)

226

De kuur der proleten! Byna het heele gezicht weggeschoten.

The »health resort« of the proletarian. Almost the whole face blown away.

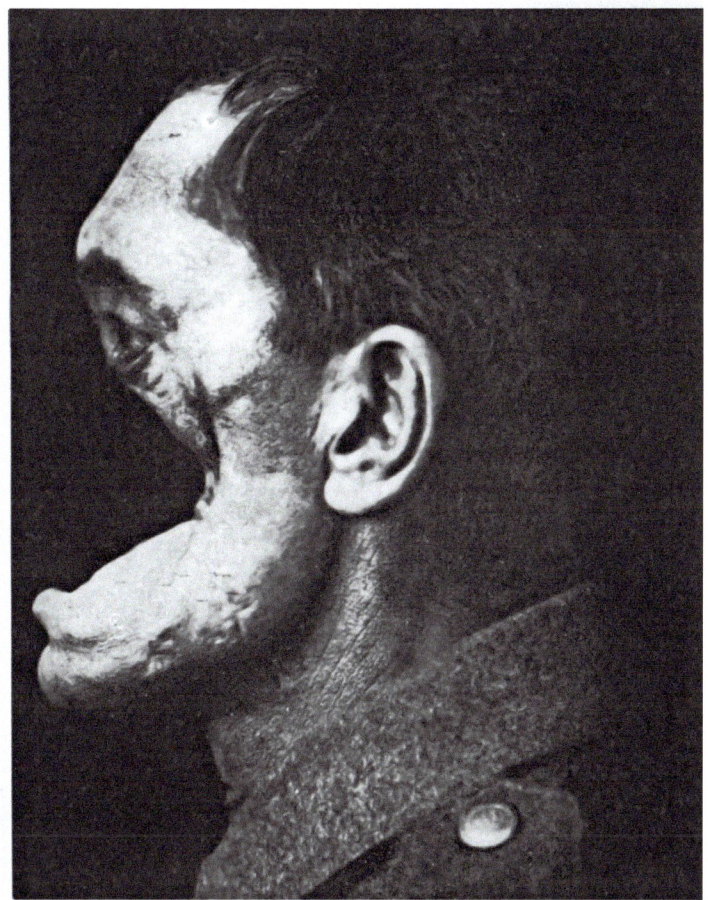

Die Badekur der Proleten: Fast das ganze Gesicht wegge-schossen.

Le ›traitement d'eaux minérales‹ des prolétaires: presque la figure entière arrachée.

227

DAS ANTLITZ DES KRIEGS

Entstellte Gesichter mit eingedrückten Augenhöhlen, ohne Nasen und Unterkiefer. Weggeschossene Körperteile, schreckliche Verstümmelungen. Krüppel, denen Arme oder Beine fehlen: Es sind die grausamen Gesichter des Kriegs, die **Ernst Friedrich** 1924 in seinem Buch mit dem Titel *Krieg dem Kriege* versammelt hat. »Aller Wortschatz, aller Menschen, aller Länder, reicht in aller Gegenwart und Zukunft lange nicht, um dieses Menschenschlachten richtig auszumalen«, so Friedrich. »Hier aber ist das nüchtern-wahre, das gemein-naturgetreue Bild des Krieges … Und nicht ein einziger Mensch in irgendeinem Lande kann aufstehen und gegen diese Fotos zeugen, dass sie unwahr sind und nicht der Wirklichkeit entsprechen.«

Dass man in diesem Krieg sowohl bei den Verwundetenzahlen wie bei der Schwere der Verletzungen in ganz neue Dimensionen vorstoßen würde, war allen Seiten bald nach Beginn des Weltenbrands klar geworden. Anfangs gab man sich jedoch optimistisch – die moderne Militärmedizin sei in der Lage, die »geschlagenen Wunden« ohne Probleme zu heilen. Die Fortschritte in der Entwicklung von Prothesen wurden allenthalben zur Schau gestellt: Es gab Inserate, Ausstellungen, Filme, die den Kriegsversehrten als technischen Alleskönner darstellten – mit einer mechanischen Ersatzhand, die anscheinend einen ganzen Werkzeugkasten überflüssig machte und das menschliche Original an Funktionalität sogar noch übertraf. Doch bald schon erwies sich die schöne neue Welt der »Krüppelfürsorge« als Luftnummer, und viele Kriegsversehrte endeten als Leierkastenmänner oder Hausierer.

Aus guten Gründen weit weniger ins Licht der Öffentlichkeit gestellt wurden diejenigen Verwundeten, die man »Kriegszitterer« nannte: Jene Soldaten, die plötzlich begannen, hemmungslos am ganzen Körper zu beben, sich in immer wiederkehrenden Schüben krampfartig zu winden. Der

ERNST FRIEDRICH

Der Kriegsdienstverweigerer Friedrich (1894–1967) wurde 1917 wegen Sabotage verurteilt und betätigte sich nach dem Krieg in der anarchistischen Bewegung. Ein Jahr nach der Veröffentlichung des Schockbuchs *Krieg dem Kriege* eröffnete er 1925 ein Antikriegsmuseum in Berlin. Nach Hitlers Machtantritt wurde das Museum verwüstet und in ein SA-Sturmlokal umgewandelt. Friedrich floh erst in die Schweiz, dann nach Belgien und Frankreich. Auch nach dem Zweiten Weltkrieg kehrte er nicht mehr nach Deutschland zurück.

Lärm, die Erschütterungen des Trommelfeuers, die Todesangst, der Anblick der Leichen, all das führte zum nervlichen
Kollaps. Oft hielt man die »Zitterer« für Simulanten, für besonders clevere Drückeberger. Viele Militärärzte waren Offiziere, die den Schrecken an der vordersten Front nicht selbst
erlebten. Die Kriegsmedizin war völlig überfordert, die Mär
von den Drückebergern schien die einfachste Diagnose.

Auch diejenigen Kriegsversehrten, die im Stil der Zeit
»Kriegszermalmte« hießen, die Männer ohne Gesichter, die
oft nur noch ein Bündel Fleisch waren, blieben für die Bevölkerung weitgehend unsichtbar. »In das kleine Geschäftszim-
mer tritt ein Mann, der quer über die Mitte des Gesichts eine
Binde trägt«, berichtete Erich Kuttner, einer der Begründer
der Kriegshinterbliebenenfürsorge, über eine Begegnung mit
einem solchen Mann. »Er nimmt sie ab und ich starre in ein
kreisförmiges Loch von der Größe eines Handtellers, das von
der Nasenwurzel bis zum Unterkiefer reicht. Das rechte Auge
ist zerstört, das linke halb geschlossen. Während ich mit dem
Mann rede, sehe ich das ganze Innere seiner Mundhöhle offen
vor mir liegen. Kehlkopf, Speiseröhre, Luftröhre wie bei einem
anatomischen Präparat.«

Aus Furcht vor den Reaktionen ihrer Angehörigen trau-
ten sich viele dieser Männer nicht nach Hause, blieben zum
Teil noch jahrelang nach dem Krieg in Lazaretten und Heil-
anstalten weggeschlossen. Der radikale Pazifist Friedrich wollte den Verdrängern und Verleugnern die grässliche Wahrheit
entgegenhalten. Die suggestive Montage von Texten und Fotos
brachten diese im Sinne von Friedrichs Credo zum Sprechen:
Krieg dem Kriege.

**DIE FOLGEN
DES KRIEGS**
Léon Gimpel
Paris, Champs Élysées
17. Juli 1919

DIE FOLGEN DES KRIEGS

Erbeutetes deutsches Kriegsgerät – Kanonen, Geschütze, Maschinengewehre – sind auf dem Pariser Rond-Point der Champs-Élysées zu einer großen Pyramide aufgeschichtet, gekrönt von einem gallischen Hahn: Apotheose des Sieges der französischen Nation über den deutschen »Erbfeind«, Revanche für die Niederlage von 1870/71 und den Raub Elsass-Lothringens.

Am 14. Juli 1919, dem Nationalfeiertag, hatte auf den Champs-Élysées die große Siegesparade der französischen Streitkräfte und ihrer verbündeten Truppen stattgefunden. Angeführt von 1 000 Kriegsschwerverletzten auf Krücken und in Rollstühlen, waren mehrere Zehntausend Soldaten der alliierten Armeen stundenlang an einer vielköpfigen Menschenmasse vorbeigezogen. Es war keine ausgelassene Freudenfeier, vielmehr prägte eine gleichsam religiöse Bewunderung für die Soldaten den Tag. Im *Le Temps* war zu lesen: »Es ist nicht die laute, vibrierende, lebhafte, ungeduldige Menschenmenge, wie man sie von Volksfesten kennt. Im Gegenteil, diese riesige Menschenmasse beweist Geduld und Zurückhaltung, eine bewundernswerte Haltung.«

Zur Zurückhaltung gab es bei aller Freude genug Gründe: Die Wunden, die der Krieg in Frankreich geschlagen hatte, waren enorm. Mehr als 1,3 Millionen Soldaten waren gefallen, eine ganze Generation junger Männer ausgelöscht. Zudem kehrten über eine Million »Poilus« als Invaliden aus dem Krieg heim, ein Drittel von ihnen war kriegsschwerversehrt und blieb für ihr ganzes Leben gezeichnet. Hunderttausende Kinder waren verwaist, ebenso viele Frauen zu Witwen geworden.

Auch die materiellen Schäden des Kriegs, der mehr als vier Jahre lang vor allem auf französischem Boden gewütet hatte, waren riesig. Ein 500 Kilometer langes, zehn bis 25 Kilometer breites Band war weitgehend dem Erdboden gleichgemacht

»Und dann gerät die schreiende Menge außer sich, der Enthusiasmus füllt sich mit Emotionen und Liebe. Dort hinten, in der Avenue de la Grande Armée, hinter der Musik, in der Somme und Maas erklingen, stolz, einfach und groß wie ein römischer Triumphator, kommt der Maréchal Pétain an der Spitze seiner ›Poilus‹.«

JOSEPH KESSEL, JOURNALIST UND AUGENZEUGE

und galt auf Jahrzehnte hinaus als unbewohnbar. 350 000 Häuser waren zerstört, 11 000 öffentliche Gebäude wie Schulen und Rathäuser lagen in Schutt und Asche, ein Gebiet in der Größe des heutigen Bundeslands Mecklenburg-Vorpommern war auf absehbare Zeit für die Landwirtschaft nicht mehr nutzbar. Es waren diese Verheerungen, die fast jede Familie in der einen oder anderen Form betrafen, die vielen Franzosen den Vertrag von Versailles dem Kriegsgegner Deutschland gegenüber als noch zu milde erscheinen ließen.

In Deutschland, das kaum eigene Kriegszerstörungen zu verkraften hatte, fehlte dagegen das Verständnis für die Verwüstungen des Kriegs in Frankreich und die utopische Höhe der geforderten Reparationsleistungen. Auch im Reich hatte der Krieg riesige Lücken in die Reihen der jungen Männer gerissen – zwei Millionen Tote und mehr als vier Millionen Verletzte und Invaliden waren zu beklagen. Aus Berlin wurde von einer ältere Frau berichtet, die in der Straßenbahn unaufhörlich gezählt habe: »1, 2, 3, 4.« Als die Fahrgäste sich gestört fühlten, habe ihr Begleiter erklärt: »Sie hat vier Söhne verloren, ich bringe sie gerade in das Hospiz für Geisteskranke.« Die deutsche Niederlage ließ diese **gewaltigen Opfer** nachträglich umso sinnloser erscheinen.

In Deutschland hat es, wie der Sozialdemokrat Wilhelm Hoegner es ausdrückte, ab 1919 »zwei neue Ordnungen« gegeben: eine innere, die Verfassung der Weimarer Republik, und »eine äußere, den Vertrag von Versailles«. Daraus ergab sich eine permanente Spannung von hoher politischer Sprengkraft, denn keine Regierung konnte es sich leisten, die als Diktat verschrienen Auflagen der Sieger auf Dauer hinzunehmen. So sehr sich die Nation damals in politische Lager spaltete: Der Wille, den als »Diktat« empfundenen Vertrag rückgängig zu machen, galt als gemeinsamer Nenner aller Parteien. Die Fra-

GEWALTIGE OPFER

Weltweit waren mehr als 60 Millionen Soldaten im Krieg eingesetzt worden. Die Angaben über die Höhe der Verluste schwanken zwischen sechs und dreizehn Millionen, wobei diese Zahl auch verwundete und in Gefangenschaft geratene Soldaten umfasste. Insgesamt kamen etwa neun Millionen Soldaten ums Leben, pro Kriegstag etwa 6 000 Mann. Die Todesrate betrug mithin 14 Prozent.

ge war nur, auf welchem Weg die angestrebte »Revision« erfolgen sollte – durch Kooperation oder Konfrontation mit den Siegermächten.

Die radikale Rechte setzte auf strikte Verweigerung und brandmarkte jedes Entgegenkommen bei den Verhandlungen als »Erfüllungspolitik«. Ihr Kampf gegen den »Diktatfrieden« wendete sich zugleich gegen die Republik und ihre Verfechter. Dazu diente die perfide Formel der »Dolchstoßlegende«. Ohne den Verrat an der Heimatfront, angeblich begangen von Marxisten, Bolschewisten und auch Juden, wäre es nicht zur Niederlage gekommen. Dass Demokraten den Versailler Vertrag unterzeichnen mussten, der die Folge einer katastrophalen Politik der Kaiserzeit war, diskreditierte fatalerweise nicht die alten Mächte, sondern eben die Köpfe der jungen Republik. Sie traf nun der infame Vorwurf feigen Vaterlandsverrats.

Zu viele Menschen dachten wie Adolf Hitler, der in einem Lazarett im mecklenburgischen Pasewalk vom Umsturz des 9. November 1918 erfahren hatte. »Elende und verkommene Verbrecher« nannte er jene, die in der Stunde des Zusammenbruchs die Verantwortung übernahmen. »Kaiser Wilhelm II. hatte als erster deutscher Kaiser den Führern des Marxismus die Hand zur Versöhnung gereicht, ohne zu ahnen, dass Schurken keine Ehre besitzen. Während sie die kaiserliche Hand noch in der ihren hielten, suchte die andere schon nach dem Dolche.« In *Mein Kampf* dramatisierte er diese Erfahrung: »Ich aber beschloss, Politiker zu werden.«

Im ersten Jahrfünft ihrer Existenz kam die Weimarer Republik nie wirklich zur Ruhe. Aufstände, Putschversuche und politische Attentate beherrschten die Schlagzeilen. Hunger und Elend bestimmten den Alltag der Menschen, die Inflation erreichte schwindelerregende Höhen. Nach dem gescheiterten Hitlerputsch vom 9. November 1923 und dem Abklingen der

Inflation erholte sich die Republik zusehends, die »Goldenen Zwanziger« brachen an. Doch die Ära von Freizügigkeit und Lebenslust war nur von kurzer Dauer. Am »Schwarzen Freitag« kam es 1929 in New York zum großen Knall: Die Börsenkurse fielen ins Bodenlose und stürzten die gesamte Weltwirtschaft in eine dramatische Krise. Deutschland wurde besonders schwer getroffen. Jetzt schlug wieder die Stunde der radikalen Parteien, vor allem der Kommunisten und der Nationalsozialisten.

Zwangsläufig scheitern aber musste Weimar nicht. Eine andere internationale Lage, eine andere ökonomische Entwicklung hätten es der Republik erleichtert, ihre Bürden zu ertragen und sie nach und nach ganz abzuwerfen. Für die Deutschen damals aber wirkten die Bedingungen der Sieger wie ein Schock. Sie maßen den Vertrag von Versailles an den klassischen Friedensschlüssen des 19. Jahrhunderts und an den maßvollen 14 Punkten des amerikanischen Präsidenten Wilson – und empfanden diesen Frieden als Verrat, ja als verletzendes Diktat. Es waren weniger die materiellen Konditionen, die die Emotionen hochpeitschten, als die moralischen. Und so behielt der französische General Foch auf gespenstische Weise recht, als er nach Unterzeichnung des Vertrags prophezeite, dieser Friede werde gerade einmal 20 Jahre halten.

1914 bis 1945: Zwei mörderische Kriege, zahllose Wirtschaftskrisen und Finanzcrashs, der Aufstieg unmenschlicher Ideologien, die die Welt beglücken wollten und sie nur ins Unglück stürzten: Je mehr Abstand wir von dieser Epoche haben, umso mehr wird deutlich, dass es ein Weltbürgerkrieg gewesen ist – 31 Jahre lang. Der Zweite Weltkrieg speist sich aus dem Ersten. Dazwischen gab es keinen echten Frieden, nur die Zwischenkriegszeit. Es war der »Dreißigjährige Krieg des 20. Jahrhunderts«.

ZEITLEISTE
»Der erste Weltkrieg«

1871–1898

18.1.1871 Versailles
Gründung des Deutschen
Reichs

22.10.1873 Wien
»Dreikaiserabkommen« zwischen Deutschland, Österreich
und Russland zur Isolierung
Frankreichs

13.6.1878 Berlin
Beginn des Berliner Kongresses
zur Balkanpolitik unter Vorsitz
Bismarcks

7.10.1879 Wien
»Zweibund« Deutschland und
Österreich-Ungarn

20.5.1882 Wien
Durch Beitritt Italiens wird der
»Zweibund« zum »Dreibund«

18.6.1887 Berlin
»Rückversicherungsvertrag«
Deutschland-Russland (1890
nicht verlängert)

15.6.1888 Berlin
Wilhelm II. wird deutscher
Kaiser

20.3.1890 Berlin
Entlassung von Reichskanzler
Otto von Bismarck

27.12.1892 Toulon
Französisch-Russische Allianz

1.11.1894 St. Petersburg
Nikolaus II. wird Zar von
Russland

28.2.1898 Berlin
Flottengesetz des Reichstags löst
Wettrüsten mit Großbritannien
aus

27.6.1900 **Bremerhaven**
»Hunnenrede« von Wilhelm II.

22.1.1901 **London**
Edward VII. besteigt nach dem
Tod von Königin Victoria den
britischen Thron

8.4.1904 **London**
Entente cordiale zwischen
Frankreich und Großbritannien

22.1.1905 **St. Petersburg**
Mit dem »Petersburger Blut-
sonntag« beginnt die Russische
Revolution

26.12.1905 **Berlin**
Vorlage des Schlieffen-Plans

14.12.1906 **Eckernförde**
Erstes deutsches U-Boot
»SM U 1« wird in Dienst gestellt

18.10.1907 **Den Haag**
Abschluss der Zweiten Haager
Friedenskonferenz zu Fragen
des Kriegsrechts

31.8.1907 **St. Petersburg**
Vertrag von St. Petersburg zwischen Russland und Großbritannien, Erweiterung der Entente
cordiale zur »Triple Entente«

5.10.1908 **Bosnien**
Österreich-Ungarn annektiert
Bosnien-Herzegowina

14.7.1909 **Berlin**
Theobald von Bethmann Hollweg wird Reichskanzler

6.5.1910 **London**
George V. wird britischer König

1.7.1911 **Agadir**
Entsendung des Kanonenboots
»Panther« nach Agadir löst die
zweite Marokkokrise zwischen
Deutschland und Frankreich
aus

8.10.1912 **Balkan**
Beginn des ersten Balkankriegs
(Balkanbund Serbien, Bulgarien,
Montenegro und Griechenland
gegen Türkei)

29.6.1913 **Balkan**
Beginn des zweiten Balkankriegs

28.6.1914 Sarajevo
Tödliches Attentat auf den österreichischen Thronfolger Erzherzog Franz Ferdinand und
seine Gemahlin

6.7.1914 Berlin
Deutscher »Blankoscheck«
durch Kaiser Wilhelm an Österreich

23.7.1914 Wien
Auf 48 Stunden befristetes
Ultimatum Österreich-Ungarns
an Serbien

28.7.1914 Wien
Österreich-Ungarn erklärt
Serbien den Krieg

30.7.1914 Russland
Beginn der Generalmobil-
machung

31.7.1914 Österreich
Beginn der Generalmobil-
machung

1.8.1914 Deutsches Reich
Generalmobilmachung und
Kriegserklärung an Russland

2.8.1914 Luxemburg
Einmarsch deutscher Truppen

3.8.1914 Berlin
Deutsche Kriegserklärung an
Frankreich

4.8.1914 Belgien
Deutsche Truppen marschieren
im neutralen Belgien ein

4.8.1914 Berlin
Rede Kaiser Wilhelms II. an
das deutsche Volk. Im Reichstag
einigen sich die politischen
Parteien auf einen »Burgfrieden«
und die Gewährung von Kriegskrediten

5.8.1914 London
Kriegserklärung Großbritanniens an das Deutsche Reich

6.8.1914 Wien
Österreichische Kriegserklärung
an Russland

6.8.1914 Lüttich
Erster Luftangriff des Ersten
Weltkriegs. Von einem deut-
schen Zeppelin abgeworfene
Bomben töten neun Menschen

12.8.1914 London
Britische Kriegserklärung an
Österreich-Ungarn

17.8.1914	**bei Schirwindt/Ostpreußen** Russische Truppen dringen auf deutsches Gebiet vor

| 17.8.1914 | **bei Schirwindt/Ostpreußen** Russische Truppen dringen auf deutsches Gebiet vor |

17.8.1914 bei Schirwindt/Ostpreußen
Russische Truppen dringen auf deutsches Gebiet vor

24.8.1914 Galizien
Beginn der Schlacht um Galizien zwischen Österreich-Ungarn und Russland

26.8.1914 Ostpreußen
Beginn der Schlacht bei Tannenberg

29.8.1914 Löwen
Deutsche Truppen zerstören die Stadt

2.9.1914 Paris
Flucht der französischen Regierung nach Bordeaux

5.9.1914 Frankreich
Beginn der Schlacht an der Marne

9.9.1914 Frankreich
Die deutschen Truppen werden an der Marne gestoppt und ziehen sich in Stellungen an der Aisne zurück

11.9.1914 Galizien
Nach der verlorenen Schlacht von Lemberg müssen sich die österreichischen Truppen aus Galizien zurückziehen

14.9.1914 Luxemburg
Helmuth von Moltke wird als Generalabschef abgesetzt, sein Nachfolger ist Erich von Falkenhayn

15.9.1914 Ostpreußen
Nach der Schlacht an den Masurischen Seen ist der russische Vormarsch endgültig gestoppt

21.9.1914 vor der niederländischen Küste
SM U 9 versenkt drei britische Panzerkreuzer

20.10.1914 Flandern
Beginn der ersten Flandern-Schlacht bei Ypern

28.10.1914 Sarajevo
Der Attentäter Gavrilo Princip wird zu 20 Jahren Festungshaft verurteilt

2.11.1914 London
Großbritannien verhängt eine Seeblockade gegen das Deutsche Reich

10.11.1914 Langemarck
Bei Langemarck finden 2000 deutsche Kriegsfreiwillige beim Sturm auf feindliche Stellungen den Tod

1914

25.10.1914 **Konstantinopel**
Das Osmanische Reich tritt auf Seiten der Mittelmächte in den Krieg ein

4.11.1914 **Tanga**
Britische Niederlage in der Schlacht bei Tanga (Deutsch-Ostafrika)

5.11.1914 **London**
Britische Kriegserklärung an das Osmanische Reich

6.11.1914 **Paris**
Kriegserklärung Frankreichs an das Osmanische Reich

24.12.1914 **bei Ypern**
Verbrüderungen von deutschen und britischen Soldaten beginnen, sogenannter »Weihnachtsfrieden«

1915

19.1.1915 **London**
Erster deutscher Bombenangriff auf die britische Hauptstadt

7.2.1915 **Ostpreußen**
Beginn der Winterschlacht in Masuren, in deren Verlauf die russischen Truppen aus Ostpreußen gedrängt werden

16.2.1915 **bei Reims**
Beginn einer britisch-französischen Großoffensive in der Champagne, die Ende März ergebnislos abgebrochen wird

22.2.1915 **Atlantik**
Beginn des U-Boot-Kriegs gegen Handelsschiffe durch die deutsche Marine

27.2.1915 **Ostpreußen**
Nach der Winterschlacht in Masuren ziehen sich die Russen endgültig aus Ostpreußen zurück

22.3.1915 **Przemyśl**
Die belagerte österreichische Festung kapituliert

22.4.1915 **bei Ypern**
Erster Einsatz von Giftgas durch deutsche Truppen während einer Offensive in Flandern

| 26.4.1915 | **London** Londoner Vertrag zwischen Großbritannien und Italien, Beitritt Italiens zur Triple Entente |

26.4.1915 **London**
Londoner Vertrag zwischen
Großbritannien und Italien,
Beitritt Italiens zur Triple
Entente

4.5.1915 **Rom**
Italien kündigt den Dreibund

7.5.1915 **Atlantik**
Versenkung des britischen
Passagierschiffes »Lusitania«
durch ein deutsches U-Boot,
1 200 Tote

10.5.1915 **Gorlice, Tarnów**
Durchbruchsschlacht von
Gorlice-Tarnów

23.5.1915 **Rom**
Kriegserklärung Italiens an
Österreich-Ungarn

27.5.1915 **Konstantinopel**
Verabschiedung des Deporta-
tionsgesetzes gegen die Armenier
durch das türkische Parlament

6.9.1915 **Sofia**
Bündnis Bulgarien-Deutschland

5.9.1915 **Mogilew**
Zar Nikolaus II. übernimmt den
Oberbefehl über die russischen
Truppen

18.9.1915 **Atlantik**
Einschränkung des deutschen
U-Boot-Handelskriegs

22.9.1915 **Champagne**
Herbstoffensive der Entente in
der Champagne, die nach sechs
Wochen abgebrochen wird

30.9.1915 **Ostfront**
Nach den im Frühsommer
begonnenen deutsch-österreich-
ischen Offensiven müssen sich
die russischen Truppen aus
Polen, Litauen und großen
Teilen Kurlands zurückziehen

11.10.1915 **Chemnitz**
Beginn der »Butterkrawalle«

1.1.1916   **Berlin**
            Gründung des Spartakusbunds

24.1.1916   **London**
            Großbritannien führt die Wehr-
            pflicht für ledige Männer zwi-
            schen 18 und 41 Jahren ein

21.2.1916   **bei Verdun**
            Beginn der Schlacht bei Verdun

25.2.1916   **bei Verdun**
            Eroberung von Fort Douaumont
            durch deutsche Truppen

25.2.1916   **Paris**
            General Henri Philippe Pétain
            wird Oberbefehlshaber der
            französischen Truppen bei
            Verdun

31.5.1916   **Nordsee**
            Britisch-deutsche Seeschlacht
            am Skagerrak

1.6.1916   **Fort Vaux**
            Beginn des deutschen Groß-
            angriffs auf Fort Vaux

7.6.1916   **Fort Vaux**
            Kapitulation der französischen
            Besatzung

4.6.1916   **Galizien**
            Beginn der Brussilow-Offensive
            an der Ostfront, in deren Verlauf
            russische Truppen große Ge-
            ländegewinne erzielen können

24.6.1916   **an der Somme**
            Mit gewaltigen Artilllerie-
            schlägen beginnt die Schlacht
            an der Somme

1.7.1916   **an der Somme**
            Beginn des britischen Angriffs
            auf die deutschen Stellungen

12.7.1916   **Trient**
            Hinrichtung von Cesare Battisti

10.8.1916   **London**
            Uraufführung des Films »Battle
            of the Somme«

27.8.1916   **Berlin**
            Deutsche Kriegserklärung an
            Rumänien

29.8.1916   **Pless/Oberschlesien**
            Paul von Hindenburg und Erich
            Ludendorff übernehmen die
            Oberste Heeresleitung

2.9.1916   **bei Verdun**
            Einstellung der deutschen Offen-
            sivbemühungen bei Verdun

15.9.1916 Nordfrankreich
Erster Einsatz britischer Tanks
an der Somme

24.10.1916 bei Verdun
Rückeroberung von Fort
Douaumont durch französische
Truppen

1.11.1916 Berlin
Anordnung zur »Judenzählung«
im deutschen Heer

2.11.1916 Fort Vaux
Räumung des Forts durch
deutsche Truppen

18.11.1916 Nordfrankreich
Einstellung der Kämpfe an der
Somme ohne strategisch bedeut-
same Durchbrüche

21.11.1916 Wien
Nach dem Tod von Franz Joseph
I. wird Karl I. österreichischer
Kaiser

12.12.1916 Berlin
Friedensangebot der Mittelmächte, wird von der Entente
zurückgewiesen

30.12.1916 Petrograd
Tod Rasputins

1.2.1917 Atlantik
Die deutsche Kriegsmarine
nimmt den uneingeschränkten
U-Boot-Krieg wieder auf

25.2.1917 Atlantik
Ein deutsches U-Boot versenkt
das britische Passagierschiff
»Laconia«

16.4.1917 Nordfrankreich
Beginn der Rückverlagerung
deutscher Truppen in das ab
1916 ausgebaute Verteidigungs-
system der »Siegfriedstellung«

8.3.1917 Petrograd
Beginn der »Februarrevolution«
in Russland

16.3.1917 Petrograd
Abdankung von Zar Nikolaus II.

16.3.1917 Petrograd
Lenin trifft in Russland ein,
nachdem er mit Hilfe der deutschen Führung aus dem Schweizer Exil per Zug durch Deutschland und Schweden geschleust
worden war

6.4.1917 Washington
Kriegserklärung der USA an das
Deutsche Reich

6. 4. 1917 **Nordfrankreich**
Beginn einer französischen
Offensive an der Aisne, bis zur
Einstellung der Offensive Ende
Mai kann kein entscheidender
Durchbruch erzielt werden

6. 4. 1917 **Gotha**
Gründung der Unabhängigen
Sozialdemokratischen Partei
Deutschlands (USPD)

7. 4. 1917 **Berlin**
»Osterbotschaft« von Kaiser
Wilhelm II. , Ankündigung
einer Wahlreform

8. 4. 1917 **Gotha**
Spaltung der deutschen Sozialdemokratie durch Gründung
der USPD

16. 4. 1917 **Berlin, Leipzig**
Beginn von Streiks in der deutschen Rüstungsindustrie

26. 6. 1917 **St.-Nazaire**
Die ersten US-Soldaten betreten
europäischen Boden

13. 7. 1917 **Berlin**
Reichskanzler Bethmann
Hollweg reicht seinen Rücktritt
ein, Nachfolger wird Georg
Michaelis

17. 7. 1917 **London**
Der britische König Georg V.
ändert den Namen seines
Hauses von »Sachsen-Coburg-
Gotha« in »Windsor«

19. 7. 1917 **Berlin**
Friedensresolution von Sozial-
demokraten, Liberalen und
Zentrum im Reichstag

5. 8. 1917 **Wilhelmshaven**
Erste Meutereien in der deutschen Hochseeflotte

15. 10. 1917 **Vincennes**
Hinrichtung von Mata Hari

1. 11. 1917 **Berlin**
Georg Graf von Hertling wird
neuer Reichskanzler

7. 11. 1917 **Petrograd**
Beginn der »Oktoberrevolution«
in Russland, Machtübernahme
durch die Bolschewisten unter
Lenin

20. 11. 1917 **bei Cambrai**
Erster Masseneinsatz von Tanks
(Panzer) durch die Briten

15. 12. 1917 **Brest-Litowsk**
Unterzeichnung eines deutsch-
russischen Waffenstillstands

1918

8.1.1918   **Washington**
US-Präsident Wilson verkündet
sein 14-Punkte-Friedenspro-
gramm, die Reichsregierung
lehnt ab

28.1.1918   **Berlin**
Unter dem Motto »Frieden und
Brot!« beginnen Massenstreiks
in der deutschen Industrie, die
auf das ganze Reich ausstrahlen

18.2.1918   **Ostfront**
Im Rahmen der »Operation
Faustschlag« beginnen deutsche
Truppen den Vormarsch auf
russisches Gebiet

3.3.1918   **Brest-Litowsk**
Unterzeichnung eines Friedens-
vertrags zwischen Deutschland
und Russland, das große Ge-
bietsverluste hinnehmen muss

8.3.1918   **Kreuznach/Spa**
Die Oberste Heeresleitung ver-
legt ihr Hauptquartier von
Kreuznach ins belgische Spa

21.3.1918   **Nordfrankreich**
Beginn der deutschen Frühjahrsoffensive in der Picardie (»Operation Michael«)

6.4.1918   **Nordfrankreich**
Einstellung der deutschen
Offensive

21.4.1918   **Vaux-sur-Somme**
Der »Rote Baron« Manfred von
Richthofen kommt bei einem
Luftgefecht ums Leben

28.4.1918   **Theresienstadt**
Gavrilo Princip stirbt in Haft

16.5.1918   **Berlin**
Das Kriegsernährungsamt kürzt
die tägliche Brotration auf 150 g
pro Person und Tag

27.5.1918   **Nordfrankreich**
Beginn einer weiteren deutschen
Offensive an der Westfront am
Chemin des Dames

17.7.1918   **Jekaterinburg**
Erschießung von Nikolaus II.
und seiner Familie

18.7.1918   **Nordfrankreich**
Beginn der alliierten Gegen-
offensive unter Marschall Foch

8.8.1918   **bei Amiens**
Beginn der Schlacht bei Amiens,
der »schwarze Tag des deutschen Heeres«

14.8.1918	**Spa** In einer Besprechung mit Wilhelm II. und dem österreichischen Kaiser Karl I. bezeichnet die OHL die Fortführung des Krieges als »aussichtslos«
28.8.1918	**Nordfrankreich** Die deutschen Verbände werden in die »Siegfriedstellung« zurückverlegt
27.9.1918	**bei St. Quentin** Britische Verbände durchbrechen erstmals die »Siegfriedstellung«
29.9.1918	**Spa** Ludendorff fordert umgehende Waffenstillstandsverhandlungen und die Einsetzung einer parlamentarischen Regierung
3.10.1918	**Berlin** Wilhelm II. ernennt Prinz Max von Baden zum Reichskanzler; Deutsches Waffenstillstandgesuch an die Alliierten
26.10.1918	**Spa** Ludendorff wird als Chef der OHL entlassen

28.10.1918	**Wilhelmshaven** Meuterei unter Matrosen der Hochseeflotte in Wilhelmshaven, die sich weigern, zu einem letzten »ehrenvollen Gefecht« auszulaufen
28.10.1918	**Berlin** Verfassungsreform und Parlamentarisierung des Deutschen Reichs
3.11.1918	**Kiel** Beginn des bewaffneten Matrosenaufstands
4.11.1918	**Kiel** Der erste »Arbeiter- und Soldatenrat« übernimmt die Macht, der Aufstand breitet sich auf andere Städte aus
7.11.1918	**München** Beginn der Revolution in Bayern
9.11.1918	**Berlin** Revolution und Generalstreik; Reichskanzler Max von Baden verkündet die Abdankung von Kaiser Wilhelm II., Ausrufung der demokratischen Republik durch Philipp Scheidemann und der sozialistischen Räterepublik durch Karl Liebknecht

10.11.1918	**Eijsden/Niederlande** Wilhelm II. geht ins holländische Exil	**5.1.1919**	**Berlin** Beginn des Spartakusaufstands
10.11.1918	**Berlin** Bildung des Rats der Volksbeauftragten unter Friedrich Ebert (SPD) als provisorische Regierung	**15.1.1919**	**Berlin** Ermordung der KPD-Führer Karl Liebknecht und Rosa Luxemburg
11.11.1918	**Compiègne** Abschluss der Waffenstillstandsverhandlungen zwischen Deutschland und der Entente	**18.1.1919**	**Paris** Beginn der Friedenskonferenz unter Ausschluss von Deutschland und seinen Verbündeten
12.11.1918	**Berlin** Einführung des Frauenwahlrechts in Deutschland	**19.1.1919**	**Deutschland** Wahlen zur verfassunggebenden Nationalversammlung
25.11.1918	**Abercorn/Nordrhodesien** Kapitulation der deutschen Schutztruppe für Deutsch-Ostafrika	**25.1.1919**	**Paris** Gründung des Völkerbunds durch die Alliierten unter Ausschluss der ehemaligen Feindstaaten
30.12.1918	**Berlin** Gründung der Kommunistischen Partei Deutschlands (KPD)	**11.2.1919**	**Weimar** Friedrich Ebert wird zum Reichspräsidenten gewählt
		2.5.1919	**München** Niederschlagung der Münchner Räterepublik durch rechte Freikorps

1919

7.5.1919 Versailles
Übergabe des Entwufs für den
Versailler Vertrag an die Dele-
gierten des Deutschen Reichs

28.6.1919 Versailles
Die Reichsregierung nimmt
den Versailler Vertrag unter
Protest an

31.7.1919 Weimar
Verabschiedung der Weimarer
Reichsverfassung durch die
Nationalversammlung

10.9.1919 Saint-Germain-en-Laye
Friedensvertrag von Saint-Germain-en-Laye zwischen Österreich und den Alliierten

18.11.1919 Berlin
Vor einem Untersuchungsaus-
schuss des Reichstags äußert
Hindenburg, die deutsche Armee sei nicht besiegt, sondern
von hinten »erdolcht« worden – die sogenannte Dolchstoßlegende

1920–1928

10.1.1920 Deutschland
Inkrafttreten des Versailler
Vertrags

29.1.1921 Paris
Die Alliierten setzen die deutschen Reparationszahlungen auf
226 Milliarden Goldmark fest,
gestreckt auf 42 Jahre

27.4.1921 Paris
Die alliierte Reparationskom-
mission modifiziert die Zah-
lungsforderungen: das Deutsche
Reich soll 132 Milliarden Goldmark in 66 Jahresraten zahlen

11.5.1921 Berlin
Annahme des Zahlungsplans im
Reichstag und Beginn der »Erfüllungspolitik«: die alliierten
Auflagen sollen erfüllt werden,
um ihre Unerfüllbarkeit zu
zeigen

26.8.1921 Griesbach (Schwarzwald)
Ermordung von Matthias Erzberger

24.6.1922 Berlin
Ermordung von Reichsaußen-
minister Walther Rathenau

11.1.1923 **Ruhrgebiet**
Französische und belgische
Truppen marschieren in das
Ruhrgebiet ein

13.1.1923 **Berlin**
Reichskanzler Wilhelm Cuno
verkündet den »passiven Widerstand« gegen die Besatzer und
verweigert jegliche Zusammenarbeit, in der Folge wird die
Inflation immer stärker angeheizt

26.9.1923 **Berlin**
Reichskanzler Stresemann gibt
den Abbruch des passiven Widerstands im Ruhrgebiet und die
Wiederaufnahme der Reparati-
onslieferungen bekannt

8.11.1923 **München**
Hitler verkündet im Bürger-
bräukeller die »nationale Revolution«. Am nächsten Tag wird
der Putschversuch an der Feldherrnhalle gewaltsam niedergeschlagen

16.11.1923 **Berlin**
Mit der Ausgabe der Renten-
mark wird die Inflation beendet

16.8.1924 **London**
Neuregelung der deutschen
Reparationsleistungen durch
den »Dawes-Plan«

1924 **Berlin**
Erstauflage von Ernst Friedrichs
Buch »Krieg dem Kriege«

26.4.1925 **Deutschland**
Paul von Hindenburg wird zum
neuen Reichspräsidenten gewählt

31.7.1925 **Ruhrgebiet**
Abschluss der Räumung des
Ruhrgebiets durch französische
und belgische Truppen

8.9.1926 **Genf**
Aufnahme Deutschlands in den
Völkerbund

27.8.1928 **Paris**
Mit dem Briand-Kellogg-Pakt
verpflichteten sich die Unter-
zeichnerstaaten, darunter die
USA, Großbritannien, Deutschland und Frankreich, auf Krieg
als Mittel zur Lösung internationaler Konflikte zu verzichten

8.11.1928 **Paris**
Uraufführung des Films
»Verdun, visions d'histoire«

7.6.1929 **Paris**
Der »Young-Plan« regelt die
deutschen Reparationen neu:
Deutschland soll 112 Milliarden
Goldmark für die Dauer von
58 Jahren zahlen

3.10.1929 **Berlin**
Tod von Außenminister Stresemann

25.10.1929 **New York**
Der »Schwarze Freitag« an der
New Yorker Börse leitet die
Weltwirtschaftskrise ein. In
Deutschland steigt die Arbeits-
losenzahl sprunghaft an

30.6.1930 **Rheinland**
Die letzten französischen Truppen verlassen das Rheinland

9.7.1932 **Lausanne**
Eine internationale Konferenz
zur Regelung der Reparations-
frage führt zur Aufhebung des
Young-Plans und dem Ende der
deutschen Zahlungen

30.1.1933 **Berlin**
»Machtergreifung«: Hindenburg
ernennt Hitler zum Reichskanzler

23.3.1933 **Berlin**
Der Reichstag billigt das »Er-
mächtigungsgesetz«, das bis 1945
die rechtliche Grundlage der
Herrschaft Hitlers bleibt

2.8.1934 **Gut Neudeck**
Tod von Reichspräsident Hindenburg, Hitler übernimmt
das Amt und nennt sich jetzt
»Führer und Reichskanzler«

26.2.1935 **Berlin**
Beschluss zum Aufbau einer
deutschen Luftwaffe

16.3.1935 **Berlin**
Hitler verkündet die Wieder-
einführung der Wehrpflicht und
den Aufbau der Wehrmacht

10.9.1935 **Nürnberg**
»Nürnberger Gesetze« sanktio-
nieren die staatliche Diskrimi-
nierung von Juden

7.3.1936 **Rheinland**
Deutsche Truppen besetzten das
entmilitarisierte Rheinland

26.8.1936   **Berlin**
Denkschrift Hitlers zum Vier-
jahresplan mit dem Ziel, Wirt-
schaft und Armee innerhalb
von vier Jahren in Kriegsbe-
reitschaft zu versetzen

21.9.1936   **Hessen**
Erstes größeres Wehrmachts-
Manöver seit dem Ersten
Weltkrieg beginnt

12.3.1938   **Österreich**
Einmarsch der Wehrmacht in
Österreich

1.10.1938   **Tschechoslowakei**
Nach der Münchener Konfe-
renz marschieren deutsche
Truppen in das Sudetengebiet
ein

15.3.1939   **Tschechoslowakei**
Deutsche Truppen marschie-
ren kampflos in die Tschechoslowakei ein. Die Slowakei
wird selbständiger Staat, die
tschechischen Landesteile
werden als »Protektorat Böh-
men und Mähren« dem
»Großdeutschen Reich« ange-
gliedert

23.8.1939   **Moskau**
Unterzeichnung des deutsch-
sowjetischen Nichtangriffs-
pakts mit dem geheimen
Zusatzprotokoll über die Auf-
teilung der Interessensphären
in Osteuropa

1.9.1939   **Danzig**
Mit dem deutschen Überfall
auf Polen beginnt der Zweite
Weltkrieg

Afflerbach, Holger:
Falkenhayn: Politisches Denken und Handeln im Kaiserreich. München 1996.

Afflerbach, Holger:
Kaiser Wilhelm II. als Oberster Kriegsherr im Ersten Weltkrieg. München 2005.

Becker, Jean-Jacques; Krumeich, Gerd:
Der große Krieg: Deutschland und Frankreich 1914–1918. Essen 2010.

Berghahn, Volker R.:
Der Erste Weltkrieg. München 2009.

Burgdorff, Stephan; Wiegrefe, Klaus (Hrsg.):
Der Erste Weltkrieg: Die Ur-Katastrophe des 20. Jahrhunderts. München, Hamburg 2008.

Carmichael, Jane:
First World War Photographers. London 1989.

Cullen, Michael S.:
Der Reichstag: Die Geschichte eines Monumentes. Stuttgart 1990.

Deist, Wilhelm:
Militär, Staat und Gesellschaft: Studien zur preußisch-deutschen Militärgeschichte. München 1991.

Dewitz, Bodo von:
Kiosk: Eine Geschichte der Fotoreportage: 1839–1973. Göttingen 2001.

Duppler, Jörg; Groß, Gerhard P. (Hrsg.):
Kriegsende 1918: Ereignis, Wirkung, Nachwirkung. München 1999.

Fabian, Rainer; Adam, Hans Christian:
Bilder vom Krieg. 130 Jahre Kriegsfotografie – eine Anklage. Hamburg 1983.

Friedrich, Ernst:
Krieg dem Kriege! Guerre à la Guerre! War against War! Krig mot Krigen! Berlin 1925 (Nachdruck 1982 ff.)

Graichen, Gisela; Gründer, Horst:
Deutsche Kolonien: Traum und Trauma. Berlin 2007.

Gründer, Horst:
Geschichte der deutschen Kolonien. Paderborn u. a. 2004.

Hamann, Christoph:
Bilderwelten und Weltbilder: Fotos die Geschichte(n) mach(t)en. Berlin 2002.

Herz, Rudolf:
Hoffmann & Hitler: Fotografie als Medium des Führer-Mythos. München 1994.

Heymel, Charlotte:
Touristen an der Front: Das Kriegserlebnis 1914–1918 als Reiseerfahrung in zeitgenössischen Reiseberichten. Berlin, Münster 2007.

Hirschfeld, Gerhard; Krumeich, Gerd, Renz, Irina (Hrsg.):

Die Deutschen an der Somme 1914–1918: Krieg, Besatzung, Verbrannte Erde. Essen 2006.

Hirschfeld, Gerhard; Krumeich, Gerd, Renz, Irina (Hrsg.):

Enzyklopädie Erster Weltkrieg. Paderborn u. a. 2009.

Hirschfeld, Gerhard; Krumeich, Gerd, Renz, Irina (Hrsg.):

»Keiner fühlt sich hier mehr als Mensch …«: Erlebnis und Wirkung des Ersten Weltkriegs. Frankfurt/Main 1996.

Hirschfeld, Magnus; Gaspar, Andreas (Hrsg.):

Sittengeschichte des Ersten Weltkrieges. 1929 (Nachdruck Hanau 1964).

Hochhuth, Rolf; Koch, Hans-Heinrich:

Kaiserzeit: Bilder einer Epoche aus dem Archiv der Hofphotographen Oscar und Gustav Tellgmann. München 2001.

Hoegen, Jesko von:

Der Held von Tannenberg: Genese und Funktion des Hindenburg-Mythos. Köln, Weimar, Wien 2007.

Holzer, Anton:

Das Lächeln der Henker: Der unbekannte Krieg gegen die Zivilbevölkerung 1914–1918. Darmstadt 2008.

Holzer, Anton:

Die andere Front: Fotografie und Propaganda im Ersten Weltkrieg. Darmstadt 2007.

Horne, John; Kramer, Alan:

Deutsche Kriegsgreuel 1914: Die umstrittene Wahrheit. Hamburg 2004.

Hosfeld, Rolf:

Operation Nemesis: Die Türkei, Deutschland und der Völkermord an den Armeniern. Köln 2005.

James, Harold:

Krupp: Deutsche Legende und globales Unternehmen. München 2011.

Joachimsthaler, Anton:

Korrektur einer Biographie: Adolf Hitler 1908–1920, München 1989.

Jürgs, Michael:

Der kleine Frieden im Großen Krieg: Westfront 1914: Als Deutsche, Franzosen und Briten gemeinsam Weihnachten feierten. München 2003.

Kerbs, Diethart:

Der Fotograf Willy Römer 1887–1979: Auf den Straßen von Berlin. Berlin 2005.

Kerbs, Diethart:

Revolution und Fotografie: Berlin 1918/19. Berlin 1989.

Kluge, Ulrich:
Die deutsche Revolution 1918/1919: Staat, Politik und Gesellschaft zwischen Weltkrieg und Kapp-Putsch. Darmstadt 1997.

Krumeich, Gerd:
Eine emblematische Photographie? Hitler in der Menge. In: Arbeitskreis Militärgeschichte, Newsletter 6, April 1998, S. 9 f.

Kupfermann, Fred:
Mata Hari: Träume und Lügen. Berlin 1999.

Lambrecht, Jef:
Vottem: 6 augustus = août 1914. Ypern 2004.

Liulevicius, Vejas G.:
Kriegsland im Osten: Eroberung, Kolonisierung und Militärherrschaft im Ersten Weltkrieg 1914–1918. Hamburg 2002.

Michalka, Wolfgang (Hrsg.):
Der Erste Weltkrieg: Wirkung, Wahrnehmung, Analyse. München, Zürich 1994.

Michels, Eckhard:
»Der Held von Deutsch-Ostafrika«: Paul von Lettow-Vorbeck: Ein preußischer Kolonialoffizier. Paderborn u. a. 2008.

Mommsen, Wolfgang J.:
Die Urkatastrophe Deutschlands: Der Erste Weltkrieg 1914–1918. Stuttgart 2001 (Gebhardt. Handbuch der deutschen Geschichte, 17).

Münch, Matti:
Verdun: Mythos und Alltag einer Schlacht. München 2006.

Nebelin, Manfred:
Ludendorff: Diktator im Ersten Weltkrieg. München 2010.

Neitzel, Sönke:
Blut und Eisen: Deutschland und der Erste Weltkrieg. Zürich 2003.

Osburg, Wolf-Rüdiger (Hrsg.):
Hineingeworfen: Der Erste Weltkrieg in den Erinnerungen seiner Teilnehmer. Berlin 2009.

Okuefuna, David:
The Wonderful World of Albert Kahn: Colour Photographs from a Lost Age. London 2008.

Paul, Gerhard:
Bilder des Krieges – Krieg der Bilder: Die Visualisierung des modernen Krieges. Paderborn 2004.

Paul, Gerhard:
Bilder, die Geschichte schrieben: 1900 bis heute. Göttingen 2011.

Paul, Gerhard (Hrsg.):
Das Jahrhundert der Bilder; Bd. 1: 1900–1949, Göttingen 2009.

Pyta, Wolfram:

Hindenburg: Herrschaft zwischen Hohenzollern und Hitler. München 2007.

Radsinski, Edward:

Die Geheimakte Rasputin: Neue Erkenntnisse über den Dämon am Zarenhof. München 2000

Röhl, John C. G.:

Wilhelm II.: Der Weg in den Abgrund: 1900–1941. München 2008.

Rosenthal, Jacob:

»Die Ehre des jüdischen Soldaten«: Die Judenzählung im Ersten Weltkrieg und ihre Folgen. Frankfurt/Mainz, New York 2007.

Rother, Rainer (Hrsg.):

Die letzten Tage der Menschheit: Bilder des Ersten Weltkriegs. Berlin 1994.

Segesser, Daniel Marc:

Der Erste Weltkrieg in globaler Perspektive. Wiesbaden 2010.

Stevenson, David:

Der Erste Weltkrieg: 1914–1918. Düsseldorf 2006.

Strachan, Hew:

Der Erste Weltkrieg: Eine neue illustrierte Geschichte. München 2004.

Tabachnick, Stephen; Matheson, Christopher: T. E. Lawrence: Wahrheit und Legende: Bilanz eines Heldenlebens. München 1988.

Ulrich, Bernd; Ziemann, Benjamin (Hrsg.): Frontalltag im Ersten Weltkrieg. Ein historisches Lesebuch. Essen 2008.

Verhey, Jeffrey:

Der »Geist von 1914« und die Erfindung der Volksgemeinschaft. Hamburg 2000.

Weber, Thomas:

Hitlers erster Krieg: Der Gefreite Hitler im Weltkrieg – Mythos und Wahrheit. Berlin 2011.

Werth, German:

1916, Schlachtfeld Verdun: Europas Trauma. Berlin 1994.

Liebe Leserin, lieber Leser,

zu diesem Buch bieten wir Ihnen ohne Aufpreis auch die E-Book-Version an.

Auf unserer Website *www.edel.com/ebook-inside*

können Sie sich das kostenlose E-Book herunterladen. Bitte geben Sie dort Ihren persönlichen Download-Code ein, den Sie auf der gegenüberliegenden Seite finden. Bitte beachten Sie, dass dieser Code höchstens zweimal benutzt werden kann und danach verfällt.

Eine genaue Anleitung, wie Sie das E-Book auf Ihr elektronisches Lesegerät übertragen, finden Sie ebenfalls auf unserer Internetseite.

Vielen Dank, dass Sie sich für den Kauf dieses Buches entschieden haben. Gedruckt oder digital, auf der Couch oder unterwegs – wir wünschen Ihnen damit viel Freude!

Ihr Team von Edel Books

Impressum
Edel Books
Ein Verlag der Edel Germany GmbH

Copyright © 2013 Edel Germany GmbH,
Neumühlen 17, 22763 Hamburg
www.edel.com

Projektkoordination: Dr. Marten Brandt
Umschlagfotos: SZ Photo / Scherl; ullstein bild – Archiv Gerstenberg
Layout und Umschlaggestaltung: Groothuis. Gesellschaft der Ideen
und Passionen mbH, Hamburg Berlin | www.groothuis.de

Reproduktion: Frische Grafik, Hamburg
Druck und Bindung: optimal media GmbH
Glienholzweg 7, 17207 Röbel/Müritz

Printed in Germany

ISBN 978-3-8419-0241-2

KNOPQg47ocr4pJ